COL

CW00385407

Aus der Volksoper Wien
Auf wiedersehen, Chick.

LECONTE DE LISLE

Poèmes barbares

Édition présentée
établie et annotée
par Claudine Gothot-Mersch
Professeur aux Facultés universitaires
Saint-Louis de Bruxelles

GALLIMARD

PRÉFACE

Odi profanum vulgus et arceo : *Leconte de Lisle, avant Mallarmé, a faite sienne la formule d'Horace[1], et les* Poèmes barbares *exigent de nous, lecteurs, un effort initial en nous précipitant sans préparation[2] dans une série de pièces longues, érudites, farcies de noms bizarres (ou rendus bizarres par l'orthographe), qui nous transportent dans des mondes sans commune mesure avec le nôtre — bref, des mondes* barbares *au sens étymologique du terme. Mondes des commencements ou des apocalypses, des affrontements violents, des êtres colossaux —* barbares *aussi, donc, au second sens. Le tout en alexandrins bien martelés. Théophile Gautier : « Tout ce qui peut attirer et charmer le public, [Leconte de Lisle] semble l'avoir évité avec une pudeur austère et une fierté résolue[3]. » Austérité difficilement supportable, semble-t-il ; la critique, que ce soit celle des poètes (Baudelaire) ou celle des professionnels, porte ses suffrages sur* Le Manchy, *scène de genre de l'île Bourbon doublée d'une discrète histoire d'amour et de mort, l'un des très rares poèmes du recueil où l'on perçoive l'intervention d'un élément autobiographique précis, et sur quelques-uns des poèmes animaliers*

1. « Je déteste la foule profane et je l'écarte. »
2. Sur la structure du recueil, voir Edgard Pich (*L. de L. et sa création poétique,* p. 389), qui découpe l'ensemble en quatre parties, la première consacrée à « l'histoire politique, sentimentale et surtout religieuse de l'humanité », la seconde à l'exotisme, la troisième à des pièces personnelles ou d'actualité, la dernière au christianisme et à l'époque moderne.
3. *Les Progrès de la poésie française depuis 1830,* dans *Histoire du romantisme, suivie de Notices romantiques et d'une Étude sur la poésie française 1830-1868,* Paris, Charpentier, « Nouvelle édition », s. d., p. 330.

(mais sans s'accorder nullement, on le verra, au sujet de leur interprétation).

Or le plus original, le plus intéressant, ce sont précisément les longs textes narratifs : Qaïn, La Légende des Nornes, Le Runoïa. *À la même époque exactement que Victor Hugo, Leconte de Lisle écrit sa* Légende des Siècles[4], *et les deux poètes s'influencent mutuellement dans ces entreprises parallèles. Car ne pensons pas que le cadet soit à la remorque de son prestigieux aîné ; si Hugo introduit la Grèce et l'Inde dans les volumes complémentaires de* La Légende des Siècles[5], *les* Poèmes antiques *y sont bien pour quelque chose.*

En 1852, dans la préface de ce premier recueil, Leconte de Lisle constate un retour de l'art, comme de la science, vers les origines, vers « les idées et les faits, la vie intime et la vie extérieure, tout ce qui constitue la raison d'être, de croire, de penser, d'agir, des races anciennes » ; le volume est là, bien sûr, pour témoigner de la justesse de cette constatation. Et dès 1853 le poète a conçu un vaste projet touchant la question des origines : « Leconte, lui, travaille avec acharnement à mettre toutes les Cosmogonies en vers. Il a commencé par la Laponie et doit finir par les îles Sandwich », écrit alors Thalès Bernard[6].

Dans la préface de Poëmes et Poésies, *en 1855, Leconte de Lisle réfléchit à ce qu'est la poésie épique et à ses conditions d'existence. Pour lui, « ces nobles récits qui se déroulaient à travers la vie d'un peuple, qui exprimaient son génie, sa destinée humaine et son idéal religieux » cessent de trouver une matière et par conséquent de se développer quand les races ont perdu leurs caractères propres[7]. Le genre peut renaître cependant, lors de l'affrontement de « nationa-*

4. *La Légende des Siècles :* 1859, 1877, 1883. *Poèmes antiques,* 1re édition : 1852 ; *Poèmes barbares,* texte complet : 1878.

5. Voir Léon Cellier, introduction à *La Légende des Siècles,* Garnier-Flammarion, t. I, p. 24.

6. Lettre du 26 mai 1853, publiée par Jean Gaulmier (« Six lettres inédites de L. de L. », *R.H.L.F.,* 1958, p. 211).

7. Sur la notion de *race* au XIXe siècle, E. Pich rappelle les théories de Gobineau, les travaux d'Augustin Thierry (race franque contre race gauloise), de Michelet, les réflexions de Renan sur la race bretonne, la race sémitique, etc. (L. de L., *Articles — Préfaces — Discours,* p. 134, note 40).

lités oppressives et opprimées». En attendant, *Leconte de Lisle* souligne la possibilité et l'intérêt d'écrire des épopées savantes (il n'emploie pas l'expression) qui nous fassent retourner à l'âge d'or des origines : *« Je crois, enfin, qu'à génie égal, les œuvres qui nous retracent les origines historiques, qui s'inspirent des traditions anciennes, qui nous reportent au temps où l'homme et la terre étaient jeunes et dans l'éclosion de leur force et de leur beauté, exciteront toujours un intérêt plus profond et plus durable que le tableau daguerréotypé des mœurs et des faits contemporains. »* Et il termine en annonçant un nouveau projet : *« un poème plus étendu et plus sérieux, où je tenterai de renfermer, dans une suite d'actions et de récits épiques, l'histoire de l'ère sacerdotale et héroïque d'une de ces races mystérieuses venues de l'antique Orient pour peupler les déserts de l'Europe. »*

Pour *Edgard Pich*[8], il se pourrait que Le Massacre de Mona, Le Jugement de Komor *et* Le Barde de Temrah *soient des fragments de cette épopée qui aurait été consacrée aux Celtes ; hypothèse qui se conforte du fait que dans* Le Massacre de Mona *Leconte de Lisle évoque l'âge heureux où sur le Lac des lacs flottaient des lotus abritant chacun un jeune dieu : il met ainsi en rapport les croyances celtiques avec les mythes hindous*[9]. *Quoi qu'il en soit du contenu exact de ce projet, le poète s'est largement consacré à des « œuvres qui nous retracent les origines historiques [et] s'inspirent des traditions anciennes » : épopées savantes, donc ; en revanche,* À l'Italie, *sous sa forme lyrique, contient comme l'embryon d'une épopée authentique, célébrant le réveil d'un peuple.*

Habitués à une poésie qui se caractérise par le refus de la narrativité et qui se construit, comme l'écrit *Roland Barthes*[10], dans « l'ennui de la syntaxe », nous trouvons démodé le genre épique. Au XIXe siècle, il correspondait à l'esprit nouveau qui animait les grandes disciplines scientifiques en pleine élaboration. Depuis quelques décennies déjà, on se

8. *Ibid.*, p. 136, note 47.
9. Alison Fairlie, *L. de L.'s poems on the barbarian races*, p. 141.
10. *Mythologies*, Paris, Éditions du Seuil, « Points », 1970, p. 159.

passionnait pour le problème des origines, non plus dans un esprit mythique, mais avec les moyens de l'érudition. C'est le moment où l'archéologie commence à mettre au jour des civilisations ignorées ; la philologie à ses débuts se passionne pour l'origine des langues et leur évolution ; Creuzer, Jacobi, Max Müller consacrent leurs travaux aux religions anciennes ; on publie, on commente les œuvres les plus primitives des littératures européennes modernes ; l'évolutionnisme et le transformisme enfin posent sur de nouvelles bases le problème de la naissance de l'espèce humaine. Renan, dans L'Avenir de la science, *proclame la nécessité de substituer la catégorie du devenir à celle de l'être.*

*Les cosmogonies et les épopées de Leconte de Lisle s'inscrivent donc très précisément dans le mouvement intellectuel de l'époque. Et l'intérêt pour les commencements est chez lui particulièrement poussé, puisqu'il choisit à plusieurs reprises, dans une épopée qui emprunte son sujet aux plus anciens textes finnois (*Le Runoïa*), scandinaves (*La Légende des Nornes*), celtiques (*Le Massacre de Mona*), de mettre dans la bouche d'un personnage le récit sacré de la naissance du monde : double retour en arrière, l'un se greffant sur l'autre. Avec en parallèle — « d'où venons-nous ? » c'est aussi « où allons-nous ? » — une projection vers l'avenir le plus éloigné : la catastrophe finale (*Solvet seclum, La dernière vision[11]).*

Que Leconte de Lisle se soit voulu érudit, que son respect de la science soit sincère, cela ne fait pas de doute. Lorsqu'il invite les poètes à se réfugier « dans la vie contemplative et savante » (préface des Poèmes antiques), il prêche d'exemple ; on a ainsi retrouvé des notes de sa main sur les théories de Laplace[12]. Aussi n'est-ce pas une pure rivalité mais une divergence réelle que révèle sa critique réitérée de la méthode de Victor Hugo. Dès son article sur Alfred de Vigny[13] il

---

11. « Dans *Solvet seclum*, dans *La dernière vision*, il exprimait la plus vaste dimension de l'espace et du temps qu'un poète ait jusqu'à lui jamais transcrite » (Georges Mounin, *Avez-vous lu Char ?*, Paris, Gallimard, avec *La Communication poétique*, « Les Essais » CXLV, 1969, p. 82).

12. E. Pich, *L. de L. et sa création poétique*, p. 270-271.

13. Publié dans *Le Nain jaune* en 1864.

*évoque « deux théories esthétiques opposées » : « L'une
veut que le poëte n'emprunte à l'histoire ou à la légende
que des cadres plus intéressants en eux-mêmes, où il déve-
loppera les passions et les espérances de son temps. C'est
ce que fait Victor Hugo dans* La Légende des Siècles.
*L'autre, au contraire, exige que le créateur se transporte
tout entier à l'époque choisie et y revive exclusivement. »
Vingt ans plus tard, dans son discours de réception à
l'Académie française — alors qu'il fait l'éloge de Hugo !
—, il dit clairement laquelle de ces deux théories a sa pré-
férence : pour mener à bien l'entreprise de* La Légende des
Siècles, *« il fallait » (lisons : il aurait fallu) que l'auteur
« se fût assimilé tout d'abord l'histoire, la religion, la phi-
losophie de chacune des races et des civilisations dispa-
rues ; qu'il se fît tour à tour, par un miracle d'intuition,
une sorte de contemporain de chaque époque et qu'il y
revécût exclusivement, au lieu d'y choisir des thèmes pro-
pres au développement des idées et des aspirations du
temps où il vit en réalité ». Et dans une lettre où, deux
mois avant de le prononcer, il commente son discours
pour Émilie Leforestier (26 janvier 1887), il écrit plus bru-
talement : « Hugo ne lisait rien et inventait l'histoire et la
légende comme le reste. »*

Deux reproches se mêlent dans cette critique : l'un porte
sur le refus de l'érudition, l'autre sur le subjectivisme d'un
écrivain qui ne voit dans le passé que prétexte à parler de
lui-même et de son temps ; attitudes qui se rejoignent en ceci
qu'elles témoignent toutes deux d'un mépris de la science et
de l'objectivité scientifique.

L'auteur des *Poèmes barbares, quant à lui,* ne semble
guère inventer. *Il suffit de faire le tour des sources de ses
grands poèmes bibliques ou de ses légendes pour en être per-
suadé. Parler à son propos d'un excès d'érudition serait
cependant exagéré : il lui arrive de puiser ses connaissances
un peu au hasard, suivant l'actualité des publications (*La
Vision de Snorr *paraît quelques mois après le texte du* Sôlar
Liôd *qui l'inspire), sans trop regarder à la valeur scientifique
de ceux auxquels il emprunte ses sujets ; ainsi l'*Histoire des
rois et des ducs de Bretagne *de Roujoux, où il se trouve le
sujet du* Massacre de Mona, *était, nous apprend Alison*

*Fairlie, un ouvrage que les historiens sérieux tenaient légiti-
mement en suspicion*[14].

On aura remarqué que Leconte de Lisle met sur le même
plan l'histoire et la légende. Et bien sûr les légendes dévelop-
pées par un peuple sont, elles aussi, un témoignage sur son
caractère et son esprit. Mais ce n'est manifestement pas de
cela qu'il s'agit : pour Leconte de Lisle — comme pour
Flaubert[15] — la légende vaut l'histoire ; le texte, et surtout
le texte ancien, fait autorité quel qu'il soit. Et la critique
emboîte le pas : Brunetière loue Leconte de Lisle de la préci-
sion de sa documentation pour Qaïn, qui fait que tout, dans
le poème, concourt à fixer quelque trait de l'époque[16] -
comme si les sources légendaires permettaient d'atteindre,
sur l'époque d'Adam, à la vérité historique.

Dans la pratique, le poète n'a pas, heureusement, le féti-
chisme absolu du document : il modifie dans un sens per-
sonnel (en l'occurrence : pessimiste) la fin de l'histoire de
Néférou-Ra *ou celle de* La Légende des Nornes ; *il change
les noms pour la rime, ou pour la couleur locale*[17] ; *l'instinct
de l'artiste modère les scrupules de l'érudit.*

Sans aller toutefois jusqu'à le libérer au point qu'il puisse
insuffler aux légendes qu'il reprend et transforme une valeur
mythique nouvelle. Pierre Albouy, analysant La Conscience
de Victor Hugo, après avoir détaillé « toute la puissance de
ce mythe de la conscience ou du surmoi, qui orchestre les
motifs primordiaux et troublants de la fuite devant le père,
de la claustration, en position quasi fœtale, dans le souter-
rain voûté, et, surtout, de l'œil », en conclut : « Il y a plus de
matière mythique *originale ou originelle dans les soixante-
huit vers de* La Conscience *que dans les quatre cent*

---

14. *L. de L.'s poems on the barbarian races,* p. 130.

15. Quand Sainte-Beuve lui reproche, dans *Salammbô,* les escarboucles
formées par l'urine des lynx, Flaubert répond (23-24 décembre 1862) :
« C'est du Théophraste, *Traité des pierreries* : tant pis pour lui ! » Donc : je
puis le dire même si c'est absurde, puisque c'est dans ma source. Mais les
préfaces de Corneille et de Racine sont pleines aussi de justifications de ce
genre et de déclarations de fidélité à la légende...

16. *Nouveaux essais sur la littérature contemporaine,* Paris, Calmann
Lévy, 1897, p. 171-172.

17. A. Fairlie, *L.`de L.'s poems on the barbarian races,* p. 35, p. 82 ;
Joseph Vianey, *Les Sources de L. de L.,* p. II-III.

cinquante vers du Qaïn *de Leconte de Lisle[18].* » *L'appel à la science compenserait-il là une insuffisance du poète sur le plan de l'imaginaire ? Ou se méfie-t-il de lui-même ?*

On peut se demander en tout cas s'il est beaucoup plus objectif que Hugo. Pour Alison Fairlie, il cherche avant tout, dans les récits historiques ou légendaires, de quoi traduire ses propres pensées[19] ; Pierre Flottes va jusqu'à voir, dans les grands poèmes narratifs, des allégories : c'est Leconte de Lisle lui-même qui parle «par la voix d'un Juif biblique, d'un Grec, d'un Celte ou d'un homme du Moyen Âge[20] ». Et souvent, selon la remarque d'Anatole France, il se révèle bien trop passionné pour être bon historien.

C'est particulièrement le cas lorsqu'il s'agit de religion. Réceptif à l'égard de la pensée de son époque, intéressé par la question des commencements et par les littératures primitives, Leconte de Lisle devait fatalement affronter le problème religieux. Il se montre dans son œuvre d'un antichristianisme virulent. Deux exemples : si pour lui, comme pour Auguste Comte, les cosmogonies indo-européennes préfigurent les conceptions scientifiques modernes, la cosmogonie hébraïque lui paraît représenter «la seule erreur fondamentale jamais commise par l'homme dans ce domaine[21] » ; affirmant d'autre part que «toute religion fut vraie à son heure[22] », il ne présente cependant jamais la religion chrétienne que comme le conquérant brutal venu saccager un monde harmonieux. Et si le Christ se voit traiter avec sympathie et offrir une place au panthéon — sous l'influence,

---

18. *Mythes et mythologie dans la littérature française*, Paris, Armand Colin, U2, 1969, p. 157-158. Même remarque chez Thibaudet : « Ce poète des mythes [n'a] créé aucune mythe vivant, [n'a] eu ni son *Centaure* ni son *Satyre*» (*Histoire de la littérature française de 1789 à nos jours*, 1936, que nous citons dans l'édition parue sous le titre *Histoire de la littérature française de Chateaubriand à Valéry*, Verviers, Marabout Université, 1981, p. 319).

19. *L. de L.'s poems on the barbarian races*, p. 16.

20. *L. de L., l'homme et l'œuvre*, Paris, Hatier-Boivin, 1954, p. 17-18.

21. E. Pich, *L. de L. et sa création poétique*, p. 273.

22. Formule qui avait été employée par P. Bourget (*Essais de psychologie contemporaine*, Paris, Plon, 1937, t. II, p. 91) pour définir la pensée religieuse de L. de L., et que celui-ci reprit à son compte dans son discours de réception à l'Académie.

sans doute, de Louis Ménard —, ce ne pouvait être consi-
déré, à l'époque, que comme un blasphème supplémen-
taire.

Les grands poèmes celtiques (comme, dans les Poèmes
antiques, Hypatie et Cyrille) racontent donc l'implantation
violente du christianisme. L'histoire apparaît chez Leconte
de Lisle « pleine de bruit et de fureur », suite de séismes et de
cataclysmes dus à l'intervention d'une force mauvaise, et qui
ne sont jamais l'occasion de rebâtir le monde à neuf : on va
de dégradation en dégradation. Hugo inscrit au fronton de
La Légende des Siècles l'idée de progrès : « L'épanouisse-
ment du genre humain de siècle en siècle, l'homme montant
des ténèbres à l'idéal, la transfiguration paradisiaque de
l'enfer terrestre, l'éclosion lente et suprême de la liberté... »
Leconte de Lisle a la philosophie exactement inverse, que
résume clairement Jean-Paul Sartre : « La structure ontolo-
gique du temps n'est rien d'autre que la déchéance : avant se
définit — d'un seul et même mouvement — comme ce qui
précède après et comme ce qui lui est supérieur. Il y a eu la
jeunesse de la terre, il y aura sa mort, nous vivons dans sa
vieillesse. Il y a eu la magnifique jeunesse de l'homme,
l'Antiquité, pour toujours disparue [...] Puis le Christianisme
est venu, crime inexpiable [...] Au moins les Barbares ont-ils
tenté de lutter contre l'infâme. Après leur défaite, ce sera le
hideux Moyen Âge et puis, sautant par-dessus la Renais-
sance et les siècles classiques, Leconte de Lisle nous installe
en notre temps, dans nos siècles de fer, dans notre Huma-
nité sénile, dévitalisée...[23] »

Il paraît donc assez clair que, dans les événements et
légendes qu'il reprend, Leconte de Lisle trouve (ou trans-
porte) une illustration de ses idées les plus personnelles.
Mais l'artiste en lui est sensible aussi — certains disent :
surtout — au pittoresque des lieux, des coutumes, des
actions. Disons tout de suite qu'il n'en abuse pas. Henri
Elsenberg, comparant la présentation des religions chez
Leconte de Lisle et dans La Tentation de saint Antoine,
conclut assez justement que le pittoresque est du côté de

---

23. *L'Idiot de la famille*, t. III. p. 364.

Flaubert[24] ; *Alison Fairlie a montré que dans* Néférou-Ra *le poète laisse tomber maint détail particulier, maint élément de couleur locale*[25] ; *Roger Chauviré fait la même remarque à propos du* Barde de Temrah : « *Comment ! La Villemarqué, à côté du tatouage, lui signalait "les cheveux en partie relevés en nattes sur les tempes, en partie relevés en panache au dessus du front", et il n'a pas repris cette coiffure*[26] ? » *Reste que l'auteur lui-même a proclamé que* « *le premier soin de celui qui écrit en vers ou en prose doit être de mettre en relief le côté pittoresque des choses extérieures*[27] », *et que ses premiers commentateurs (Baudelaire, Jules Lemaître) ont précisément mis l'accent sur cet aspect de son art. Comme Gautier, Leconte de Lisle est* « *quelqu'un pour qui le monde extérieur existe* ». *La précision de la peinture, le choix de détails évocateurs font d'ailleurs partie, nous semble-t-il, du projet épique tel qu'il le conçoit : la préface de* Poëmes et Poésies, *rappelons-le, lie la possibilité de l'épopée à l'existence de races douées de caractères spécifiques. Faire renaître l'épopée, recréer ces peuples, c'est donc d'abord les évoquer dans leurs particularités.*

Mais quand on dit « *d'abord* », *quand Leconte de Lisle parle du pittoresque comme devant être le* « *premier soin* » *de l'écrivain, comment comprendre cette priorité ? Parle-t-il du but premier qu'il entend poursuivre, ou du point de départ indispensable ? Edmond Estève, après avoir constaté que le poète ne puisait pas toujours sa documentation aux sources les plus sérieuses, émet l'hypothèse que ce qu'il cherchait dans les livres,* « *ce n'était pas des documents pour écrire l'histoire, mais le choc qui ébranlait son imagination*[28] ». *Réflexion perspicace, assurément. Que Leconte de Lisle ait besoin du soutien d'un texte pour mettre en branle ses facultés artistiques, c'est assez clair ; il a raconté lui-*

24. *Le Sentiment religieux chez L. de L.*, Paris, Jouve, 1909, p. 7.
25. *L. de L.'s poems on the barbarian races*, p. 36.
26. « *Le Barde de Temrah* », dans *Mélanges Kastner*, Cambridge, Heffer and Sons, 1932, p. 111.
27. Cité par Jean Dornis, *Essai sur L. de L.*, Paris, Ollendorff, 1909, p. 11.
28. *L. de L., l'homme et l'œuvre*, Paris, Boivin, s.d., p. 102.

*même comment il n'avait commencé à prêter attention à la
beauté de son île natale et à ses possibilités poétiques
qu'après avoir lu* Les Orientales[29]. *Et d'autre part, dans la
phrase même où il explique que pour remplir le programme
de* La Légende des Siècles *il aurait fallu à Victor Hugo
d'abord d'immenses recherches érudites, et ensuite la
volonté de se transporter dans chacune des périodes étudiées
au lieu de les tirer toutes à lui, c'est le mot « intuition » qu'il
emploie pour définir la démarche par laquelle le poète doit
« [se faire] une sorte de contemporain de l'époque ». La
connaissance exacte, détaillée, concrète, du sujet à peindre
est donc, tout autant qu'une garantie scientifique, un* trem-
plin *pour l'imagination du poète — comme la description
pittoresque le sera pour celle du lecteur. Et si nous reprenons
ici un terme de Flaubert[30], c'est que sur ce point (comme sur
pas mal d'autres) les deux artistes partagent la même
conception. Leconte de Lisle a parfaitement compris*
Salammbô *lorsqu'il écrit à Flaubert : « Si ta Carthage ne
ressemble pas à la vieille ville punique, tant pis pour celle-
ci*[31]. *» La documentation archéologique et pittoresque est
une première étape ; à sa suite viendra celle de l'intuition :
« À moi, puissances de l'émotion plastique ! résurrection du
passé, à moi ! à moi*[32] *! »*

   Les Poèmes barbares *comportent un second ensemble de
pièces cohérent et original : les poèmes animaliers. Là
encore, l'œuvre s'inscrit dans son époque, en même temps
qu'elle correspond à un goût personnel de l'écrivain.*

   *Faisant escale au Cap en 1837 (il n'avait donc pas vingt
ans), Leconte de Lisle, dans une lettre étonnante, décrivait
minutieusement une série d'animaux qu'il avait pu obser-
ver : une panthère empaillée, deux lions, des babouins,
« deux autruches noires et blanches, leur marche est un
balancement élastique et continuel, leurs jambes sont entiè-*

---

29. Discours de réception à l'Académie.
   30. « La Réalité selon moi ne doit être qu'un *tremplin* » (lettre à Tourgue-
niev, 8 décembre 1877).
   31. Cité par Antoine Albalat dans *Gustave Flaubert et ses amis*, Paris,
Plon, 1927, p. 158 (lettre du 16 décembre 1862).
   32. G. Flaubert, *Voyage à Carthage*, dernier alinéa.

rement nues, elles balancent aussi leurs ailes entr'ouvertes et leur plus grande hauteur est de huit pieds, du sommet de la tête à la terre ». Plus tard, à Paris, il devait passer de longs moments au Jardin des Plantes pour y étudier les animaux.

Cet intérêt inné trouva de quoi se fortifier dans l'essor des sciences naturelles : il y eut quatre chaires de zoologie au Museum à partir de 1838, le Jardin des Plantes ne cessait de se développer depuis 1805, Cuvier sortait des limbes la paléontologie (à laquelle Les Fossiles de Louis Bouilhet, fort admirés de Leconte de Lisle, allaient donner une première expression littéraire de quelque ampleur), Geoffroy Saint-Hilaire et Lamarck posaient les jalons de l'évolutionnisme ; en 1862, l'année même des Poèmes barbares, paraissait en français L'Origine des espèces de Darwin.

Il serait tentant de retrouver dans les poèmes animaliers le même intérêt pour les origines que dans les épopées et cosmogonies, et de voir en Leconte de Lisle un adepte du transformisme. Mais si les Poèmes barbares font parfois le lien entre l'animal et l'homme (comme on le verra), ce n'est pas en termes de filiation[33] ; et d'autre part, l'idée de progrès, inhérente aux théories évolutionnistes, était tout à fait contraire, nous l'avons vu, aux convictions du poète[34]. Si Leconte de Lisle retient quelque chose de ces théories, c'est plutôt la cruauté du struggle for life qu'implique la loi de la sélection naturelle[35]. Encore faut-il remarquer que ce combat ne met aux prises dans ses poèmes que des espèces différentes : les carnassiers et leurs proies. Ce thème de la cruauté et du massacre[36] n'est pas sans rappeler bien sûr la

33. J. Vianey, *Les Poèmes barbares de L. de L.*, p. 191.

34. Voir P. Flottes, *Le Poëte L. de L.*, documents inédits, Paris, Librairie académique Perrin, 1929, p. 157-158, et Émile Revel, *L. de L. animalier*, p. 103, et, pour le développement des sciences naturelles au XIXe siècle, p. 32 et suiv.

35. I. Putter, *The Pessimism of L. de L.*, t. II, *The Work and the Time*, Berkeley and Los Angeles, University of California Press, 1961, p. 303.

36. Comparant l'œuvre de L. de L. avec celle du plus grand sculpteur animalier de l'époque, Barye (mêmes animaux, même souci de définir géographiquement l'espèce – « ours des Alpes », « tigre du Pendjab » –, même

*conception des poèmes épiques. Et le même attrait de la vie
primitive inspire les poèmes animaliers et les descriptions de
civilisations anciennes*[37].

   *Si l'on peut se demander à propos des poèmes épiques
dans quelle mesure la subjectivité de l'auteur ne leur confère
pas un sens allégorique, la question se pose avec acuité pour
ce qui concerne les poèmes animaliers. Certains, à vrai dire
les moins nombreux, admirent uniquement en ces poèmes le
talent descriptif, la puissante évocation d'un monde exoti-
que, la belle sculpture ne s'adressant qu'à notre sens esthéti-
que. La plupart mettent en rapport, comme la littérature
depuis l'Antiquité nous y conduit, l'animal et l'homme
(mais de façons très différentes). Leconte de Lisle lui-même
y invite en évoquant l'*âme gémissant d'*angoisse des Hur-
leurs, ou en utilisant la même terminologie pour décrire la
chasse du fauve et, chez l'homme, la quête amoureuse :*

> Le Roi du monde est triste, un désir l'a blessé.

ou, plus clair encore :

> Son cœur tressaille et bat, et son œil sombre a lui :
> Le tigre népâlais qui flaire l'antilope
> Sent de même un frisson d'aise courir en lui.

(Nurmahal, *exemples de Jean Dornis ; il s'agit de la scène
où l'empereur écoute chanter celle dont il est épris.*)
   *Pour Edmond Estève, Pierre Flottes, Émile Revel, les ani-
maux de Leconte de Lisle sont réalistes : « des êtres soumis
à la tyrannie de trois ou quatre instincts élémentaires*[38] *» ;
aux yeux de Revel cela les éloigne radicalement de
l'homme : ils ont à peu près l'activité psychique, la part de*

---

sujet – la faim), E. Revel note particulièrement une prédilection des deux
côtés pour les scènes de carnage, et la même exclusion des jeux de l'amour
(*L. de L. animalier*, p. 71-73). Les titres de Barye pourraient servir pour L.
de L. : « Taureau cabré saisi par un tigre », « Panthère dévorant une
gazelle », etc.

   37. L'unité, sous cet angle, des *Poèmes barbares* a été indirectement mise
en lumière par Gaston Bachelard qui, dans son *Lautréamont* (Paris, José
Corti, 1939, nouvelle édition : 1974, p. 156), affirme que, par l'exaltation de
la primitivité dans les poèmes animaliers, L. de L. produit comme « un écho
[...] des voix héroïques du passé ».

   38. E. Estève, *L. de L., l'homme et l'œuvre*, p. 131.

*discernement et d'appétit « que leur concède Cuvier, rigou-
reux fixiste, qui établit une si nette démarcation entre nous
et les bêtes*[39] *».* Pierre Flottes retrouve au contraire, dans les
Poèmes barbares, *les mêmes instincts chez l'homme et
l'animal*[40].

Un pas de plus, nous entrons dans les interprétations
symboliques. La marge est parfois mince entre les deux
types de lecture : à propos des Hurleurs, dira-t-on que les
animaux, comme les hommes, ont leurs souffrances ? ou
que, dans ce poème, Leconte de Lisle symbolise ses propres
douleurs ? Pour Edgard Pich, le symbolisme des poèmes
animaliers ne fait aucun doute, et il va même assez souvent,
par exemple pour Le Sommeil du condor, *jusqu'à une
interprétation allégorique*[41].

La tentation d'interpréter symboliquement ces poèmes est
d'ailleurs si grande que peu y résistent, même parmi ceux
qui sont d'abord sensibles à leur valeur descriptive. Il n'est
pas aisé pourtant de se mettre d'accord sur un sens précis,
comme on peut le constater à propos des Éléphants.
D'abord, une lecture assez anodine, celle de René Canat :
Leconte de Lisle a « deviné des âmes » ; il connaît les rêves
des animaux, quelque chose chez eux correspond « à son
idéal d'impassibilité et de sérénité un peu mélancolique[42] ».
Puis des interprétations plus poussées. Celle de Catulle
Mendès : « ils consentent, ces gros animaux, sans rébellion
visible, à des fonctions humbles et coutumières ; leur rêve
cependant, mélancolie énorme, à qui l'on ne saurait mettre
un joug... fuit l'étroite besogne, vers les immensités... Tel,
dans son rêve énorme, Leconte de Lisle a transposé, loin de
la vie acceptée et méprisée, loin des devoirs accomplis et des
servitudes portées, une âme immensément indépendante et
furieuse[43]. » Celle de Joseph Vianey, pour qui les éléphants
sont des pèlerins qui retournent « où Leconte de Lisle

39. *L. de L. animalier*, p. 103.
40. *Le Poëte L. de L.*, p. 158.
41. *L. de L. et sa création poétique*, p. 320-321, p. 324-328, etc.
42. *Une forme du mal du siècle : Du sentiment de la Solitude morale chez
les Romantiques et les Parnassiens*, Paris, Hachette, 1904, p. 238.
43. *Rapport sur le mouvement poétique français*, cité dans E. Revel, *L. de
L. animalier*, p. 108.

demande à l'humanité de retourner : à son berceau, aux idées et aux mœurs primitives » ; le poème, pour lui, « *nous enseigne que pour traverser le désert de la vie, il faut savoir ce qu'on veut faire de la vie ; il faut avoir un idéal et il faut s'imposer les vertus qui permettent de l'atteindre : la patience, la discipline, l'union*[44] ». Celle de Marthe Vuille, pour qui la marche des éléphants, mouvement puissant et régulier, n'est pourtant qu'un mouvement rétrograde (une fuite, un retour au point de départ) comme celui de l'auteur lui-même, regardant vers le passé et vers sa jeunesse[45]. Celle d'Edgard Pich, qui pense que « *sous le masque transparent des éléphants, on peut reconnaître des ascètes, c'est-à-dire des êtres qui ont réprimé les manifestations de leurs instincts primitifs et notamment l'instinct sexuel, ou qui l'ont sublimé en instinct religieux*[46] ». Quant à Émile Revel, il part de l'évanouissement du spectacle au dernier vers du poème pour voir dans celui-ci une illustration de la théorie de la Maya (développée dans les Poèmes antiques) : tout dans notre monde n'est qu'apparence illusoire, « *rêve d'un rêve*[47] ».*

Le nombre et la variété de ces exégèses pourraient bien, paradoxalement, démontrer le caractère objectif, purement descriptif, des poèmes animaliers : si le lecteur ressent devant eux un tel besoin de symbolisation, ne serait-ce point parce que l'auteur a refusé, quant à lui, de les charger d'un sens, parce qu'il a laissé ses évocations disponibles[48] ? Le même phénomène s'est rencontré il y a quelques années à propos du *Nouveau Roman* : on a vu les analyses imposer un sens, et parfois fort ingénieusement, à la description la plus « *objectale* », la plus systématiquement privée par l'auteur de tout au-delà.

---

44. *Les Poèmes barbares de L. de L.*, p. 119 et p. 118.
45. *L'Expression de l'ennui dans les images de L. de L.*, Genève, Imprimerie de Saint-Gervais, 1939, p. 25. La brève étude de M. Vuille, sous ses dehors un peu naïfs, développe à mainte reprise des vues originales qui ne manquent pas de perspicacité.
46. *L. de L. et sa création poétique*, p. 239.
47. *L. de L. animalier*, p. 108.
48. Il y a bien sûr des exceptions, des poèmes ouvertement allégoriques : *La Mort d'un lion*, par exemple.

Si Leconte de Lisle choisit des sujets qui permettent, ou permettraient, une poésie non engagée : légendes anciennes, description d'animaux, il exploite aussi les grands thèmes de la poésie lyrique.

La nature. Elle est d'abord le lieu des théogonies, de l'apparition du divin. Henri Elsenberg a bien montré comment Le Massacre de Mona *fait surgir les dieux du décor naturel : le vent qui souffle, c'est déjà un* Esprit... « *Leconte de Lisle a une imagination extraordinaire pour voir et entendre des Dieux ainsi à l'état naissant, encore tout engagés dans le phénomène naturel*[49]. » *Elle est aussi, en soi, le monde primitif : forêt vierge ou paysages de l'île natale, Éden perdu décrit avec amour, émotion (*L'Aurore*), et talent : Leconte de Lisle retrouve par exemple les motifs de la poésie baroque pour évoquer, dans la fontaine, « un autre ciel où nageaient les oiseaux ». Il reprend d'autre part le thème romantique du rapport de l'homme et de la nature pour affirmer, sinon comme Vigny une relation d'hostilité, du moins l'impassibilité de la nature, son indifférence à l'endroit des « souffrances humaines » (*La Fontaine aux lianes, Ultra cœlos*).*

L'amour. Pierre Flottes a calculé que ce thème inspire une vingtaine de Poèmes barbares, *soit un quart du recueil, mais rarement de façon directe*[50] *; c'est souvent par le biais d'un récit qu'il est abordé (*Nurmahal, Christine, Le Jugement de Komor...*). On pourrait en dire autant de la mort, autre motif omniprésent, et souvent mêlé, d'ailleurs, au précédent.*

Mais le volume contient aussi de très nombreux poèmes sur la mort ou sur les malheurs de l'amour qui sont des méditations à la première personne, et d'un sentiment très animé. Il n'est pas difficile, en définitive, de tracer un portrait moral de Leconte de Lisle d'après sa poésie. On y décèle parfaitement son pessimisme, sa nostalgie de la jeunesse et son dégoût du présent, ses amours et ses haines, l'exaltation des valeurs « viriles » (le mot revient comme un

---

49. *Le Sentiment religieux chez L. de L.*, p. 150-160 (nos citations : p. 155 et p. 153).

50. *L. de L., l'homme et l'œuvre*, p. 61-63.

leitmotiv dans ses écrits théoriques), la fascination doublée
de répulsion qu'exerce sur lui la violence, son orgueil de
poète et sa mystique de l'art.

Pourquoi donc alors sa réputation d'impassibilité ? Com-
ment peut-on trouver impersonnelle une poésie où, dans
près de la moitié des pièces, intervient le je ou le tu ? D'où
vient que l'ironie de la finale, dans Néférou-Ra, Le Corbeau
ou Un acte de charité, *soit perdue pour tant de commenta-*
teurs[51] *? Pourtant* Le Corbeau *relève partiellement d'une*
veine comique, notamment dans ces vers délibérément pro-
saïques qu'on dirait sortis de Mardoche *ou d'*Albertus :

> Mais il y a beaucoup de siècles de cela.

ou :

> Toujours est-il qu'il s'en était débarrassé.

C'est évidemment la manière de Leconte de Lisle qui est en
cause, tant au niveau du choix et du traitement des sujets
qu'à celui de la forme poétique adoptée.

*Tout d'abord, à une exception près (*À l'Italie*), aucun*
poème n'est clairement consacré à un sujet d'actualité ; un
grand nombre au contraire, nous l'avons assez dit, nous
reportent à des temps fort éloignés de celui de l'auteur. De
plus, Leconte de Lisle s'intéresse, dans ses épopées, aux
races et aux groupes, non aux individus. Le Runoïa, l'apôtre
et le vieillard du Barde de Temrah, *le barde et la prêtresse*
du Massacre de Mona *sont de grandes figures presque ano-*
nymes, presque abstraites ; Qaïn, Komor, Hervor, Christine,
incarnent chacun une idée : la vengeance, l'amour fidèle...
Le poète ne crée jamais un personnage complexe, « vivant »,
dont nous ayons le sentiment qu'il est son porte-parole.
Parallèlement, dans les poèmes où s'exprime un je, *Leconte*
de Lisle s'abstient soigneusement, en général, d'utiliser
aucun élément autobiographique précis : on peut recons-

---

51. Cette ironie correspond à un trait de caractère bien avéré : Verlaine,
par exemple, dénonce chez L. de L. le don de l'ironie cruelle dans l'emploi
de l'épigramme (« Souvenirs sur L. de L. », *Le Journal*, 20 juillet 1894).
Faut-il rappeler de surcroît que les premières études critiques de notre
auteur ont été consacrées à des écrivains satiriques, Hoffmann et Sheri-
dan ?

truire un *caractère d'après les* Poèmes barbares, *non une
vie ; poussant la réserve à l'égard du sujet personnel bien
plus loin que son maître Gautier, qui utilisa pour* Émaux *et*
Camées *beaucoup de faits vécus, Leconte de Lisle met en
vers ses sentiments, mais non l'événement qui en est la
source.*

L'impression de froideur qui se dégage, pour beaucoup,
des Poèmes barbares *vient aussi de leur caractère obstiné-
ment descriptif. Ce n'est pas un hasard si plusieurs pièces du
recueil ont été dédiées à des peintres ou des sculpteurs.
Émile Revel, on l'a vu, démontre par le menu la parenté des
poèmes animaliers avec la sculpture de Barye. Brunetière
loue le caractère plastique de* Qaïn *où, « transportant à
d'autres sujets, tout différents, les qualités qu'il avait perfec-
tionnées dans le commerce des anciens, M. Leconte de Lisle
a su comme enfermer dans le contour définitif du bas-relief
jusqu'à des scènes dont je ne sache pas qu'il y eût avant lui
de modèles[52] » — et de citer les vers qui décrivent les fem-
mes revenant du puits. Pour donner du relief à la descrip-
tion, les traits sont souvent outrés : figures colossales, d'une
énergie surhumaine, et dans la description des paysages un
bariolage de couleurs employées pures, à profusion ; le
contraire de la nuance que cherche Gautier dans* Symphonie
en blanc majeur *ou* La Rose-Thé. *Chez Leconte de Lisle
comme chez Flaubert, écrira Proust, « on sent le besoin de la
solidité, fût-elle un peu massive[53] ».*

La même recherche se manifeste dans la construction :
des plans bien équilibrés, un usage habile du thème du sou-
venir ou de celui de la voyance pour embrasser des époques
différentes en sauvegardant l'unité de temps, une utilisation
importante du discours direct de style oratoire. Les poèmes
en alexandrins à rime plate sans division en strophes, la
strophe de cinq vers qui semble, comme le dit Pierre
Moreau, un « quatrain dans lequel s'est introduit, pour
l'appesantir ou le durcir, un troisième vers supplémentaire*

---

52. *L'Évolution de la poésie lyrique en France au XIXe siècle*, t. II, Paris,
Hachette, 1906, p. 182-183.

53. « À propos du style de Flaubert », dans la *Nouvelle Revue Française*,
janvier 1920.

rimant directement avec le deuxième[54] *» (la rime ainsi répé-
tée étant toujours masculine, comme le faisait déjà remar-
quer Jules Lemaitre*[55]*), la terza rima coupant l'élan tous les
trois vers*[56] *contribuent aussi à cette impression de fermeté,
de stabilité.*

*Le mètre de loin le plus fréquent, l'alexandrin, est souvent
coupé de façon irrégulière, notamment par l'emploi d'un
proclitique à la sixième syllabe :*

> Comme des merles dans l'épaisseur des buissons
> (Le Cœur de Hialmar, *v. 12.)*

> Fauchait un chêne d'où coulait le sang humain
> (Le Massacre de Mona, *v. 336.)*

> Pour l'absorber dans ton impassible beauté
> (Ultra cœlos, *v. 32.)*

*Le résultat en est que l'accentuation des syllabes toniques
doit se renforcer pour rétablir l'équilibre. Davantage encore
lorsque se combinent, comme dans cet exemple, un enjam-
bement, une césure qui traverse un groupe à forte cohésion,
et une contre-assonance intérieure :*

> Il entendit tes ours gronder, tes lions noirs
> Rugir, liés de marche en marche, et, sous tes porches,
> Tes crocodiles...

> (Qaïn, *v. 143-145.)*

Un même effort d'articulation est requis à la lecture de :

> Jusqu'aux astres, jusqu'aux Anges, jusques à Dieu !
> (Les deux Glaives, *v. 116.)*

*si l'on veut éviter l'impossible césure médiane tout autant
que l'accentuation des deux e sourds de la coupe ternaire.*

*Quant à la rime, elle n'est pas spécialement riche ; il lui
arrive même d'être assez faible, contrairement aux sévères
recommandations de Banville*[57] *(ainsi, dans* Le Désert,

54. « À propos du centenaire des *Poèmes barbares* », p. 200.
55. *Les Contemporains*, 2ᵉ série, Paris, Boivin, s.d., p. 43.
56. Voir A. Fairlie, *L. de L.'s poems on the barbarian races*, p. 178.
57. *Petit traité de poésie française*, Paris, Lemerre, 1871.

cieux *rime avec* glori-eux ; *Whiteley relève aussi des cas où l'o ouvert rime avec l'o fermé :* trône *et* environne, le a long avec le a bref :* âme *et* dame, lâche *et* hache[58]*). Mais Leconte de Lisle tenait à ce qu'elle soit importante, c'est-à-dire à ce qu'elle tombe sur un mot chargé de sens, et constitue donc le point fort du vers. Là encore, il va vers la fermeté. Si l'on ajoute à cela les nombreuses allitérations, le goût des noms propres et des mots techniques appartenant aux civilisations qu'il décrit, la netteté et la simplicité de la syntaxe, on comprend pourquoi le vers des* Poèmes barbares *apparaît comme l'un des plus concertés et des plus accomplis de la langue française, d'une sonorité exceptionnelle, parfois même un peu lassante.*

Les Poèmes barbares *ouvrent à la poésie de nouveaux domaines. Comme Baudelaire, écrit Pierre Flottes, Leconte de Lisle crée un frisson :* « *le frisson des grandes inquiétudes cosmiques, des attentes d'apocalypse* », *et aussi* « *un frisson qu'on appellerait biologique, par quoi le poète se sent en communion obscure avec la vie de la bête et de la plante[59]* » ; *il épouse les préoccupations de son temps, scientifiques et politiques (on trouvera par exemple dans les notices des poèmes maint renvoi au fouriérisme, auquel il adhéra dans sa jeunesse) ; il aborde la description de civilisations primitives avec une précision et un réalisme supérieurs à ce qu'on trouve dans* La Légende des Siècles, *et dans une forme irréprochable.*

Violence des actions et des sentiments, dureté du vers et de la syntaxe, barbarie du vocabulaire se conjuguent pour laisser au lecteur une impression de sauvagerie et de dépaysement peut-être unique. Et pourtant quelque chose nous laisse insatisfaits : que manque-t-il donc à ce recueil original pour être une œuvre de tout premier ordre ? Sans doute ce que Leconte de Lisle a si soigneusement évité : un peu d'air, de flottement, ce qu'il faut d'indécision pour que la

---

58. *Étude sur la langue et le style de L. de L.*, Oxford, University Press, 1910, p. 131.

59. *L. de L., l'homme et l'œuvre*, p. 140.

rêverie du lecteur puisse prendre son vol[60] ; un peu de fantai-
sie peut-être[61] ; un peu de mystère, disait Mallarmé : en
racontant tout, en montrant tout, on enlève aux esprits
« cette joie délicieuse de croire qu'ils créent[62] ».

Peut-être ce caractère un peu figé du recueil est-il aussi le
résultat du combat que le poète a dû livrer contre lui-même
pour écrire ce type de poésie, étant ce qu'il était. Cet homme
qui aimait les femmes (s'éprenant encore d'une jeune fille à
près de soixante-dix ans) bannit de ses poèmes toute sen-
sualité ; ce romantique plein de mélancolie, de désenchante-
ment, de passions, veut une poésie scientifique et marmo-
réenne. Certes, l'art se conquiert dans une lutte avec soi-
même ; mais on a l'impression qu'ici le combat a quelque
peu étouffé le poète — et la poésie ; que le refoulement
excessif d'une personnalité aboutit à une œuvre trop souvent
froide, alors que les thèmes ne le sont pas. Comme le dit
fortement Jean-Paul Sartre, « personne, en le lisant, n'a
senti la misère et l'infamie de notre espèce, l'irréalité fon-
cière du réel, le Néant comme vérité glaciale des apparences,
le mépris des besoins, des passions comme signe d'aristocra-
tie. Et personne, à l'époque de la haine, de l'échec et de la
distinction, n'a dit "Comme c'est vrai !"[63]. »

Condamnation trop sévère pourtant. Quand il se laisse un
peu de bride sur le cou, Leconte de Lisle montre qu'il peut
avoir, lui aussi, les qualités de sensibilité et d'imagination
sans lesquelles il n'est pas de grand poète, ni de contact avec

60. « Dans sa placidité sculpturale, cette poésie a souvent quelque chose
[...] d'un peu dur : j'entends par là de trop arrêté, de trop précis dans son
contour, qui ne laisse pas assez de place à la liberté ou au vagabondage de
l'imagination du lecteur » (F. Brunetière, *L'Évolution de la poésie lyrique en
France au XIXe siècle*, t. II, p. 184-185).

61. E. Estève, *L. de L., l'homme et l'œuvre*, p. 185 : « Personne assurément
n'a moins accordé que L. de L. à cette forme capricieuse de l'imagination
qu'on appelle la fantaisie. »

62. Voir Jules Huret, *Enquête sur l'évolution littéraire*, Paris, Bibliothè-
que-Charpentier, 1894, p. 60.

63. *L'Idiot de la famille*, t. III, p. 385. Sartre, il est vrai, met en cause,
encore plus que la forme, l'authenticité des sentiments manifestés. Il semble
pourtant que, du point de vue du lecteur, ce ne soit pas tant cette authenti-
cité qui compte que le caractère plus ou moins convaincant de la forme
utilisée.

le lecteur : *le jeune noyé tranquillement couché sur le sable au fond du lac transparent (*La Fontaine aux lianes*), le gigantesque oiseau de proie qui dort «les ailes toutes grandes» dans un vol plané hors du temps et de l'espace (*Le Sommeil du condor*) sont des images oniriques inoubliables. Et* Le dernier souvenir, *cette chute dans le noir, sans début ni fin, d'un être ni mort ni vivant mais qui se souvient de l'horreur de la vie (ainsi résumée, c'est la thématique d'un Beckett) apparaît comme une œuvre de visionnaire où Leconte de Lisle se révèle l'égal — oui, l'égal — du meilleur Hugo*[64].

CLAUDINE GOTHOT-MERSCH

---

64. On songe à ces vers de *Dieu*, deuxième partie, analysés par Jean-Pierre Richard dans *Microlectures* (Paris, Éditions du Seuil, 1979) sous le titre «Figures du vide». La comparaison est tout à fait étonnante (même mouvement, mêmes sensations, mêmes images – notamment celle de l'entonnoir) ; et il semble certain qu'aucun des deux poètes n'a pu avoir connaissance du texte de l'autre.

Poèmes barbares

QAÏN

En la trentième année, au siècle de l'épreuve,
Étant captif parmi les cavaliers d'Assur,
Thogorma, le Voyant, fils d'Élam, fils de Thur,
Eut ce rêve, couché dans les roseaux du fleuve,
5 À l'heure où le soleil blanchit l'herbe et le mur.

Depuis que le Chasseur Iahvèh, qui terrasse
Les forts et de leur chair nourrit l'aigle et le chien,
Avait lié son peuple au joug assyrien,
Tous, se rasant les poils du crâne et de la face,
10 Stupides, s'étaient tus et n'entendaient plus rien.

Ployés sous le fardeau des misères accrues,
Dans la faim, dans la soif, dans l'épouvante assis,
Ils revoyaient leurs murs écroulés et noircis,
Et, comme aux crocs publics pendent les viandes crues,
15 Leurs princes aux gibets des Rois incirconcis ;

Le pied de l'infidèle appuyé sur la nuque
Des vaillants, le saint temple où priaient les aïeux
Souillé, vide, fumant, effondré par les pieux,
Et les vierges en pleurs sous le fouet de l'eunuque,
20 Et le sombre Iahvèh muet au fond des cieux.

Or, laissant, ce jour-là, près des mornes aïeules
Et des enfants couchés dans les nattes de cuir,
Les femmes aux yeux noirs de sa tribu gémir,
Le fils d'Élam, meurtri par la sangle des meules,
25 Le long du grand Khobar se coucha pour dormir.

Les bandes d'étalons, par la plaine inondée
De lumière, gisaient sous le dattier roussi,
Et les taureaux, et les dromadaires aussi,
Avec les chameliers d'Iran et de Khaldée.
30 Thogorma, le Voyant, eut ce rêve. Voici :

C'était un soir des temps mystérieux du monde,
Alors que du midi jusqu'au septentrion
Toute vigueur grondait en pleine éruption,
L'arbre, le roc, la fleur, l'homme et la bête immonde,
35 Et que Dieu haletait dans sa création.

C'était un soir des temps. Par monceaux, les nuées,
Émergeant de la cuve ardente de la mer,
Tantôt, comme des blocs d'airain, pendaient dans l'air ;
Tantôt, d'un tourbillon véhément remuées,
40 Hurlantes, s'écroulaient en un immense éclair.

Vers le couchant rayé d'écarlate, un œil louche
Et rouge s'enfonçait dans les écumes d'or,
Tandis qu'à l'orient, l'âpre Gelboé-hor,
De la racine au faîte éclatant et farouche,
45 Flambait, bûcher funèbre où le sang coule encor.

Et loin, plus loin, là-bas, le sable aux dunes noires,
Plein du cri des chacals et du renâclement
De l'onagre, et parfois traversé brusquement
Par quelque monstre épais qui grinçait des mâchoires
50 Et laissait après lui comme un ébranlement.

Mais derrière le haut Gelboé-hor, chargées
D'un livide brouillard chaud des fauves odeurs
Que répandent les ours et les lions grondeurs,
Ainsi que font les mers par les vents outragées,
55 On entendait râler de vagues profondeurs.

Thogorma dans ses yeux vit monter des murailles
De fer d'où s'enroulaient des spirales de tours
Et de palais cerclés d'airain sur des blocs lourds ;

Ruche énorme, géhenne aux lugubres entrailles
60 Où s'engouffraient les Forts, princes des anciens jours.

Ils s'en venaient de la montagne et de la plaine,
Du fond des sombres bois et du désert sans fin,
Plus massifs que le cèdre et plus hauts que le pin,
Suants, échevelés, soufflant leur rude haleine
65 Avec leur bouche épaisse et rouge, et pleins de faim.

C'est ainsi qu'ils rentraient, l'ours velu des cavernes
À l'épaule, ou le cerf, ou le lion sanglant.
Et les femmes marchaient, géantes, d'un pas lent,
Sous les vases d'airain qu'emplit l'eau des citernes,
70 Graves, et les bras nus, et les mains sur le flanc.

Elles allaient, dardant leurs prunelles superbes,
Les seins droits, le col haut, dans la sérénité
Terrible de la force et de la liberté,
Et posant tour à tour dans la ronce et les herbes
75 Leurs pieds fermes et blancs avec tranquillité.

Le vent respectueux, parmi leurs tresses sombres,
Sur leur nuque de marbre errait en frémissant,
Tandis que les parois des rocs couleur de sang,
Comme de grands miroirs suspendus dans les ombres,
80 De la pourpre du soir baignaient leur dos puissant.

Les ânes de Khamos, les vaches aux mamelles
Pesantes, les boucs noirs, les taureaux vagabonds
Se hâtaient, sous l'épieu, par files et par bonds ;
Et de grands chiens mordaient le jarret des chamelles ;
85 Et les portes criaient en tournant sur leurs gonds.

Et les éclats de rire et les chansons féroces
Mêlés aux beuglements lugubres des troupeaux,
Tels que le bruit des rocs secoués par les eaux,
Montaient jusques aux tours où, le poing sur leurs crosses,
90 Des vieillards regardaient, dans leurs robes de peaux ;

Spectres de qui la barbe, inondant leurs poitrines,
De son écume errante argentait leurs bras roux,
Immobiles, de lourds colliers de cuivre aux cous,
Et qui, d'en haut, dardaient, l'orgueil plein les narines,
95 Sur leur race des yeux profonds comme des trous.

Puis, quand tout, foule et bruit et poussière mouvante,
Eut disparu dans l'orbe immense des remparts,
L'abîme de la nuit laissa de toutes parts
Suinter la terreur vague et sourdre l'épouvante
100 En un rauque soupir sous le ciel morne épars.

Et le Voyant sentit le poil de sa peau rude
Se hérisser tout droit en face de cela,
Car il connut, dans son esprit, que c'était là
La Ville de l'angoisse et de la solitude,
105 Sépulcre de Qaïn au pays d'Hévila ;

Le lieu sombre où, saignant des pieds et des paupières,
Il dit à sa famille errante : – Bâtissez
Ma tombe, car les temps de vivre sont passés.
Couchez-moi, libre et seul, sur un monceau de pierres
110 Le Rôdeur veut dormir, il est las, c'est assez.

Gorges des monts déserts, régions inconnues
Aux vivants, vous m'avez vu fuir de l'aube au soir.
Je m'arrête, et voici que je me laisse choir.
Couchez-moi sur le dos, la face vers les nues,
115 Enfants de mon amour et de mon désespoir.

Que le soleil regarde et que l'eau du ciel lave
Le signe que la haine a creusé sur mon front !
Ni les aigles, ni les vautours ne mangeront
Ma chair, ni l'ombre aussi ne clora mon œil cave.
120 Autour de mon tombeau les lâches se tairont.

Mais le sanglot des vents, l'horreur des longues veilles,
Le râle de la soif et celui de la faim,
L'amertume d'hier et celle de demain,

Que l'angoisse du monde emplisse mes oreilles
125 Et hurle dans mon cœur comme un torrent sans frein ! –

Or, ils firent ainsi. Le formidable ouvrage
S'amoncela dans l'air des aigles déserté.
L'Ancêtre se coucha par les siècles dompté,
Et, les yeux grands ouverts, dans l'azur ou l'orage,
130 La face au ciel, dormit selon sa volonté.

Hénokhia ! cité monstrueuse des Mâles,
Antre des Violents, citadelle des Forts,
Qui ne connus jamais la peur ni le remords,
Telles du fils d'Élam frémirent les chairs pâles,
135 Quand tu te redressas du fond des siècles morts.

Abîme où, loin des cieux aventurant son aile,
L'Ange vit la beauté de la femme et l'aima,
Où le fruit qu'un divin adultère forma,
L'homme géant, brisa la vulve maternelle,
140 Ton spectre emplit les yeux du Voyant Thogorma.

Il vit tes escaliers puissants bordés de torches
Hautes qui tournoyaient, rouges, au vent des soirs ;
Il entendit tes ours gronder, tes lions noirs
Rugir, liés de marche en marche, et, sous tes porches,
145 Tes crocodiles geindre au fond des réservoirs ;

Et, de tous les recoins de ta masse farouche,
Le souffle des dormeurs dont l'œil ouvert reluit,
Tandis que çà et là, sinistres et sans bruit,
Quelques fantômes lents, se dressant sur leur couche,
150 Écoutaient murmurer les choses de la nuit.

Mais voici que du sein déchiré des ténèbres,
Des confins du désert creusés en tourbillon,
Un Cavalier, sur un furieux étalon,
Hagard, les poings roidis, plein de clameurs funèbres,
155 Accourut, franchissant le roc et le vallon.

Sa chevelure blême, en lanières épaisses,
Crépitait au travers de l'ombre horriblement ;
Et, derrière, en un rauque et long bourdonnement,
Se déroulaient, selon la taille et les espèces,
160 Les bêtes de la terre et du haut firmament.

Aigles, lions et chiens, et les reptiles souples,
Et l'onagre et le loup, et l'ours et le vautour,
Et l'épais Béhémoth, rugueux comme une tour,
Maudissaient dans leur langue, en se ruant par couples,
165 Ta ville sombre, Hénokh ! et pullulaient autour.

Mais dans leurs lits d'airain dormaient les fils des Anges.
Et le grand Cavalier, heurtant les murs, cria :
— Malheur à toi, monceau d'orgueil, Hénokhia !
Ville du Vagabond révolté dans ses langes,
170 Que le Jaloux, avant les temps, répudia !

Sépulcre du Maudit, la vengeance est prochaine.
La mer se gonfle et gronde, et la bave des eaux
Bien au-dessus des monts va noyer les oiseaux.
L'extermination suprême se déchaîne,
175 Et du ciel qui s'effondre a rompu les sept sceaux.

La face du désert dira : Qu'est devenue
Hénokhia, semblable au Gelboé pierreux ?
Et l'aigle et le corbeau viendront, disant entre eux :
Où donc se dressait-elle autrefois sous la nue,
180 La Ville aux murs de fer des géants vigoureux ?

Mais rien ne survivra, pas même ta poussière,
Pas même un de vos os, enfants du Meurtrier !
Holà ! j'entends l'abîme impatient crier,
Et le gouffre t'attire, ô race carnassière
185 De Celui qui ne sut ni fléchir ni prier !

Qaïn, Qaïn, Qaïn ! Dans la nuit sans aurore,
Dès le ventre d'Héva maudit et condamné,
Malheur à toi par qui le soleil nouveau-né

But, plein d'horreur, le sang qui fume et crie encore
190 Pour les siècles, au fond de ton cœur forcené !

Malheur à toi, dormeur silencieux, chair vile,
Esprit que la vengeance éternelle a sacré,
Toi qui n'as jamais cru, ni jamais espéré !
Plus heureux le chien mort pourri hors de ta ville !
195 Dans ton crime effroyable Iahvèh t'a muré. –

Alors, au faîte obscur de la cité rebelle,
Soulevant son dos large et l'épaule et le front,
Se dressa lentement, sous l'injure et l'affront,
Le Géant qu'enfanta pour la douleur nouvelle,
200 Celle par qui les fils de l'homme périront.

Il se dressa debout sur le lit granitique
Où, tranquille, depuis dix siècles révolus,
Il s'était endormi pour ne s'éveiller plus ;
Puis il regarda l'ombre et le désert antique,
205 Et sur l'ampleur du sein croisa ses bras velus.

Sa barbe et ses cheveux dérobaient son visage ;
Mais, sous l'épais sourcil, et luisant à travers,
Ses yeux, hantés d'un songe unique, et grands ouverts,
Contemplaient par delà l'horizon, d'âge en âge,
210 Les jours évanouis et le jeune univers.

Thogorma vit alors la famille innombrable
Des fils d'Hénokh emplir, dans un fourmillement
Immense, palais, tours et murs, en un moment ;
Et, tous, ils regardaient l'Ancêtre vénérable,
215 Debout, et qui rêvait silencieusement.

Et les bêtes poussaient leurs hurlements de haine,
Et l'étalon, soufflant du feu par les naseaux,
Broyait les vieux palmiers comme autant de roseaux,
Et le grand Cavalier gardien de la Géhenne
220 Mêlait sa clameur âpre aux cris des animaux.

Mais l'Homme violent, du sommet de son aire,
Tendit son bras noueux dans la nuit, et voilà,
Plus haut que ce tumulte entier, comme il parla
D'une voix lente et grave et semblable au tonnerre,
225 Qui d'échos en échos par le désert roula :

– Qui me réveille ainsi dans l'ombre sans issue
Où j'ai dormi dix fois cent ans, roide et glacé ?
Est-ce toi, premier cri de la mort, qu'a poussé
Le Jeune Homme d'Hébron sous la lourde massue
230 Et les débris fumants de l'autel renversé ?

Tais-toi, tais-toi, sanglot, qui montes jusqu'au faîte
De ce sépulcre antique où j'étais étendu.
Dans mes nuits et mes jours je t'ai trop entendu.
Tais-toi, tais-toi, la chose irréparable est faite.
235 J'ai veillé si longtemps que le sommeil m'est dû.

Mais non ! Ce n'est point là ta clameur séculaire,
Pâle enfant de la femme, inerte sur son sein !
Ô victime, tu sais le sinistre dessein
D'Iahvèh m'aveuglant du feu de sa colère.
240 L'iniquité divine est ton seul assassin.

Silence, ô Cavalier de la Géhenne ! Ô Bêtes
Furieuses, qu'il traîne après lui, taisez-vous !
Je veux parler aussi, c'est l'heure, afin que tous
Vous sachiez, ô hurleurs stupides que vous êtes,
245 Ce que dit le Vengeur Qaïn au Dieu jaloux.

Silence ! Je revois l'innocence du monde.
J'entends chanter encore aux vents harmonieux
Les bois épanouis sous la gloire des cieux ;
La force et la beauté de la terre féconde
250 En un rêve sublime habitent dans mes yeux.

Le soir tranquille unit aux soupirs des colombes,
Dans le brouillard doré qui baigne les halliers,
Le doux rugissement des lions familiers ;

Le terrestre Jardin sourit, vierge de tombes,
255 Aux Anges endormis à l'ombre des palmiers.

L'inépuisable joie émane de la Vie ;
L'embrassement profond de la terre et du ciel
Emplit d'un même amour le cœur universel ;
Et la Femme, à jamais vénérée et ravie,
260 Multiplie en un long baiser l'Homme immortel.

Et l'aurore qui rit avec ses lèvres roses,
De jour en jour, en cet adorable berceau,
Pour le bonheur sans fin éveille un dieu nouveau ;
Et moi, moi, je grandis dans la splendeur des choses,
265 Impérissablement jeune, innocent et beau !

Compagnon des Esprits célestes, origine
De glorieux enfants créateurs à leur tour,
Je sais le mot vivant, le verbe de l'amour ;
Je parle et fais jaillir de la source divine,
270 Aussi bien qu'Élohim, d'autres mondes au jour !

Éden ! ô Vision éblouissante et brève,
Toi dont, avant les temps, j'étais déshérité !
Éden, Éden ! voici que mon cœur irrité
Voit changer brusquement la forme de son rêve,
275 Et le glaive flamboie à l'horizon quitté.

Éden ! ô le plus cher et le plus doux des songes,
Toi vers qui j'ai poussé d'inutiles sanglots !
Loin de tes murs sacrés éternellement clos
La malédiction me balaye, et tu plonges
280 Comme un soleil perdu dans l'abîme des flots.

Les flancs et les pieds nus, ma mère Héva s'enfonce
Dans l'âpre solitude où se dresse la faim.
Mourante, échevelée, elle succombe enfin,
Et dans un cri d'horreur enfante sur la ronce
285 Ta victime, Iahvèh ! celui qui fut Qaïn.

Ô nuit ! Déchirements enflammés de la nue,
Cèdres déracinés, torrents, souffles hurleurs,
Ô lamentations de mon père, ô douleurs,
Ô remords, vous avez accueilli ma venue,
290 Et ma mère a brûlé ma lèvre de ses pleurs.

Buvant avec son lait la terreur qui l'enivre,
À son côté gisant livide et sans abri,
La foudre a répondu seule à mon premier cri ;
Celui qui m'engendra m'a reproché de vivre,
295 Celle qui m'a conçu ne m'a jamais souri.

Misérable héritier de l'angoisse première,
D'un long gémissement j'ai salué l'exil.
Quel mal avais-je fait ? Que ne m'écrasait-il,
Faible et nu sur le roc, quand je vis la lumière,
300 Avant qu'un sang plus chaud brûlât mon cœur viril ?

Emporté sur les eaux de la Nuit primitive,
Au muet tourbillon d'un vain rêve pareil,
Ai-je affermi l'abîme, allumé le soleil,
Et, pour penser : Je suis ! pour que la fange vive,
305 Ai-je troublé la paix de l'éternel sommeil ?

Ai-je dit à l'argile inerte : Souffre et pleure !
Auprès de la défense ai-je mis le désir,
L'ardent attrait d'un bien impossible à saisir,
Et le songe immortel dans le néant de l'heure ?
310 Ai-je dit de vouloir et puni d'obéir ?

Ô misère ! Ai-je dit à l'implacable Maître,
Au Jaloux, tourmenteur du monde et des vivants,
Qui gronde dans la foudre et chevauche les vents :
La vie assurément est bonne, je veux naître !
315 Que m'importait la vie au prix où tu la vends ?

Sois satisfait ! Qaïn est né. Voici qu'il dresse,
Tel qu'un cèdre, son front pensif vers l'horizon.
Il monte avec la nuit sur les rochers d'Hébron,

Et dans son cœur rongé d'une sourde détresse
320 Il songe que la terre immense est sa prison.

Tout gémit, l'astre pleure et le mont se lamente,
Un soupir douloureux s'exhale des forêts,
Le désert va roulant sa plainte et ses regrets,
La nuit sinistre, en proie au mal qui la tourmente,
325 Rugit comme un lion sous l'étreinte des rets.

Et là, sombre, debout sur la roche escarpée,
Tandis que la famille humaine, en bas, s'endort,
L'impérissable ennui me travaille et me mord,
Et je vois la lueur de la sanglante Épée
330 Rougir au loin le ciel comme une aube de mort.

Je regarde marcher l'antique Sentinelle,
Le Khéroub chevelu de lumière, au milieu
Des ténèbres, l'Esprit aux six ailes de feu,
Qui, dardant jusqu'à moi sa rigide prunelle,
335 S'arrête sur le seuil interdit par son Dieu.

Il reluit sur ma face irritée, et me nomme :
– Qaïn, Qaïn ! – Khéroub d'Iahvèh, que veux-tu ?
Me voici. – Va prier, va dormir. Tout s'est tu,
Le repos et l'oubli bercent la terre et l'homme ;
340 Heureux qui s'agenouille et n'a pas combattu !

Pourquoi rôder toujours par les ombres sacrées,
Haletant comme un loup des bois jusqu'au matin ?
Vers la limpidité du Paradis lointain
Pourquoi tendre toujours tes lèvres altérées ?
345 Courbe la face, esclave, et subis ton destin.

Rentre dans ton néant, ver de terre ! Qu'importe
Ta révolte inutile à Celui qui peut tout ?
Le feu se rit de l'eau qui murmure et qui bout ;
Le vent n'écoute pas gémir la feuille morte.
350 Prie et prosterne-toi. – Je resterai debout !

Le lâche peut ramper sous le pied qui le dompte,
Glorifier l'opprobre, adorer le tourment,
Et payer le repos par l'avilissement ;
Iahvèh peut bénir dans leur fange et leur honte
355 L'épouvante qui flatte et la haine qui ment ;

Je resterai debout ! Et du soir à l'aurore,
Et de l'aube à la nuit, jamais je ne tairai
L'infatigable cri d'un cœur désespéré !
La soif de la justice, ô Khéroub, me dévore.
360 Écrase-moi, sinon, jamais je ne ploîrai !

Ténèbres, répondez ! Qu'Iahvèh me réponde !
Je souffre, qu'ai-je fait ? – Le Khéroub dit : – Qaïn !
Iahvèh l'a voulu. Tais-toi. Fais ton chemin
Terrible. – Sombre Esprit, le mal est dans le monde,
365 Oh ! pourquoi suis-je né ! – Tu le sauras demain. –

Je l'ai su. Comme l'ours aveuglé qui trébuche
Dans la fosse où la mort l'a longtemps attendu,
Flagellé de fureur, ivre, sourd, éperdu,
J'ai heurté d'Iahvèh l'inévitable embûche ;
370 Il m'a précipité dans le crime tendu.

Ô jeune homme, tes yeux, tels qu'un ciel sans nuage,
Étaient calmes et doux, ton cœur était léger
Comme l'agneau qui sort de l'enclos du berger ;
Et celui qui te fit docile à l'esclavage
375 Par ma main violente a voulu t'égorger !

Dors au fond du Schéol ! Tout le sang de tes veines,
Ô préféré d'Héva, faible enfant que j'aimais,
Ce sang que je t'ai pris, je le saigne à jamais !
Dors, ne t'éveille plus ! Moi, je crîrai mes peines,
380 J'élèverai la voix vers Celui que je hais.

Fils des Anges, orgueil de Qaïn, race altière
En qui brûle mon sang, et vous, enfants domptés
De Seth, ô multitude à genoux, écoutez !

Écoutez-moi, Géants ! écoute-moi, poussière !
385 Prête l'oreille, ô Nuit des temps illimités !

Élohim, Élohim ! Voici la prophétie
Du Vengeur, et je vois le cortège hideux
Des siècles de la terre et du ciel, et tous deux,
Dans cette vision lentement éclaircie,
390 Roulent sous ta fureur qui rugit autour d'eux.

Tu voudras vainement, assouvi de ton rêve,
Dans le gouffre des Eaux premières l'engloutir ;
Mais lui, lui se rira du tardif repentir.
Comme Léviathan qui regagne la grève,
395 De l'abîme entr'ouvert tu le verras sortir.

Non plus géant, semblable aux Esprits, fier et libre,
Et toujours indompté, sinon victorieux ;
Mais servile, rampant, rusé, lâche, envieux,
Chair glacée où plus rien ne fermente et ne vibre,
400 L'homme pullulera de nouveau sous les cieux.

Emportant dans son cœur la fange du Déluge,
Hors la haine et la peur ayant tout oublié,
Dans les siècles obscurs l'homme multiplié
Se précipitera sans halte ni refuge,
405 À ton spectre implacable horriblement lié.

Dieu de la foudre, Dieu des vents, Dieu des armées,
Qui roules au désert les sables étouffants,
Qui te plais aux sanglots d'agonie, et défends
La pitié, Dieu qui fais aux mères affamées,
410 Monstrueuses, manger la chair de leurs enfants !

Dieu triste, Dieu jaloux qui dérobes ta face,
Dieu qui mentais, disant que ton œuvre était bon,
Mon souffle, ô Pétrisseur de l'antique limon,
Un jour redressera ta victime vivace.
415 Tu lui diras : Adore ! Elle répondra : Non !

D'heure en heure, Iahvèh ! ses forces mutinées
Iront élargissant l'étreinte de tes bras ;
Et, rejetant ton joug comme un vil embarras,
Dans l'espace conquis les choses déchaînées
420 Ne t'écouteront plus quand tu leur parleras !

Afin d'exterminer le monde qui te nie,
Tu feras ruisseler le sang comme une mer,
Tu feras s'acharner les tenailles de fer,
Tu feras flamboyer, dans l'horreur infinie,
425 Près des bûchers hurlants le gouffre de l'Enfer ;

Mais quand tes prêtres, loups aux mâchoires robustes,
Repus de graisse humaine et de rage amaigris,
De l'holocauste offert demanderont le prix,
Surgissant devant eux de la cendre des Justes,
430 Je les flagellerai d'un immortel mépris.

Je ressusciterai les cités submergées,
Et celles dont le sable a couvert les monceaux ;
Dans leur lit écumeux j'enfermerai les eaux ;
Et les petits enfants des nations vengées,
435 Ne sachant plus ton nom, riront dans leurs berceaux !

J'effondrerai des cieux la voûte dérisoire.
Par delà l'épaisseur de ce sépulcre bas
Sur qui gronde le bruit sinistre de ton pas,
Je ferai bouillonner les mondes dans leur gloire ;
440 Et qui t'y cherchera ne t'y trouvera pas.

Et ce sera mon jour ! Et, d'étoile en étoile,
Le bienheureux Éden longuement regretté
Verra renaître Abel sur mon cœur abrité ;
Et toi, mort et cousu sous la funèbre toile,
445 Tu t'anéantiras dans ta stérilité. –

Le Vengeur dit cela. Puis, l'immensité sombre,
Bond par bond, prolongea, des plaines aux parois
Des montagnes, l'écho violent de la Voix

Qui s'enfonça longtemps dans l'abîme de l'ombre.
450 Puis, un Vent très amer courut par les cieux froids.

Thogorma ne vit plus ni les bêtes hurlantes,
Ni le grand Cavalier, ni ceux d'Hénokhia.
Tout se tut. Le Silence élargi déploya
Ses deux ailes de plomb sur les choses tremblantes.
455 Puis, brusquement, le ciel convulsif flamboya.

Et le sceau fut rompu des hautes cataractes.
Le poids supérieur fendit et crevassa
Le couvercle du monde. Un long frisson passa
Dans toute chair vivante ; et, par nappes compactes,
460 Et par torrents, la Pluie horrible commença.

Puis, de tous les côtés de la terre, un murmure
Encore inentendu, vague, innommable, emplit
L'espace, et le fracas d'en haut s'ensevelit
Dans celui-là. La Mer, avec sa chevelure
465 De flots blêmes, hurlait en sortant de son lit.

Elle venait, croissant d'heure en heure, et ses lames,
Toutes droites, heurtaient les monts vertigineux,
Ou, projetant leur courbe immense au-dessus d'eux,
Rejaillissaient d'en bas vers la nuée en flammes,
470 Comme de longs serpents qui déroulent leurs nœuds.

Elle allait, arpentant d'un seul repli de houle
Plaines, vallons, déserts, forêts, toute une part
Du monde, et les cités et le troupeau hagard
Des hommes, et les cris suprêmes, et la foule
475 Des bêtes qu'aveuglaient la foudre et le brouillard.

Hérissés, et trouant l'air épais, en spirale,
De grands oiseaux, claquant du bec, le col pendant,
Lourds de pluie et rompus de peur, et regardant
Les montagnes plonger sous la mer sépulcrale,
480 Montaient toujours, suivis par l'abîme grondant.

Quelques sombres Esprits, balancés sur leurs ailes,
Impassibles témoins du monde enseveli,
Attendaient pour partir que tout fût accompli,
Et que sur le désert des Eaux universelles
485 S'étendît pesamment l'irrévocable oubli.

Enfin, quand le soleil, comme un œil cave et vide
Qui, sans voir, regardait les espaces béants,
Émergea des vapeurs ternes des océans ;
Quand, d'un dernier lien, le Suaire livide
490 Eut de l'univers mort serré les os géants ;

Quand le plus haut des pics eut bavé son écume,
Thogorma, fils d'Élam, d'épouvante blêmi,
Vit Qaïn le Vengeur, l'immortel Ennemi
D'Iahvèh, qui marchait, sinistre, dans la brume,
495 Vers l'Arche monstrueuse apparue à demi.

Et l'homme s'éveilla du sommeil prophétique,
Le long du grand Khobar où boit un peuple impur.
Et ceci fut écrit, avec le roseau dur,
Sur une peau d'onagre, en langue khaldaïque,
500 Par le Voyant, captif des cavaliers d'Assur.

LA VIGNE DE NABOTH

I

Au fond de sa demeure, Akhab, l'œil sombre et dur,
Sur sa couche d'ivoire et de bois de Syrie
Gît, muet et le front tourné contre le mur.

Sans manger ni dormir, le roi de Samarie
5 Reste là, plein d'ennuis, comme, en un jour d'été,
Le voyageur courbé sur la source tarie.

Akhab a soif du vin de son iniquité,
Et conjure, en son cœur que travaille la haine,
La Vache de Béth-El et l'idole Astarté.

10 Il songe : – Suis-je un roi si ma colère est vaine ?
Par Baal ! j'ai chassé trois fois les cavaliers
De Ben-Hadad de Tyr au travers de la plaine.

J'ai vu ceux de Damas s'en venir par milliers,
Le sac aux reins, la corde au cou, dans la poussière,
15 Semblables aux chameaux devant les chameliers ;

J'ai, d'un signe, en leur gorge étouffé la prière,
L'écume de leur sang a rougi les hauts lieux,
Et j'ai nourri mes chiens de leur graisse guerrière.

Mes prophètes sont très savants, et j'ai trois Dieux
20 Très puissants, pour garder mon royaume et ma ville
Et ployer sous le joug mon peuple injurieux.

Et voici que ma gloire est une cendre vile,
Et mon sceptre un roseau des marais, qui se rompt
Aux rires insulteurs de la foule servile !

25 C'est le Fort de Juda qui m'a fait cet affront,
Parce que j'ai dressé, sous le noir térébinthe,
L'image de Baal, une escarboucle au front.

Deux fois teint d'écarlate et vêtu d'hyacinthe,
Comme un soleil, le Dieu reluit, rouge et doré,
30 Sur le socle de jaspe, au milieu de l'enceinte.

Mais s'il ne m'a vengé demain, j'abolirai
Son culte, et l'on verra se dresser à sa place
Le Veau d'or d'Ephraïm sur l'autel adoré.

Un désir impuissant me consume et m'enlace !
35 Sous la corne du bœuf, sous le pied de l'ânon,
Je suis comme un lion mort, qu'on outrage en face.

Quand j'ai dit : Je le veux ! un homme m'a dit : Non !
Il vit encor, sans peur que le glaive le touche.
La honte est dans mon cœur, l'opprobre est sur mon

                                        [nom. –

40 Tel, le fils de Hamri se ronge sur sa couche.
Ses cheveux dénoués pendent confusément,
Et sa dent furieuse a fait saigner sa bouche.

Auprès du morne Roi paraît en ce moment
La fille d'Eth-Baal, la femme aux noires tresses
45 De Sidon, grande et belle, et qu'il aime ardemment.

Astarté l'a bercée aux bras de ses prêtresses ;
Elle sait obscurcir la lune et le soleil,
Et courber les lions au joug de ses caresses.

De ses yeux sombres sort l'effluve du sommeil,
50 Et ceux qu'a terrassés une mort violente
S'agitent à sa voix dans la nuit sans réveil.

Elle approche du lit, majestueuse et lente,
Regarde, et dit : – Qu'a donc mon Seigneur ? et quel mal
Dompte le cèdre altier comme une faible plante ?

55 A-t-il vu quelque spectre envoyé par Baal ?
Le jour tombe. Que mon Seigneur se lève et mange !
Parle, ô Chef ! Quel ennui trouble ton cœur royal ? –

Akhab lui dit : – Ô femme, il faut que je me venge ;
Et je ne puis dormir, ni boire, ni manger,
60 Que le sang de Naboth n'ait fumé dans la fange.

Sa vigne est très fertile et touche à mon verger.
Or, j'ai dit à cet homme, au seuil de sa demeure :
Ceci me plaît ; veux-tu le vendre ou l'échanger ?

Il m'a dit : C'est mon champ paternel. Que je meure,
65 Le voudrais-tu payer par grain un schégel d'or,
Si je le vends jamais, fût-ce à ma dernière heure !

Quand tu me donnerais la plaine de Phogor,
Ramoth en Galaad, Seïr et l'Idumée,
Et ta maison d'ivoire, et ton riche trésor,

70 Ô Roi, je garderais ma vigne bien aimée !
C'est ainsi qu'a parlé Naboth le vigneron,
Tranquille sur le seuil de sa porte enfumée. –

– Certes, ce peuple, Akhab, par le Dieu d'Akkaron !
Dit Jézabel, jouit, malgré son insolence,
75 D'un roi très patient, très docile et très bon.

Que ne le frappais-tu du glaive ou de la lance ?
L'onagre est fort rétif s'il ne courbe les reins ;
Qui cède au dromadaire accroît sa violence. –

– C'est le Jaloux, le Fort de Juda que je crains,
80 Dit Akhab. C'est le Dieu de Naboth et d'Élie :
Du peuple furieux il briserait les freins.

Je verrais s'écrouler ma fortune avilie,
Et serais comme un bœuf qui mugit sur l'autel
Pendant que le couteau s'aiguise et qu'on le lie.

85 Non ! J'attendrai. Les Dieux de Dan et de Beth-El
Accorderont sans doute à qui soutient leur cause
De tuer sûrement Naboth de Jizréhel. –

– Lève-toi donc et mange, ô Chef, et te repose,
Dit la Sidonienne avec un rire amer ;
90 Moi seule je ferai ce que mon Seigneur n'ose.

Demain, quand le soleil s'en ira vers la mer,
Sans que ta main royale ait touché cet esclave,
J'atteste qu'il mourra sur le mont de Somer.

Et l'homme de Thesbé pourra baver sa bave
95 Et hurler, du Karmel à l'Horeb, comme un chien
Affamé, qui s'enfuit aussitôt qu'on le brave.

Mon Seigneur lui dira : Qu'ai-je fait, sinon rien ?
A-t-on trouvé ma main dans ce meurtre, ou mon signe ? –
Akhab, en souriant, dit : – Ô femme, c'est bien !

100 J'aurai le sang de l'homme et le vin de sa vigne ! –

II

Vers l'heure où le soleil allume au noir Liban
Comme autant de flambeaux les cèdres par les rampes,
Les Anciens sont assis, hors des murs, sur un banc.

Ce sont trois beaux vieillards, avec de larges tempes,
105 De grands fronts, des nez d'aigle et des yeux vifs et doux,
Qui, sous l'épais sourcil, luisent comme des lampes.

Dans leurs robes de lin, la main sur les genoux,
Ils siègent, les pieds nus dans la fraîcheur des sables,
À l'ombre des figuiers d'où pendent les fruits roux.

110 La myrrhe a parfumé leurs barbes vénérables ;
Et leurs longs cheveux blancs sur l'épaule et le dos
S'épandent, aux flocons de la neige semblables.

Mais leur cœur est plus noir que le sépulcre clos ;
Leur cœur comme la tombe est plein de cendre morte ;
115 L'avarice a séché la moelle de leurs os.

Vils instruments soumis à la main la plus forte,
Ils foulent à prix d'or l'équité sainte aux pieds,
Sachant ce que le sang des malheureux rapporte.

Naboth est devant eux, debout, les bras liés,
120 Comme pour l'holocauste un bouc, noire victime
Par qui les vieux péchés de tous sont expiés.

Deux fils de Bélial, d'une voix unanime,
Disent : – Voici. Cet homme est vraiment criminel.
Qu'il saigne du blasphème et qu'il meure du crime !

125 Or, il a blasphémé le nom de l'Éternel. –
Naboth dit : – L'Éternel m'entend et me regarde.
Je suis pur devant lui, n'ayant rien fait de tel.

J'atteste le Très-Haut et me fie en sa garde.
Ceux-ci mentent. Craignez, Pères, de mal juger,
130 Car Dieu juge à son tour, qu'il se hâte ou qu'il tarde.

Voyez ! Ai-je fermé ma porte à l'étranger ?
Ai-je tari le puits du pauvre pour mon fleuve ?
L'orphelin faible et nu, m'a-t-on vu l'outrager ?

Qu'ils se lèvent, ceux-là qui m'ont mis à l'épreuve !
135 Qu'ils disent : Nous avions soif et nous avions faim,
L'étranger, l'orphelin, et le pauvre et la veuve ;

Naboth le vigneron n'a point ouvert sa main,
Naboth de Jizréhel, irritant notre plaie,
Sous l'œil des affamés a mangé tout son pain !

140 Nul ne dira cela, si sa parole est vraie.
    Or, qui peut blasphémer étant pur devant Dieu ?
    Séparez le bon grain, mes Pères, de l'ivraie.

    Remettez d'un sens droit toute chose en son lieu.
    Si je mens, que le ciel s'entr'ouvre et me dévore,
145 Que l'Exterminateur me brûle de son feu ! –

    Le plus vieux des Anciens dit : – Il blasphème encore !
    Allez, lapidez-le, car il parle très mal,
    N'étant plein que de vent, comme une outre sonore. –

    Or, non loin des figuiers, les fils de Bélial
150 Frappent le vigneron avec de lourdes pierres ;
    La cervelle et le sang souillent ce lieu fatal.

    Et Naboth rend l'esprit. Les bêtes carnassières
    Viendront, la nuit, hurler sur le corps encor chaud,
    Et les oiseaux plonger leurs becs dans ses paupières.

155 En ce temps, Jézabel, attentive au plus haut
    Du palais, dit au Roi : – Seigneur, la chose est faite :
    Naboth est mort. Ô Chef, monte en ton chariot.

    Aux sons victorieux des cymbales de fête,
    Viens visiter ta vigne, ô royal vigneron ! –
160 Et du sombre palais tous deux quittent le faîte.

    Ils vont. Et la trompette éclate, et le clairon,
    Et le sistre, et la harpe, et le tambour. La foule
    S'ouvre sous le poitrail des chevaux de Sidon.

    Le chariot de cèdre, aux moyeux d'argent, roule ;
165 Et le peuple, saisi de peur, s'est prosterné
    Au passage du couple abhorré qui le foule.

    Mais voici. Sur le seuil du juste assassiné,
    Croisant ses bras velus sur sa large poitrine,
    Se dresse un grand vieillard, farouche et décharné.

170 Son crâne est comme un roc couvert d'herbe marine ;
Une sueur écume à ses cheveux pendants,
Et le poil se hérisse autour de sa narine.

Du fond de ses yeux creux flambent des feux ardents.
D'un orteil convulsif, comme un lion sauvage,
175 Il fouille la poussière et fait grincer ses dents.

Sur le cuir corrodé de son âpre visage
On lit qu'il a toujours marché, toujours souffert,
Toujours vécu, plus fort au sein du même orage ;

Qu'il a dormi cent nuits dans l'antre noir ouvert
180 Aux gorges de l'Horeb ; auprès des puits sans onde,
Qu'il a hurlé de soif dans le feu du désert ;

Et qu'en ce siècle impur, en qui le mal abonde,
Son maître a flagellé d'un fouet étincelant
Et poussé sur les Rois sa course vagabonde.

185 Or, les chevaux, soudain, se cabrent, reculant
D'horreur devant ce spectre. Ils courent, haut la tête,
Ivres, mâchant le mors, et l'épouvante au flanc.

Arbres, buissons, enclos, rocs, rien ne les arrête :
Ils courent, comme un vol des démons de la nuit,
190 Comme un champ d'épis mûrs fauchés par la tempête.

Tel, dans un tourbillon de poussière et de bruit,
Malgré les cavaliers pleins d'une clameur vaine,
Le cortège effaré se disperse et s'enfuit.

L'attelage, ébranlant le chariot qu'il traîne,
195 Se couche, les naseaux dans le sable, et le Roi
Sent tournoyer sa tête et se glacer sa veine.

Lentement il se lève, et, tout blême d'effroi,
Regarde ce vieillard sombre, que nul n'oublie,
Immobile, appuyé contre l'humble paroi.

200 Akhab, avec un grand frisson, dit : – C'est Élie !

III

Alors, comme un torrent fougueux, des monts tombé,
Qui roule flots sur flots son bruit et sa colère,
Voici ce qu'à ce Roi dit l'Homme de Thesbé :

– Malheur ! l'aigle a crié de joie au bord de l'aire ;
205 Il aiguise son bec, sachant qu'un juste est mort.
Le chien montre les dents, hurle dans l'ombre et flaire.

Malheur ! l'aigle affamé déchire et le chien mord,
Car la pierre du meurtre est toute rouge et fume.
Donc, le Seigneur m'a dit : Va ! je suis le Dieu fort !

210 Je me lève dans la fureur qui me consume ;
Le monde est sous mes pieds, la foudre est dans mes yeux,
La lune et le soleil nagent dans mon écume.

Va ! dis au meurtrier qu'il appelle ses Dieux
À l'aide, car je suis debout sur les nuées,
215 Et la vapeur du crime enveloppe les cieux.

Dis-lui : Malheur, ô Chef des dix prostituées,
Akhab, fils de Hamri, le fourbe et le voleur !
Les vengeances d'en haut se sont toutes ruées.

À toi qui fais du sceptre un assommoir, malheur !
220 Auprès de la fournaise ardente où tu trébuches
Le four chauffé sept fois est sombre et sans chaleur.

L'ours plein de ruse est pris dans ses propres embûches,
Et le vautour s'étrangle avec l'os avalé,
Et le frelon s'étouffe avec le miel des ruches.

225 Tu songeais : Tout est bien, car je n'ai point parlé.
Allons ! Naboth est mort ; sa vigne est mon partage.
Le Dieu d'Élie est sourd, le Fort est aveuglé !

Qui dira que ce meurtre inique est mon ouvrage ?
Le lion de Juda rugit et te répond.
230 Le Seigneur t'attendait au seuil de l'héritage !

Ô renard, ô voleur, voici qu'au premier bond
Il te prend, te saisit à la gorge, et se joue
De ta peur, l'œil planté dans ta chair qui se fond.

Vermine d'Israël, le Dieu fort te secoue
235 Des haillons de ce peuple, et les petits enfants
Te verront te débattre et grouiller dans la boue.

Le Seigneur dit : Je suis l'effroi des triomphants,
Je suis le frein d'acier qui brise la mâchoire
Des Couronnés, mangeurs de biches et de faons.

240 Je fracasse leurs chars, je souffle sur leur gloire ;
Ils sont tous devant moi comme un sable mouvant,
Et j'enfouis leurs noms perdus dans la nuit noire.

Donc, le sang de Naboth crie en vous poursuivant,
Akhab de Samarie, et toi, vile idolâtre !
245 Le spectre de Naboth sanglote dans le vent.

Dans le puits du désert où filtre l'eau saumâtre,
Entre vos murs de cèdre et sous l'épais figuier,
Dans les clameurs de fête et dans les bruits de l'âtre,

Dans le hennissement de l'étalon guerrier,
250 Dans la chanson du coq et de la tourterelle,
Akhab et Jézabel, vous l'entendrez crier !

Naboth est mort ! Les chiens mangeront la cervelle
Du couple abominable en son crime têtu ;
Ma fureur fauchera cette race infidèle :

255 Comme un bon moissonneur, de vigueur revêtu,
Qui tranche à tour de bras les épis par centaines,
Je ferai le sol ras jusqu'au moindre fétu.

Dis-leur : Voici le jour des sanglots et des haines,
Où l'exécration se gonfle, monte et bout,
260 Et, comme un vin nouveau, jaillit des cuves pleines.

Car je suis plein de rage et j'écraserai tout !
Et l'on verra le sang des rois, tel qu'une eau sale,
Déborder des toits plats et rentrer dans l'égout.

Va ! ceins tes reins, Akhab, excite ta cavale,
265 Fuis, comme l'épervier, vers les bords Libyens,
Enfonce-toi vivant dans la nuit sépulcrale...

Tu ne sortiras pas, ô Roi ! de mes liens,
Et je te châtîrai dans ta chair et ta race,
Ô vipère, ô chacal, fils et père de chiens ! –

270 Akhab, poussant un cri d'angoisse par l'espace,
Dit : – J'ai péché ; ma vie est un fumier bourbeux. –
Il déchire sa robe et se meurtrit la face.

De fange et de graviers il souille ses cheveux,
Disant : – Gloire au Très-Fort de Juda ! Qu'il s'apaise !
275 Sur l'autel du Jaloux j'égorgerai cent bœufs !

Que suis-je à sa lumière ? Un fétu sur la braise.
La rosée au soleil est moins prompte à sécher ;
Moins vite le bois mort flambe dans la fournaise.

Je suis comme le daim, au guet sur le rocher,
280 Qui geint de peur, palpite et dans l'herbe s'enfonce,
Parce qu'il sent venir la flèche de l'archer.

Mais, par le Très-Puissant que l'épouvante annonce,
Je briserai le Veau de Béth-El ! Je promets
D'ensevelir Baal sous la pierre et la ronce ! –

285 L'Homme de Thesbé dit : – Ô fourbe ! désormais
Tu ne reniras plus la clameur de tes crimes :
Ils ont rugi trop haut pour se taire jamais.

Comme un nuage noir qui gronde sur les cimes,
Voici venir, pour la curée, ô Roi sanglant,
290 La meute aux crocs aigus que fouettent tes victimes.

Va ! crie et pleure, attache un cilice à ton flanc,
Brise sur les hauts lieux l'Idole qui flamboie...
Les vengeurs de Naboth arrivent en hurlant !

Ouvre l'œil et l'oreille. Ils bondissent de joie,
295 Ayant vu dans la vigne Akhab et Jézabel,
Et de l'ongle et des dents se partagent leur proie ! –

Or, ayant dit cela, l'Homme de l'Éternel,
Renouant sur ses reins sa robe de poil rude,
Par les sentiers pierreux qui mènent au Carmel,

300 S'éloigne dans la nuit et dans la solitude.

L'ECCLÉSIASTE

L'Ecclésiaste a dit : Un chien vivant vaut mieux
Qu'un lion mort. Hormis, certes, manger et boire,
Tout n'est qu'ombre et fumée. Et le monde est très vieux,
Et le néant de vivre emplit la tombe noire.

5 Par les antiques nuits, à la face des cieux,
Du sommet de sa tour comme d'un promontoire,
Dans le silence, au loin laissant planer ses yeux,
Sombre, tel il songeait sur son siège d'ivoire.

Vieil amant du soleil, qui gémissais ainsi,
10 L'irrévocable mort est un mensonge aussi.
Heureux qui d'un seul bond s'engloutirait en elle !

Moi, toujours, à jamais, j'écoute, épouvanté,
Dans l'ivresse et l'horreur de l'immortalité,
Le long rugissement de la Vie éternelle.

NÉFÉROU-RA

Khons, tranquille et parfait, le Roi des Dieux thébains,
Est assis gravement dans sa barque dorée :
Le col roide, l'œil fixe et l'épaule carrée,
Sur ses genoux aigus il allonge les mains.

5 La double bandelette enclôt ses tempes lisses
Et pend avec lourdeur sur le sein et le dos.
Tel le Dieu se recueille et songe en son repos,
Le regard immuable et noyé de délices.

Un matin éclatant de la chaude saison
10 Baigne les grands sphinx roux couchés au sable aride,
Et des vieux Anubis ceints du pagne rigide
La gueule de chacal aboie à l'horizon.

Dix prêtres, du Nil clair suivant la haute berge,
D'un pas égal, le front incliné vers le sol,
15 Portent la barque peinte où, sous un parasol,
Siège le fils d'Ammon, Khons, le Dieu calme et vierge.

Où va-t-il, le Roi Khons, le divin Guérisseur,
Qui toujours se procrée et s'engendre lui-même,
Lui que Mout a conçu du Créateur suprême,
20 L'Enfant de l'Invisible, aux yeux pleins de douceur ?

Il méditait depuis mille ans, l'âme absorbée,
À l'ombre des palmiers d'albâtre et de granit,
Regardant le lotus qui charme et qui bénit
Ouvrir son cœur d'azur où dort le Scarabée.

25 Pourquoi s'est-il levé de son bloc colossal,
   Lui d'où sortent la vie et la santé du monde,
   Disant : J'irai ! Pareille à l'eau pure et féconde,
   Ma vertu coulera sur l'arbuste royal !

   Le grand Rhamsès l'attend dans sa vaste demeure.
30 Les vingt Nomes, les trois Empires sont en deuil,
   Craignant que si le Dieu ne se présente au seuil,
   La Beauté du Soleil, Néférou-Ra ne meure.

   Voici qu'elle languit sur son lit virginal,
   Très pâle, enveloppée avec de fines toiles ;
35 Et ses yeux noirs sont clos, semblables aux étoiles
   Qui se ferment quand vient le rayon matinal.

   Hier, Néférou-Ra courait parmi les roses,
   La joue et le front purs polis comme un bel or,
   Et souriait, son cœur étant paisible encor,
40 De voir dans le ciel bleu voler les ibis roses.

   Et voici qu'elle pleure en un rêve enflammé,
   Amer, mystérieux, qui consume sa vie !
   Quel démon l'a touchée, ou quel Dieu la convie ?
   Ô lumineuse fleur, meurs-tu d'avoir aimé ?

45 Puisque Néférou-Ra, sur sa couche d'ivoire,
   Palmier frêle, a ployé sous un souffle ennemi,
   La tristesse envahit la terre de Khêmi,
   Et l'âme de Rhamsès est comme la nuit noire.

   Mais il vient, le Roi jeune et doux, le Dieu vainqueur,
50 Le Dieu Khons, à la fois baume, flamme et rosée,
   Qui rend la sève à flots à la plante épuisée,
   L'espérance et la joie intarissable au cœur.

   Il approche. Un long cri d'allégresse s'élance.
   Le cortège, à pas lents, monte les escaliers ;
55 La foule se prosterne, et, du haut des piliers
   Et des plafonds pourprés, tombe un profond silence.

Tremblante, ses grands yeux pleins de crainte et d'amour,
Devant le Guérisseur sacré qu'elle devine,
Néférou-Ra tressaille et sourit et s'incline
60 Comme un rayon furtif oublié par le jour.

Son sourire est tranquille et joyeux. Que fait-elle ?
Sans doute elle repose en un calme sommeil.
Hélas ! Khons a guéri la Beauté du Soleil ;
Le Sauveur l'a rendue à la vie immortelle.

65 Ne gémis plus, Rhamsès ! Le mal était sans fin,
Qui dévorait ce cœur blessé jusqu'à la tombe ;
Et la mort, déliant ses ailes de colombe,
L'embaumera d'oubli dans le monde divin !

EKHIDNA

Kallirhoé conçut dans l'ombre, au fond d'un antre,
À l'époque où les rois Ouranides sont nés,
Ekhidna, moitié nymphe aux yeux illuminés,
Moitié reptile énorme écaillé sous le ventre.

5 Khrysaor engendra ce monstre horrible et beau,
Mère de Kerbéros aux cinquante mâchoires,
Qui, toujours plein de faim, le long des ondes noires,
Hurle contre les morts qui n'ont point de tombeau.

Et la vieille Gaia, cette source des choses,
10 Aux gorges d'Arimos lui fit un vaste abri,
Une caverne sombre avec un seuil fleuri ;
Et c'est là qu'habitait la Nymphe aux lèvres roses.

Tant que la flamme auguste enveloppait les bois,
Les sommets, les vallons, les villes bien peuplées,
15 Et les fleuves divins et les ondes salées,
Elle ne quittait point l'antre aux âpres parois ;

Mais dès qu'Hermès volait les flamboyantes vaches
Du fils d'Hypérion baigné des flots profonds,
Ekhidna, sur le seuil ouvert au flanc des monts,
20 S'avançait, dérobant sa croupe aux mille taches.

De l'épaule de marbre au sein nu, ferme et blanc,
Tiède et souple abondait sa chevelure brune ;
Et son visage clair luisait comme la lune,
Et ses lèvres vibraient d'un rire étincelant.

25 Elle chantait : la nuit s'emplissait d'harmonies ;
Les grands lions errants rugissaient de plaisir ;
Les hommes accouraient sous le fouet du désir,
Tels que des meurtriers devant les Érinnyes :

– Moi, l'illustre Ekhidna, fille de Khrysaor,
30 Jeune et vierge, je vous convie, ô jeunes hommes,
Car ma joue a l'éclat pourpré des belles pommes,
Et dans mes noirs cheveux nagent des lueurs d'or.

Heureux qui j'aimerai, mais plus heureux qui m'aime !
Jamais l'amer souci ne brûlera son cœur ;
35 Et je l'abreuverai de l'ardente liqueur
Qui fait l'homme semblable au Kronide lui-même.

Bienheureux celui-là parmi tous les vivants !
L'incorruptible sang coulera dans ses veines ;
Il se réveillera sur les cimes sereines
40 Où sont les Dieux, plus haut que la neige et les vents.

Et je l'inonderai de voluptés sans nombre,
Vives comme un éclair qui durerait toujours !
Dans un baiser sans fin je bercerai ses jours
Et mes yeux de ses nuits feront resplendir l'ombre. –

45 Elle chantait ainsi, sûre de sa beauté,
L'implacable Déesse aux splendides prunelles,
Tandis que du grand sein les formes immortelles
Cachaient le seuil étroit du gouffre ensanglanté.

Comme le tourbillon nocturne des phalènes
50 Qu'attire la couleur éclatante du feu,
Ils lui criaient : Je t'aime, et je veux être un Dieu !
Et tous l'enveloppaient de leurs chaudes haleines.

Mais ceux qu'elle enchaînait de ses bras amoureux,
Nul n'en dira jamais la foule disparue.
55 Le Monstre aux yeux charmants dévorait leur chair crue,
Et le temps polissait leurs os dans l'antre creux.

LE COMBAT HOMÉRIQUE

De même qu'au soleil l'horrible essaim des mouches
Des taureaux égorgés couvre les cuirs velus,
Un tourbillon guerrier de peuples chevelus,
Hors des nefs, s'épaissit, plein de clameurs farouches.

5 Tout roule et se confond, souffle rauque des bouches,
Bruit des coups, les vivants et ceux qui ne sont plus,
Chars vides, étalons cabrés, flux et reflux
Des boucliers d'airain hérissés d'éclairs louches.

Les reptiles tordus au front, les yeux ardents,
10 L'aboyeuse Gorgô vole et grince des dents
Par la plaine où le sang exhale ses buées.

Zeus, sur le Pavé d'or, se lève, furieux,
Et voici que la troupe héroïque des Dieux
Bondit dans le combat du faîte des nuées.

LA GENÈSE POLYNÉSIENNE

Dans le Vide éternel interrompant son rêve,
L'Être unique, le grand Taaroa se lève.
Il se lève, et regarde : il est seul, rien ne luit.
Il pousse un cri sauvage au milieu de la nuit :
5 Rien ne répond. Le temps, à peine né, s'écoule ;
Il n'entend que sa voix. Elle va, monte, roule,
Plonge dans l'ombre noire et s'enfonce au travers.
Alors, Taaroa se change en univers :
Car il est la clarté, la chaleur et le germe ;
10 Il est le haut sommet, il est la base ferme,
L'œuf primitif que Pô, la grande Nuit, couva ;
Le monde est la coquille où vit Taaroa.
Il dit : – Pôles, rochers, sables, mers pleines d'îles,
Soyez ! Échappez-vous des ombres immobiles ! –
15 Il les saisit, les presse et les pousse à s'unir ;
Mais la matière est froide et n'y peut parvenir :
Tout gît muet encore au fond du gouffre énorme ;
Tout reste sourd, aveugle, immuable et sans forme.
L'Être unique, aussitôt, cette source des Dieux,
20 Roule dans sa main droite et lance les sept cieux.
L'étincelle première a jailli dans la brume,
Et l'étendue immense au même instant s'allume ;
Tout se meut, le ciel tourne, et, dans son large lit,
L'inépuisable mer s'épanche et le remplit :
25 L'univers est parfait du sommet à la base,
Et devant son travail le Dieu reste en extase.

LA LÉGENDE DES NORNES

Elles sont assises sur les racines
du frêne Yggdrasill.

PREMIÈRE NORNE

La neige, par flots lourds, avec lenteur, inonde,
Du haut des cieux muets, la terre plate et ronde.
Tels, sur nos yeux sans flamme et sur nos fronts courbés,
Sans relâche, mes sœurs, les siècles sont tombés,
5 Dès l'heure où le premier jaillissement des âges
D'une écume glacée a lavé nos visages.
À peine avions-nous vu, dans le brouillard vermeil,
Monter, aux jours anciens, l'orbe d'or du soleil,
Qu'il retombait au fond des ténèbres premières,
10 Sans pouvoir réchauffer nos rigides paupières.
Et, depuis, il n'est plus de trêve ni de paix :
Le vent des steppes froids gèle nos pleurs épais,
Et, sur ce cuivre dur, avec nos ongles blêmes,
Nous gravons le destin de l'homme et des Dieux mêmes.
15 Ô Nornes ! qu'ils sont loin, ces jours d'ombre couverts,
Où, du vide fécond, s'épandit l'univers !
Qu'il est loin, le matin des temps intarissables,
Où rien n'était encor, ni les eaux, ni les sables,
Ni terre, ni rochers, ni la voûte du ciel,
20 Rien qu'un gouffre béant, l'abîme originel !
Et les germes nageaient dans cette nuit profonde,
Hormis nous, cependant, plus vieilles que le monde,
Et le silence errait sur le vide dormant,
Quand la rumeur vivante éclata brusquement.

25 Du Nord, enveloppé d'un tourbillon de brume,
   Par bonds impétueux, quatre fleuves d'écume
   Tombèrent, rugissants, dans l'antre du milieu ;
   Les blocs lourds qui roulaient se fondirent au feu :
   Le sombre Ymer naquit de la flamme et du givre,
30 Et les Géants, ses fils, commencèrent de vivre.
   Pervers, ils méditaient, dans leur songe envieux,
   D'entraver à jamais l'éclosion des Dieux ;
   Mais nul ne peut briser ta chaîne, ô destinée !
   Et la Vache céleste en ce temps était née !
35 Blanche comme la neige, où, tiède, ruisselait
   De ses pis maternels la source de son lait,
   Elle trouva le Roi des Ases, frais et rose,
   Qui dormait, fleur divine aux vents du pôle éclose.
   Baigné d'un souffle doux et chaud, il s'éveilla ;
40 L'Aurore primitive en son œil bleu brilla ;
   Il rit, et, soulevant ses lèvres altérées,
   But la Vie immortelle aux mamelles sacrées.
   Voici qu'il engendra les Ases bienheureux,
   Les purificateurs du chaos ténébreux,
45 Beaux et pleins de vigueur, intelligents et justes.
   Ymer, dompté, mourut entre leurs mains augustes ;
   Et de son crâne immense ils formèrent les cieux,
   Les astres, des éclairs échappés de ses yeux,
   Les rochers, de ses os. Ses épaules charnues
50 Furent la terre stable, et la houle des nues
   Sortit en tourbillons de son cerveau pesant.
   Et, comme l'univers roulait des flots de sang,
   Faisant jaillir, du fond de ses cavités noires,
   Une écume de pourpre au front des promontoires,
55 Le déluge envahit l'étendue, et la mer
   Assiégea le troupeau hurlant des fils d'Ymer.
   Ils fuyaient, secouant leurs chevelures rudes,
   Escaladant les pics des hautes solitudes,
   Monstrueux, éperdus ; mais le sang paternel
60 Croissait, gonflait ses flots fumants jusques au ciel ;
   Et voici qu'arrachés des suprêmes rivages,
   Ils s'engloutirent tous avec des cris sauvages.
   Puis ce rouge Océan s'enveloppa d'azur ;
   La Terre d'un seul bond reverdit dans l'air pur ;

65 Le couple humain sortit de l'écorce du frêne,
   Et le soleil dora l'immensité sereine.
   Hélas ! mes sœurs, ce fut un rêve éblouissant.
   Voyez ! la neige tombe et va s'épaississant ;
   Et peut-être Yggdrasill, le frêne aux trois racines,
70 Ne fait-il plus tourner les neuf sphères divines !
   Je suis la vieille Urda, l'éternel Souvenir ;
   Mais le présent m'échappe autant que l'avenir.

                DEUXIÈME NORNE

   Tombe, neige sans fin ! Enveloppe d'un voile
   Le rose éclair de l'aube et l'éclat de l'étoile !
75 Brouillards silencieux, ensevelissez-nous !
   Ô vents glacés, par qui frissonnent nos genoux,
   Ainsi que des bouleaux vous secouez les branches,
   Sur nos fronts aux plis creux fouettez nos mèches
                                        [blanches !
   Neige, brouillards et vents, désert, cercle éternel,
80 Je nage malgré vous dans la splendeur du ciel !
   Par delà ce silence où nous sommes assises,
   Je me berce en esprit au vol joyeux des brises,
   Je m'enivre à souhait de l'arome des fleurs,
   Et je m'endors, plongée en de molles chaleurs !
85 Urda, réjouis-toi ! l'œuvre des Dieux fut bonne.
   La gloire du soleil sur leur face rayonne,
   Comme au jour où tu vis le monde nouveau-né
   Du déluge sanglant sortir illuminé ;
   Et toujours Yggdrasill, à sa plus haute cime,
90 Des neuf sphères du ciel porte le poids sublime.
   Ô Nornes ! Échappé du naufrage des siens,
   Vivant, mais enchaîné dans les antres anciens,
   Loki, le dernier fils d'Ymer, tordant sa bouche,
   S'agite et se consume en sa rage farouche ;
95 Tandis que le Serpent, de ses nœuds convulsifs,
   Étreint, sans l'ébranler, la terre aux rocs massifs,
   Et que le loup Fenris, hérissant son échine,
   Hurle et pleure, les yeux flamboyants de famine.
   Le noir Surtur sommeille, immobile et dompté ;

100 Et, des vers du tombeau vile postérité,
Les Nains hideux, vêtus de rouges chevelures,
Martèlent les métaux sur les enclumes dures ;
Mais ils ne souillent plus l'air du ciel étoilé.
Le Mal, sous les neuf sceaux de l'abîme, est scellé,
105 Mes sœurs ! La sombre Héla, comme un oiseau nocturne,
Plane au-dessus du gouffre, aveugle et taciturne,
Et les Ases, assis dans le palais d'Asgard,
Embrassent l'univers immense d'un regard !
Modérateurs du monde et source d'harmonie,
110 Ils répandent d'en haut la lumière bénie ;
La joie est dans leur cœur : sur la tige des Dieux
Une fleur a germé qui parfume les cieux ;
Et voici qu'aux rayons d'une immuable aurore,
Le Fruit sacré, désir des siècles, vient d'éclore !
115 Balder est né ! Je vois, à ses pieds innocents,
Les Alfes lumineux faire onduler l'encens.
Toute chose a doué de splendeur et de grâce
Le plus beau, le meilleur d'une immortelle race :
L'aube a de ses clartés tressé ses cheveux blonds,
120 L'azur céleste rit à travers ses cils longs,
Les astres attendris ont, comme une rosée,
Versé des lueurs d'or sur sa joue irisée,
Et les Dieux, à l'envi, déjà l'ont revêtu
D'amour et d'équité, de force et de vertu,
125 Afin que, grandissant et triomphant en elle,
Il soit le bouclier de leur œuvre éternelle !
Nornes ! Je l'ai vu naître, et mon sort est rempli.
Meure le souvenir au plus noir de l'oubli !
Tout est dit, tout est bien. Les siècles fatidiques
130 Ont tenu jusqu'au bout leurs promesses antiques,
Puisque le chœur du ciel et de l'humanité
Autour de ce berceau vénérable a chanté !

TROISIÈME NORNE

Que ne puis-je dormir sans réveil et sans rêve,
Tandis que cette aurore éclatante se lève !
135 Inaccessible et sourde aux voix de l'avenir,

À vos côtés, mes sœurs, que je ne puis-je dormir,
Spectres aux cheveux blancs, aux prunelles glacées,
Sous le suaire épais des neiges amassées !
Ô songe, ô désirs vains, inutiles souhaits !
140 Ceci ne sera point, maintenant ni jamais.
Oui ! le Meilleur est né, plein de grâce et de charmes,
Celui que l'univers baignera de ses larmes,
Qui, de sa propre flamme aussitôt consumé,
Doit vivre par l'amour et mourir d'être aimé !
145 Il grandit comme un frêne au milieu des pins sombres,
Celui que le destin enserre de ses ombres,
Le Guide jeune et beau qui mène l'homme aux Dieux !
Hélas ! rien d'éternel ne fleurit sous les cieux,
Il n'est rien d'immuable où palpite la vie !
150 La douleur fut domptée et non pas assouvie,
Et la destruction a rongé sourdement
Des temps laborieux le vaste monument.
Vieille Urda, ton œil cave a vu l'essaim des choses
Du vide primitif soudainement écloses,
155 Jaillir, tourbillonner, emplir l'immensité...
Tu le verras rentrer au gouffre illimité.
Verdandi ! ce concert de triomphe et de joie,
L'orage le disperse et l'espace le noie !
Ô vous qui survivrez quand les cieux vermoulus
160 S'en iront en poussière et qu'ils ne seront plus,
Des siècles infinis Contemporaines mornes,
Vieille Urda, Verdandi, lamentez-vous, ô Nornes !
Car voici que j'entends monter comme des flots
Des cris de mort mêlés à de divins sanglots.
165 Pleurez, lamentez-vous, Nornes désespérées !
Ils sont venus, les jours des épreuves sacrées,
Les suprêmes soleils dont le ciel flamboîra,
Le siècle d'épouvante où le Juste mourra.
Sur le centre du monde inclinez votre oreille :
170 Loki brise les sceaux ; le noir Surtur s'éveille ;
Le Reptile assoupi se redresse en sifflant ;
L'écume dans la gueule et le regard sanglant,
Fenris flaire déjà sa proie irrévocable ;
Comme un autre déluge, hélas ! plus implacable,
175 Se rue au jour la race effrayante d'Ymer,

L'impur troupeau des Nains qui martèlent le fer !
Asgard ! Asgard n'est plus qu'une ardente ruine ;
Yggdrasill ébranlé ploie et se déracine ;
Tels qu'une grêle d'or, au fond du ciel mouvant,
180 Les astres flagellés tourbillonnent au vent,
Se heurtent en éclats, tombent et disparaissent ;
Veuves de leur pilier, les neuf Sphères s'affaissent ;
Et dans l'océan noir, silencieux, fumant,
La Terre avec horreur s'enfonce pesamment !
185 Voilà ce que j'ai vu par delà les années,
Moi, Skulda, dont la main grave les destinées ;
Et ma parole est vraie ! Et maintenant, ô Jours,
Allez, accomplissez votre rapide cours !
Dans la joie ou les pleurs, montez, rumeurs suprêmes,
190 Rires des Dieux heureux, chansons, soupirs, blasphèmes !
Ô souffles de la vie immense, ô bruits sacrés,
Hâtez-vous : l'heure est proche où vous vous éteindrez !

LA VISION DE SNORR

Ô mon Seigneur Christus ! hors du monde charnel
Vous m'avez envoyé vers les neuf maisons noires :
Je me suis enfoncé dans les antres de Hel.

Dans la nuit sans aurore où grincent les mâchoires,
5 Quand j'y songe, la peur aux entrailles me mord !
J'ai vu l'éternité des maux expiatoires.

Me voici revenu, tout blême, comme un mort.
Seigneur Dieu, prenez-moi, par grâce, en votre garde.
Et si je fais le mal, donnez-m'en le remord.

10 Le prince des Brasiers est là qui me regarde,
Vêtu de flamme bleue et rouge. Il est assis
Dans le palais infect qui suinte et se lézarde.

Il siège en la grand'salle aux murs visqueux, noircis,
Où filtre goutte à goutte une bave qui fume,
15 Et d'où tombent des nœuds de reptiles moisis.

Au-dessus du Malin, sur qui pleut cette écume,
Tournoie, avec un haut vacarme, un Dragon roux
Qui bat de l'envergure au travers de la brume.

En bas, gît le marais des Lâches, des Jaloux,
20 Des Hypocrites vils, des Fourbes, des Parjures.
Ils grouillent dans la boue et creusent des remous,

Ils geignent, bossués de pustules impures.
Serait-ce là, Seigneur, leur expiation,
D'être un vomissement en ce lieu de souillures ?

25 Sur des quartiers de roc toujours en fusion,
Muets, sont accoudés les sept Convives mornes,
Les sept Diables royaux du vieux Septentrion.

Ainsi que les héros buvaient à pleines cornes
L'hydromel prodigué pour le festin guerrier,
30 Quand les Skaldes chantaient sur la harpe des Nornes ;

Les sept Démons qu'enfin vous vîntes châtier,
En des cruches de plomb qui corrodent leurs bouches,
Puisent des pleurs bouillants au fond d'un noir cuvier.

Auprès, les bras roidis, les yeux caves et louches,
35 Broyant d'épais cailloux sous des meules d'airain,
Tournent en haletant les trois Vierges farouches.

Leur cœur pend au dehors et saigne de chagrin,
Tant leurs labeurs sont durs et leurs peines ingrates ;
Car nul ne peut manger la farine du grain.

40 Autour d'elles, pourtant, courent à quatre pattes
Les Avares, aux reins de maigreur écorchés,
Tels que des loups tirant des langues écarlates.

Puis, sur des lits de pourpre ardente, sont couchés,
Non plus ivres enfin de leurs voluptés vaines,
45 Les Languissants, au joug de la chair attachés.

Leurs fronts sont couronnés de flambantes verveines ;
Mais tandis que leur couche échauffe et cuit leurs flancs,
L'amer et froid dégoût coagule leurs veines.

Voici ceux qui tuaient jadis, les Violents,
50 Les Féroces, blottis au creux de quelque gorge,
Qui, la nuit, guettaient l'homme et se ruaient hurlants.

Maintenant, l'un s'endort ; l'autre en sursaut l'égorge.
Le misérable râle, et le sang, par jets prompts,
Sort, comme du tonneau le jus mousseux de l'orge.

55 Et ceux qui, sur l'autel où nous vous adorons,
Ont déchiré la nappe et bu dans vos calices
Et sur vos serviteurs fait pleuvoir les affronts

Qui nous ont enterrés, vivants, dans nos cilices,
Qui de la sainte étole ont serré notre cou,
60 Pour ceux-là le Malin épuise les supplices.

Enfin, je vois le Peuple antique, aveugle et fou,
La race qui vécut avant votre lumière,
Seigneur ! et qui marchait, hélas ! sans savoir où.

Tels qu'un long tourbillon de vivante poussière
65 Le même vent d'erreur les remue au hasard,
Et le soleil du Diable éblouit leur paupière.

Or, vous nous avez fait, certes, la bonne part,
À nous qui gémissons sur cette terre inique ;
Mais pour les anciens morts vous êtes venu tard !

70 Donc, chacun porte au front une lettre Runique
Qui change sa cervelle en un charbon fumant,
Car il n'a point connu la loi du Fils unique !

Ainsi, gêne sur gêne et tourment sur tourment,
Carcans de braise, habits de feu, fourches de flammes,
75 Tout cela, tout cela dure éternellement.

Dans les antres de Hel, dans les cercles infâmes,
Voilà ce que j'ai vu par votre volonté,
Ô sanglant Rédempteur de nos mauvaises âmes !

Souvenez-vous de Snorr dans votre éternité !

LE BARDE DE TEMRAH

Le soleil a doré les collines lointaines ;
Sous le faîte mouillé des bois étincelants
Sonne le timbre clair et joyeux des fontaines.

Un chariot massif, avec deux buffles blancs,
5 Longe, au lever du jour, la sauvage rivière
Où le vent frais de l'Est rit dans les joncs tremblants.

Un jeune homme, vêtu d'une robe grossière,
Mène paisiblement l'attelage songeur ;
Tout autour, les oiseaux volent dans la lumière.

10 Ils chantent, effleurant le calme voyageur,
Et se posent parfois sur cette tête nue
Où l'aube, comme un nimbe, a jeté sa rougeur.

Et voici qu'il leur parle une langue inconnue ;
Et, l'aile frémissante, un essaim messager
15 Semble écouter, s'envole et monte dans la nue.

À l'ombre des bouleaux au feuillage léger,
Sous l'humble vêtement tissé de poils de chèvre,
La croix de bois au cou, tel passe l'Étranger.

Trois filles aux yeux bleus, le sourire à la lèvre,
20 Courent dans la bruyère et font partir au bruit
Le coq aux plumes d'or, la perdrix et le lièvre.

Du rebord des talus où leur front rose luit,
Écartant le feuillage et la tête dressée,
Chacune d'un regard curieux le poursuit.

25 Lui, comme enseveli dans sa vague pensée,
S'éloigne lentement par l'agreste chemin,
Le long de l'eau, des feux du matin nuancée.

Il laisse l'aiguillon échapper de sa main,
Et, les yeux clos, il ouvre aux ailes de son âme
30 Le monde intérieur et l'horizon divin.

Le soleil s'élargit et verse plus de flamme,
Un air plus tiède agite à peine les rameaux,
Le fleuve resplendit, tel qu'une ardente lame.

La plume d'aigle au front, drapés de longues peaux,
35 Des guerriers tatoués poussent par la vallée
Des bœufs rouges pressés en farouches troupeaux.

Et leur rumeur mugit de cris rauques mêlée,
Et les cerfs, bondissant aux lisières des bois,
Cherchent plus loin la paix que ces bruits ont troublée.

40 Les hommes et les bœufs entourent à la fois
Le chariot roulant dans sa lenteur égale,
Et les mugissements se taisent, et les voix.

Et tous s'en vont, les yeux dardés par intervalle,
Ayant cru voir flotter comme un rayonnement
45 Autour de l'Étranger mystérieux et pâle.

Puis les rudes bergers et le troupeau fumant
Disparaissent. Leur bruit dans la forêt s'enfonce
Et sous les dômes verts s'éteint confusément.

Sur une âpre hauteur que hérisse la ronce,
50 Parmi des blocs aigus et d'épais rochers plats,
Deux vieillards sont debout, dont le sourcil se fronce.

Ils regardent d'un œil plein de sombres éclats
Venir ce voyageur humble, faible et sans crainte,
Qu'au détour du coteau traînent deux buffles las.

55 De chêne entrelacé de houx leur tempe est ceinte.
Ils allument soudain les sanglants tourbillons
D'un bûcher dont le vent fouette la flamme sainte.

Ils parlent, déroulant les incantations,
Conviant tous les Dieux qui hantent les orages,
60 Par qui le jour s'éclipse aux yeux des nations.

Comme un lourd océan sorti de ses rivages,
À leur voix la nuit morne engloutit le soleil,
Et l'éclair de la foudre entr'ouvre les nuages.

Puis l'horizon se tait, aux tombeaux sourds pareil ;
65 Le vent cesse, la vie entière est suspendue ;
Terre et ciel sont rentrés dans l'inerte sommeil.

Tout est noir et sans forme en l'immense étendue.
Sous l'air pesant où plane un silence de mort
Le chariot s'arrête en sa route perdue.

70 Mais l'Étranger, du doigt, effleure sans effort
Son front baissé, son sein, selon l'ordre et le nombre :
Des quatre points qu'il touche un flot lumineux sort.

Et les quatre rayons, à travers la nuit sombre,
D'un éblouissement brusque et mystérieux
75 Tracent un long chemin qui resplendit dans l'ombre.

Et la lumière alors renaît au fond des cieux ;
Les oiseaux ranimés chantent l'aube immortelle ;
Les cerfs brament aux pieds des chênes radieux ;

Le soleil est plus doux et la terre est plus belle ;
80 Et les vieillards, auprès du bûcher consumé,
Sentent passer le Dieu d'une race nouvelle.

L'homme qu'ils redoutaient et qu'ils ont blasphémé,
Cet inconnu tranquille et vénérable aux anges,
Poursuit sa route, assis dans un char enflammé.

85 Il vient de loin, il sait des paroles étranges
Qui germent dans le cœur du sage et du guerrier ;
Il ouvre un ciel d'azur aux enfants dans leurs langes.

Il brave en souriant le glaive meurtrier ;
Il console et bénit, et le Dieu qu'il adore
90 Descend à son appel et l'écoute prier.

Ô verdoyante Érinn ! sur ton sable sonore
Un soir il aborda, venu des hautes mers ;
Sa trace au sein des flots brillait comme une aurore.

On dit que sur son front la neige, dans les airs,
95 Arrondit tout à coup sa voûte lumineuse,
Et que ton sol fleurit sous le vent des hivers.

Depuis, il a soumis ta race belliqueuse ;
Des milliers ont reçu le baptême éternel,
Et les anges, Érinn, te nomment bienheureuse !

100 Mais tous n'ont point goûté l'eau lustrale et le sel ;
Il en est qui, remplis de songes immuables,
Suivent l'ancien soleil qui décroît dans le ciel.

La nuit monte. Parmi les pins et les érables
Gisent de noirs débris où la flamme a passé,
105 Du vain orgueil de l'homme images périssables.

Le lichen mord déjà le granit entassé,
Et l'herbe épaisse croît dans les fentes des dalles,
Et la ronce vivace entre au mur crevassé.

Les piliers et les fûts qui soutenaient les salles,
110 Épars ou confondus, ont entravé les cours,
En croulant sous le faix des poutres colossales.

C'est dans ce palais mort, noir témoin des vieux jours,
Que l'Apôtre s'arrête. Au milieu des ruines
Il s'avance, et son pas émeut les échos sourds.

115 Les reptiles surpris rampent sous les épines ;
L'orfraie et le hibou sortent en gémissant,
Funèbre vision, des cavités voisines.

Bientôt, dans la nuit morne, un jet rouge et puissant
Flamboie entre deux pans d'une tour solitaire ;
120 La fumée au-dessus roule en s'élargissant.

Un homme est assis là, sur un monceau de terre.
Le brasier l'enveloppe en sa chaude lueur ;
Sa barbe et ses cheveux couvrent sa face austère.

Muet, les bras croisés, il suit avec ardeur,
125 Les yeux caves et grands ouverts, un sombre rêve,
Et courbe son dos large, où saillit la maigreur.

Sur ses genoux velus étincelle un long glaive ;
Une harpe de pierre est debout à l'écart,
D'où le vent, par instants, tire une plainte brève.

130 L'Apôtre, auprès du feu, contemple ce vieillard :
– Je te salue, au nom du Rédempteur des âmes !
– Salut, enfant ! Demain tu serais venu tard.

Avant que ce foyer ait épuisé ses flammes,
Je serai mort : les loups dévoreront ma chair,
135 Et mon nom périra parmi nos clans infâmes.

– Vieillard ! ton heure est proche et ton cœur est de fer.
N'as-tu point médité le Dieu sauveur du monde ?
Braves-tu jusqu'au bout l'irrémissible Enfer ?

Resteras-tu plongé dans cette nuit profonde
140 D'où ta race s'élance à la sainte Clarté !
Veux-tu, seul, du Démon garder la marque immonde ?

Celui qui m'a choisi, dans mon indignité,
Pour répandre sa gloire et sa grâce infinie,
Est descendu pour toi de son éternité.

145 De l'immense univers la paix était bannie :
Il a tendu les bras aux peuples furieux,
Et son sang a coulé pour leur ignominie.

S'il réveillait d'un mot les morts silencieux,
Ne peut-il t'appeler du fond de ton abîme,
150 Et faire luire aussi la lumière à tes yeux ?

Mais tu n'ignores plus son histoire sublime,
Et tu le sais, voici que le saint avenir
Germe, arrosé des pleurs de la grande Victime.

Écoute ! de la terre aux cieux entends frémir
155 L'hymne d'amour plus haut que la clameur des haines :
Le siècle des Esprits violents va finir.

Vois ! le palais du fort croule au niveau des plaines :
Le bras qui brandissait l'épée est desséché ;
L'humble croit en Celui par qui tombent ses chaînes.

160 Jette un cri vers ce Dieu rayonnant et caché,
Reçois l'Eau qui nous rend plus forts que l'agonie,
Remonte au Jour sans fin de la nuit du Péché !

Et ta harpe, aujourd'hui veuve de ton génie,
À Celui dont la terre et tous les cieux sont pleins
165 Emportera ton âme avec son harmonie ! –

L'autre reste immobile, et, dressé sur ses reins,
Prête l'oreille au vent, comme si les ténèbres
Se remplissaient d'échos venus des jours anciens.

– Ô palais de Temrah, séjour des Finns célèbres,
170 Dit-il, où flamboyaient les feux hospitaliers,
Maintenant, lieu désert hanté d'oiseaux funèbres !

Salles où s'agitait la foule des guerriers,
Que de fois j'ai versé dans leurs cœurs héroïques
Les chants mâles du Barde à vos murs familiers !

175 Hautes tours, qui jetiez dans les nuits magnifiques
Jusqu'aux astres l'éclat des bûchers ceints de fleurs,
Et couronniez d'Érinn les collines antiques !

Et vous, assauts des forts, ô luttes des meilleurs,
Cris de guerre si doux à l'oreille des braves !
180 Étendards dont le sang retrempait les couleurs !

Cœurs libres, qui battiez sans peur et sans entraves !
Esprits qui remontiez noblement vers les Dieux,
Dans l'orgueil d'une mort inconnue aux esclaves !

Salut, palais en cendre où vivaient mes aïeux !
185 Ô chants sacrés, combats, vertus, fêtes et gloire,
Ô soleils éclipsés, recevez mes adieux !

Ton peuple, sainte Érinn, a perdu la mémoire,
Et, seul, des vieux chefs morts j'entends la sombre voix ;
Ils parlent, et mon nom roule dans la nuit noire :

190 Viens ! disent-ils, la hache a mutilé les bois,
L'esclave rampe et prie où chantaient les épées,
Et tous les Dieux d'Érinn sont partis à la fois !

Viens ! les âmes des Finns, à l'opprobre échappées,
Dans la salle aux piliers de nuages brûlants
195 Siègent, la coupe au poing, de pourpre et d'or drapées.

Le glaive qui les fit illustres bat leurs flancs ;
Elles rêvent de gloire aux fiers accents du barde,
Et la verveine en fleur presse leurs fronts sanglants.

Mais la foule des chefs parfois songe et regarde
200 S'il arrive, le roi des chanteurs de Temrah ;
Ils disent, en rumeur : – Voici longtemps qu'il tarde !

Ô chefs ! j'ai trop vécu. Quand l'aube renaîtra,
Je vous aurai rejoints dans la nue éternelle,
Et, comme en mes beaux jours, ma harpe chantera ! –

205 L'apôtre dit : – Vieillard ! ta raison se perd-elle ?
Il n'est qu'un ciel promis par la bonté de Dieu,
Vers qui l'humble vertu s'envole d'un coup d'aile.

L'infidèle endurci tombe en un autre lieu
Terrible, inexorable, aux douleurs sans relâche,
210 Où l'Archange maudit l'enchaîne dans le feu !

– Étranger, réponds-moi : Sais-tu ce qu'est un lâche ?
Moins qu'un chien affamé qui hurle sous les coups !
Quelle langue l'a dit de moi, que je l'arrache !

Où mes pères sont-ils ? – Où les païens sont tous !
215 Pour leur éternité, dans l'ardente torture
Dieu les a balayés du vent de son courroux ! –

Le vieux Barde, à ces mots, redressant sa stature,
Prend l'épée, en son cœur il l'enfonce à deux mains
Et tombe lentement contre la terre dure :

220 – Ami, dis à ton Dieu que je rejoins les miens. –

C'est ainsi que mourut, dit la sainte légende,
Le chanteur de Temrah, Murdoc'h aux longs cheveux,
Vouant au noir Esprit cette sanglante offrande.

Le palais écroulé s'illumina de feux
225 Livides, d'où sortit un grand cri d'épouvante.
Le Barde avait rejoint les siens, selon ses vœux.

Auprès du corps, dont l'âme, hélas ! était vivante,
L'Apôtre en gémissant courba les deux genoux ;
Mais Dieu n'exauça point son oraison fervente,

230 Et Murdoc'h fut mangé des aigles et des loups.

L'ÉPÉE D'ANGANTYR

Angantyr, dans sa fosse étendu, pâle et grave,
À l'abri de la lune, à l'abri du soleil,
L'épée entre les bras, dort son muet sommeil ;
Car les aigles n'ont point mangé la chair du brave,
5 Et la seule bruyère a bu son sang vermeil.

Au faîte du cap noir sous qui la mer s'enfonce,
La fille d'Angantyr que nul bras n'a vengé
Et qui, dans le sol creux, gît d'un tertre chargé,
Hervor, le sein meurtri par la pierre et la ronce,
10 Trouble de ses clameurs le héros égorgé.

HERVOR

Angantyr, Angantyr ! c'est Hervor qui t'appelle.
Ô Chef, qui labourais l'écume de la mer,
Donne-moi ton épée à la garde de fer,
La lame que tes bras serrent sur ta mamelle,
15 Le glaive qu'ont forgé les Nains, enfants d'Ymer.

ANGANTYR

Mon enfant, mon enfant, pourquoi hurler dans l'ombre
Comme la maigre louve au bord des tombeaux sourds ?
La terre et le granit pressent mes membres lourds,
Mon œil clos ne voit plus que l'immensité sombre ;
20 Mais je ne puis dormir si tu hurles toujours.

HERVOR

Angantyr, Angantyr ! sur le haut promontoire
Le vent qui tourbillonne emporte mes sanglots,
Et ton nom, ô guerrier, se mêle au bruit des flots.
Entends-moi, réponds-moi de ta demeure noire,
25 Et soulève la terre épaisse avec ton dos.

ANGANTYR

Mon enfant, mon enfant, ne trouble pas mon rêve :
Si le sépulcre est clos, l'esprit vole au dehors.
Va ! Je bois l'hydromel dans la coupe des forts ;
Le ciel du Valhalla fait resplendir mon glaive,
30 Et la voix des vivants est odieuse aux morts.

HERVOR

Angantyr, Angantyr ! donne-moi ton épée.
Tes enfants, hormis moi, roulent, nus et sanglants,
Dans l'onde où les poissons déchirent leurs reins blancs.
Moi, seule de ta race, à la mort échappée,
35 Je suspendrai la hache et le glaive à mes flancs.

ANGANTYR

Mon enfant, mon enfant, restons ce que nous sommes :
La quenouille est assez pesante pour ta main.
Hors d'ici ! va ! La lune éclaire ton chemin.
Ô femme, hors d'ici ! Le fer convient aux hommes,
40 Et ton premier combat serait sans lendemain.

HERVOR

Angantyr, Angantyr ! rends-moi mon héritage.
Ne fais pas cette injure à ta race, ô guerrier !
De ravir à ma soif le sang du meurtrier.
Ou, sinon, par Fenris ! puisse le loup sauvage
45 Arracher du tombeau tes os et les broyer !

ANGANTYR

Mon enfant, mon enfant, c'est bien, ton âme est forte.
La fille des héros devait parler ainsi
Et rendre à leur honneur son éclat obscurci.
Prends l'Épée immortelle, ô mon sang, et l'emporte !
50 Cours, venge-nous, et meurs en brave. La voici.

Angantyr, soulevant le tertre de sa tombe,
Tel qu'un spectre, les yeux ouverts et sans regards,
Se dresse, et lentement ouvre ses bras blafards
D'où l'épée au pommeau de fer s'échappe et tombe.
55 Et le héros aux dents blanches dit : Prends et pars !

Puis, tandis qu'il s'étend sur le dos dans sa couche,
Qu'il recroise les bras et se rendort sans bruit,
Hervor, en brandissant l'acier qui vibre et luit,
Ses cheveux noirs au vent, comme une ombre farouche,
60 Bondit et disparaît au travers de la nuit.

LE CŒUR DE HIALMAR

Une nuit claire, un vent glacé. La neige est rouge.
Mille braves sont là qui dorment sans tombeaux,
L'épée au poing, les yeux hagards. Pas un ne bouge.
Au-dessus tourne et crie un vol de noirs corbeaux.

5 La lune froide verse au loin sa pâle flamme.
Hialmar se soulève entre les morts sanglants,
Appuyé des deux mains au tronçon de sa lame.
La pourpre du combat ruisselle de ses flancs.

– Holà ! Quelqu'un a-t-il encore un peu d'haleine,
10 Parmi tant de joyeux et robustes garçons
Qui, ce matin, riaient et chantaient à voix pleine
Comme des merles dans l'épaisseur des buissons ?

Tous sont muets. Mon casque est rompu, mon armure
Est trouée, et la hache a fait sauter ses clous.
15 Mes yeux saignent. J'entends un immense murmure
Pareil aux hurlements de la mer ou des loups.

Viens par ici, Corbeau, mon brave mangeur d'hommes !
Ouvre-moi la poitrine avec ton bec de fer.
Tu nous retrouveras demain tels que nous sommes.
20 Porte mon cœur tout chaud à la fille d'Ylmer.

Dans Upsal, où les Jarls boivent la bonne bière,
Et chantent, en heurtant les cruches d'or, en chœur,
À tire d'aile vole, ô rôdeur de bruyère !
Cherche ma fiancée et porte-lui mon cœur.

25 Au sommet de la tour que hantent les corneilles
Tu la verras debout, blanche, aux longs cheveux noirs.
Deux anneaux d'argent fin lui pendent aux oreilles,
Et ses yeux sont plus clairs que l'astre des beaux soirs.

Va, sombre messager, dis-lui bien que je l'aime,
30 Et que voici mon cœur. Elle reconnaîtra
Qu'il est rouge et solide et non tremblant et blême ;
Et la fille d'Ylmer, Corbeau, te sourira !

Moi, je meurs. Mon esprit coule par vingt blessures.
J'ai fait mon temps. Buvez, ô loups, mon sang vermeil.
35 Jeune, brave, riant, libre et sans flétrissures,
Je vais m'asseoir parmi les Dieux, dans le soleil !

LES LARMES DE L'OURS

Le Roi des Runes vint des collines sauvages.
Tandis qu'il écoutait gronder la sombre mer,
L'ours rugir, et pleurer le bouleau des rivages,
Ses cheveux flamboyaient dans le brouillard amer.

5 Le Skalde immortel dit : – Quelle fureur t'assiège,
Ô sombre Mer ? Bouleau pensif du cap brumeux,
Pourquoi pleurer ? Vieil Ours vêtu de poil de neige,
De l'aube au soir pourquoi te lamenter comme eux ?

– Roi des Runes ! lui dit l'Arbre au feuillage blême
10 Qu'un âpre souffle emplit d'un long frissonnement,
Jamais, sous le regard du bienheureux qui l'aime,
Je n'ai vu rayonner la vierge au col charmant.

– Roi des Runes ! jamais, dit la Mer infinie,
Mon sein froid n'a connu la splendeur de l'été.
15 J'exhale avec horreur ma plainte d'agonie,
Mais joyeuse, au soleil, je n'ai jamais chanté.

– Roi des Runes ! dit l'Ours, hérissant ses poils rudes,
Lui que ronge la faim, le sinistre chasseur ;
Que ne suis-je l'agneau des tièdes solitudes
20 Qui paît l'herbe embaumée et vit plein de douceur ! –

Et le Skalde immortel prit sa harpe sonore :
Le Chant sacré brisa les neuf sceaux de l'hiver ;
L'Arbre frémit, baigné de rosée et d'aurore ;
Des rires éclatants coururent sur la Mer.

25 Et le grand Ours charmé se dressa sur ses pattes :
L'amour ravit le cœur du monstre aux yeux sanglants,
Et, par un double flot de larmes écarlates,
Ruissela de tendresse à travers ses poils blancs.

LE RUNOÏA

Chassée en tourbillons du Pôle solitaire,
La neige primitive enveloppe la terre ;
Livide, et s'endormant de l'éternel sommeil,
Dans la divine mer s'est noyé le soleil.
5 À travers les pins blancs qu'il secoue et qu'il ploie,
Le vent gronde. La pluie aux grains de fer tournoie
Et disperse, le long des flots amoncelés,
De grands troupeaux de loups hurlants et flagellés.
Seule, immobile au sein des solitudes mornes,
10 Pareille au sombre Ymer évoqué par les Nornes,
Muette dans l'orage, inébranlable aux vents,
Et la tête plongée aux nuages mouvants,
Sur le cap nébuleux, sur le haut promontoire,
La tour de Runoïa se dresse toute noire :
15 Noire comme la nuit, haute comme les monts,
Et tournée à la fois vers les quatre horizons.
Mille torches pourtant flambent autour des salles,
Et nul souffle n'émeut leurs flammes colossales.
Des ours d'or accroupis portent de lourds piliers
20 Où pendent les grands arcs, les pieux, les boucliers,
Les carquois hérissés de traits aux longues pennes,
Des peaux de loups géants, et des rameaux de rennes ;
Et là, mille Chasseurs, assis confusément,
Versent des cruches d'or l'hydromel écumant.
25 Les Runoïas, dans l'ombre allumant leur paupière,
Se courbent haletants sur les harpes de pierre :
Les antiques récits se déroulent en chœur,
Et le sang des aïeux remonte dans leur cœur.
Mais le vieux roi du Nord à la barbe de neige

30 Reste silencieux et pensif sur son siège.
   Un éternel souci ride le front du Dieu :
   Il couvre de Runas la peau du Serpent bleu,
   Et rêve inattentif aux hymnes héroïques.
   Un réseau d'or le ceint de ses anneaux magiques ;
35 Sa cuirasse est d'argent, sa tunique est de fer ;
   Ses yeux ont le reflet azuré de la mer.
   Auprès du Dieu, debout dans sa morne attitude,
   Est le guerrier muet qu'on nomme Inquiétude.

LES RUNOÏAS

   Où sont les héros morts, rois de la haute mer,
40 Qui heurtaient le flot lourd du choc des nefs solides ?
   Ils ne sentiront plus l'âpre vent de l'hiver
   Et la grêle meurtrir leurs faces intrépides.
   Ô guerriers énervés qui chassez par les monts
   Les grands élans rameux source de l'abondance,
45 Vos pères sont couchés dans les épais limons :
   Leur suaire est d'écume et leur tombe est immense.

LES CHASSEURS

   La paix est sur la terre. Il nous faut replier
   La voile rouge autour des mâts chargés d'entraves,
   Et pendre aux murs les pieux, l'arc et le bouclier.
50 Runoïas ! le repos est nécessaire aux braves.
   Nos glaives sont rouillés, nos navires sont vieux ;
   L'or des peuples vaincus encombre nos demeures :
   Pour mieux jouir des biens conquis par nos aïeux,
   Puissions-nous ralentir le cours des promptes heures !

LES RUNOÏAS

55 Écoutez vos enfants, guerriers des jours anciens !
   La hache du combat pèse à leurs mains débiles,
   Comme de maigres loups ils dévorent vos biens,
   Et le sang est tari dans leurs veines stériles.
   Mais non, dormez ! Mieux vaut votre cercueil mouvant,
60 Votre lit d'algue au sein de la mer soulevée ;

Mieux vaut l'hymne orageux qui roule avec le vent,
Que d'entendre et de voir votre race énervée !
Mangez, buvez, enfants dégénérés des forts,
Race sans gloire ! Et vous, comme l'acier trempées,
65 Âmes de nos aïeux, essaims de noirs remords,
Saluez à jamais le Siècle des épées !

LES CHASSEURS

Nous partirons demain, joyeux et l'arc au dos ;
Nous forcerons les cerfs paissant les mousses rudes ;
Et vers la nuit, courbés sous d'abondants fardeaux,
70 Nous reviendrons en paix du fond des solitudes.
Les filles aux yeux clairs plus doux que le matin,
De leur pied rose et nu, promptes comme le renne,
Accourront sur la neige, et pour le gras festin
Feront jaillir le feu sous les broches de frêne.
75 L'hydromel écumeux déborde aux cruches d'or :
Laissons chanter l'ivresse et se rouiller les glaives,
Et l'orage éternel qui nous épargne encor
Avec les vains labeurs emporter les vieux rêves !

LE RUNOÏA

Runoïas ! le soleil suprême est-il levé ?
80 A-t-il rougi le ciel, le jour que j'ai rêvé ?
Avez-vous entendu la Vieille au doigt magique
Frapper l'heure et l'instant sur le tambour Runique ?
L'aigle a-t-il délaissé le faîte de la tour ?
Répondez, mes enfants, avez-vous vu le jour ?

LES RUNOÏAS

85 Vieillard de Karjala, la nuit est noire encore,
Et le cap nébuleux n'a point revu l'aurore.

LE RUNOÏA

Il vient ! il a franchi l'épaisseur de nos bois !
Le fleuve aux glaçons bleus fond et chante à sa voix ;

Les grands loups de Pohja, gémissant de tendresse,
90 Ont clos leurs yeux sanglants sous sa douce caresse.
Le Cheval aux crins noirs, l'Étalon carnassier
Dont les pieds sont d'airain, dont les dents sont d'acier,
Qui rue et qui hennit dans les steppes divines,
Reçoit le mors dompteur de ses mains enfantines !

LES RUNOÏAS

95 Éternel Runoïa, qu'as-tu vu dans la nuit ?
L'ombre immense du ciel roule, pleine de bruit,
À travers les forêts par le vent secouées ;
La neige en tourbillons durcit dans les nuées.

LE RUNOÏA

Mes fils, je vois venir le Roi des derniers temps,
00 Faible et rose, couvert de langes éclatants.
L'étroit cercle de feu qui ceint ses tempes nues
Comme un rayon d'été perce les noires nues.
Il sourit à la mer furieuse, et les flots
Courbent leur dos d'écume et calment leurs sanglots.
05 Les rafales de fer qui brisent les ramures
Et des aigles marins rompent les envergures
N'osent sur son cou frêle effleurer ses cheveux,
Et l'aube d'un grand jour jaillit de ses yeux bleus !

LES CHASSEURS

La Vieille de Pohja, la reine des sorcières,
10 A ri dans ton oreille et brûlé tes paupières,
Vieillard de Karjala, roi des hautes forêts !
Comme le cerf dompté qui brame dans les rets,
Tu gémis, enlacé d'enchantements magiques.
Père des Runoïas, Dieu des races antiques,
15 Vois ! nous chantons, puisant l'oubli des jours mauvais
Dans les flots enivrants de l'hydromel épais.
Imite-nous, ô Chef des sacrés promontoires,
Et buvons sans pâlir aux temps expiatoires.

LE RUNOÏA

Ils sont venus ! Mes fils ont outragé mon nom !
120 Quand sur l'enclume d'or, l'éternel Forgeron,
Ilmarinenn, eut fait le couvercle du monde,
La tente d'acier pur étincelante et ronde,
Et du marteau divin fixé dans l'air vermeil
Les étoiles d'argent, la lune et le soleil ;
125 Voyant le feu jaillir de la forge splendide,
J'ai dit que le travail était bon et solide.
J'ai menti. L'ouvrier fit mal. Il valait mieux
Dans le brouillard glacé laisser dormir les cieux.
Quand de l'Œuf primitif j'eus fait sortir les germes,
130 Battre la mer houleuse et monter les caps fermes,
Gronder les ours, hurler les loups, bondir les cerfs,
Et verdir les bouleaux sur le sein des déserts ;
J'ai vu que mieux valaient le vide et le silence !
Quand j'eus conçu l'enfant de ma toute-puissance,
135 L'homme, le roi du monde et le sang de ma chair,
Son crâne fut de plomb et son cœur fut de fer.
J'en jure les Runas, ma couronne et mon glaive,
J'ai mal songé le monde et l'homme dans mon rêve !

———————

La porte aux ais de fer, aux trois barres d'airain,
140 Sur ses gonds ébranlés roule et s'ouvre soudain ;
Une femme, un enfant, dans la salle sonore
Entrent, enveloppés d'une vapeur d'aurore.
Les cheveux hérissés de colère, le Roi
Tord la bouche, et frémit sur son siège. L'effroi,
145 Comme un souffle incertain au noir monceau des nues,
Circule dans la foule en clameurs contenues.

LE RUNOÏA

Chasseurs d'ours et de loups, debout, ô mes guerriers !
Écrasez cet Enfant sous les pieux meurtriers ;
Jetez dans les marais, sous l'onde envenimée,
150 Ses membres encor chauds, sa tête inanimée...
Et vous, ô Runoïas, enchantez le maudit !

Mais l'Enfant, d'une voix forte et douce, lui dit :

– Je suis le dernier-né des familles divines,
Le fruit de leur sillon, la fleur de leurs ruines,
55 L'Enfant tardif, promis au monde déjà vieux,
Qui dormis deux mille ans dans le berceau des Dieux,
Et, m'éveillant hier sur le fumier rustique,
Fus adoré des rois de l'Ariane antique.
Ô Runoïa ! courbé du poids de cent hivers,
60 Qui rêves dans ta tour aux murmures des mers,
Je suis le sacrifice et l'angoisse féconde ;
Je suis l'Agneau chargé des souillures du monde ;
Et je viens apporter à l'homme épouvanté
Le mépris de la vie et de la volupté !
65 Et l'homme, couronné des fleurs de son ivresse,
Poussera tout à coup un sanglot de détresse ;
Dans sa fête éclatante un éclair aura lui ;
La mort et le néant passeront devant lui.
Et les heureux du monde, altérés de souffrance,
70 Boiront avec mon sang l'éternelle espérance,
Et loin du siècle impur, sur le sable brûlant,
Mourront les yeux tournés vers un gibet sanglant.
Je romprai les liens des cœurs, et sans mesure
J'élargirai dans l'âme une ardente blessure.
75 La vierge maudira sa grâce et sa beauté ;
L'homme se reniera dans sa virilité ;
Et les sages, rongés par les doutes suprêmes,
Sur leurs genoux ployés inclinant leurs fronts blêmes,
Honteux d'avoir vécu, honteux d'avoir pensé,
80 Purifiront au feu leur labeur insensé.
Les siècles écoulés, que l'œil humain pénètre,
Rentreront dans la nuit pour ne jamais renaître ;
Je verserai l'oubli sur les Dieux, mes aînés,
Et je prosternerai leurs fronts découronnés,
85 Parmi les blocs épars de l'Orient torride,
Plus bas que l'herbe vile et la poussière aride ;
Et pour l'éternité, sous l'Eau vive des cieux,
Le bon grain germera dans le fumier des Dieux !
Maintenant, es-tu prêt à mourir, Roi du Pôle ?

190 As-tu noué ta robe autour de ton épaule,
    Chanté ton chant suprême au monde, et dit adieu
    À ce soleil qui voit le dernier jour d'un Dieu ?

LE RUNOÏA

    Ô neiges, qui tombez du ciel inépuisable,
    Houles des hautes mers, qui blanchissez le sable,
195 Vents qui tourbillonnez sur les caps, dans les bois,
    Et qui multipliez en lamentables voix,
    Par delà l'horizon des steppes infinies,
    Le retentissement des mornes harmonies !
    Montagnes, que mon souffle a fait germer ; torrents,
200 Où s'étanche la soif de mes peuples errants ;
    Vous, fleuves, échappés des assises polaires,
    Qui roulez à grand bruit sous les pins séculaires ;
    Et vous, Vierges, dansant sur la courbe des cieux,
    Filles des claires nuits, si belles à mes yeux,
205 Otawas ! qui versez de vos urnes dorées
    La rosée et la vie aux plaines altérées !
    Et vous, brises du jour, qui bercez les bouleaux ;
    Vous, îles, qui flottez sur l'écume des eaux ;
    Et vous, noirs étalons, ours des gorges profondes,
210 Loups qui hurlez, élans aux courses vagabondes !
    Et vous, brouillards d'hiver, et vous, brèves clartés,
    Qui flamboyez une heure au front d'or des étés !
    Tous ! venez tous, enfants de ma pensée austère,
    Forces, grâces, splendeurs du ciel et de la terre ;
215 Dites-moi si mon cœur est près de se tarir :
    Monde que j'ai conçu, dis-moi s'il faut mourir !

L'ENFANT

    La neige que l'orage en lourdes nappes fouette
    Sur la côte glacée est à jamais muette.
    Les clameurs de la mer ne te diront plus rien.
220 La nuit est sans oreille, et sur le cap ancien,
    Le vent emporte, avec l'écume dispersée,
    Comme un écho perdu ta parole insensée.
    Les fleuves et les monts n'entendent plus ta voix ;

290 Parlait, et comme au vent tremblait la tour massive ;
    Et mieux qu'un glaive amer aux mains des combattants,
    Sa voix calme plongeait dans les cœurs palpitants.
    Plus pâles que les morts esclaves des sorcières,
    Qui par les froides nuits rampent dans les bruyères,
295 Les Runoïas, courbés sous le dur jugement,
    Rêvaient, dans leur angoisse et leur énervement.
    Comme un dernier rayon qui palpite et dévie,
    Ils voulaient ressaisir la pensée et la vie,
    Mais leur esprit, semblable aux feuilles des vallons,
300 Hors d'eux-mêmes, errait en de noirs tourbillons.
    Debout, tumultueux, la barbe hérissée,
    Et laissant choir soudain la coupe commencée,
    Les Chasseurs, assaillis de vertige, brisaient
    Les cruches où leurs mains incertaines puisaient,
305 Et, les yeux enflammés d'épouvante et d'ivresse,
    Vers le vieux Roi du Nord criaient pleins de détresse.
    Lui, sur son front ridé du souci de la mort,
    Sentant passer le souffle ardent d'un Dieu plus fort,
    Muet, inattentif aux clameurs élevées,
310 Évoquait dans son cœur les Runas réservées.

    Mais l'Enfant, sur la peau du Serpent azuré,
    S'inclina doucement comme un rameau doré,
    Et, coupant deux fois l'air par un signe mystique,
    D'un doigt rose effleura l'Écriture magique.
315 Et les Runas fondaient, et des genoux du Dieu
    Coulaient sur le parvis en clairs ruisseaux de feu,
    Rapides, bondissant, serpentant sur les dalles,
    Et brûlant les pieds nus dans le cuir des sandales.
    Et les pieux et les arcs saisis sur les piliers,
320 Les glaives, de leur gaîne arrachés par milliers,
    Se heurtèrent aux mains de la foule en délire.
    Avec des cris de rage et des éclats de rire,
    Runoïas et Chasseurs, de flammes enlacés,
    Se ruaient au combat par élans insensés,
325 Comme un essaim confus d'abeilles furieuses,
    Ou tels que, vers midi, sous les faux radieuses,
    Au rebord des sillons tombent les épis mûrs ;
    Et le sang jaillissait sur les parois des murs.

Mais voici qu'au milieu de la lutte suprême,
330 La Tour, en flamboyant, s'affaissa sur soi-même,
Et comme une montagne, en son écroulement,
Emplit la noire nuit d'un long rugissement.

Seul des siens, à travers cette ruine immense,
L'éternel Runoïa descendit en silence.
335 Dépossédé d'un monde, il lança sur la mer
Sa nacelle d'airain, sa barque à fond de fer ;
Et tandis que le vent, d'une brusque rafale,
Tordait les blancs flocons de sa barbe royale,
Les regards attachés aux débris de sa tour,
340 Il cria dans la nuit : – Tu mourras à ton tour !
J'atteste par neuf fois les Runas immortelles,
Tu mourras comme moi, Dieu des âmes nouvelles,
Car l'homme survivra ! Vingt siècles de douleurs
Feront saigner sa chair et ruisseler ses pleurs,
345 Jusqu'au jour où ton joug, subi deux mille années,
Fatiguera le cou des races mutinées ;
Où tes temples dressés parmi les nations
Deviendront en risée aux générations ;
Et ce sera ton heure ! et dans ton ciel mystique
350 Tu rentreras, vêtu du suaire ascétique,
Laissant l'homme futur, indifférent et vieux,
Se coucher et dormir en blasphémant les Dieux ! –

Et, nageant dans l'écume et les bruits de l'abîme,
Il disparut, tourné vers l'espace sublime.

LA MORT DE SIGURD

Le Roi Sigurd est mort. Un lourd tissu de laine
Couvre, du crâne aux pieds, le Germain au poil blond.
Son beau corps sur la dalle est couché, roide et long ;
Son sang ruisselle, tiède, et la salle en est pleine.

5 Quatre femmes sont là, quatre épouses de chefs ;
La Franke Gudruna, l'inconsolable veuve,
Et la reine des Huns, errant loin de son fleuve,
Et celle des Norrains, hardis monteurs de nefs.

Assises contre terre, aux abords du cadavre,
10 Tandis que toutes trois sanglotent, le front bas,
La Burgonde Brunhild, seule, ne gémit pas,
Et contemple, l'œil sec, l'angoisse qui les navre.

Herborga, sur son dos jetant ses cheveux bruns,
S'écrie à haute voix : – Ta peine est grande, certes,
15 Ô femme ! mais il est de plus amères pertes ;
J'ai subi plus de maux chez les cavaliers Huns.

Hélas ! n'ai-je point vu les torches et les glaives ?
Mes frères égorgés, rougissant nos vallons
De leurs membres liés aux crins des étalons,
20 Et leurs crânes pendus à l'arçon des Suèves ?

Moi-même, un chef m'a prise, et j'ai, durant six ans,
Sous sa tente de peaux nettoyé sa chaussure.
Vois ! n'ai-je point gardé l'immonde flétrissure
Du fouet de l'esclavage et des liens cuisants ? –

25 Herborga s'étant tue, Ullranda dit : – Ô Reines,
   Que votre mal, auprès de mes maux, est léger !
   Ne dormirai-je point sous un sol étranger,
   Exilée à jamais de nos plages Norraines ?

   N'ai-je point vu mes fils, ivres des hautes mers,
30 Tendre la voile pleine au souffle âpre des brises ?
   Ils ne reviendront plus baiser mes tresses grises :
   Mes enfants sont couchés dans les limons amers !

   Ô femmes ! aujourd'hui que je suis vieille et seule,
   Que l'angoisse a brisé mon cœur, courbé mon dos,
35 Je ne verrai jamais la moelle de mes os,
   Mes petits-fils sourire à leur mourante aïeule ! –

   Elle se tait. Brunhild se penche, et soulevant
   Le drap laineux sous qui dort le roi des framées,
   Montre le mâle sein, les bouches enflammées,
40 Tout l'homme, fier et beau, comme il l'était vivant.

   Elle livre aux regards de la veuve royale
   Les dix routes par où l'esprit a pris son vol,
   Les dix fentes de pourpre ouvertes sous le col,
   Qu'au héros endormi fit la mort déloyale.

45 Gudruna pousse trois véhémentes clameurs :
   – Sigurd ! Sigurd ! Sigurd est mort ! Ah ! malheureuse !
   Que ne puis-je remplir la fosse qu'on lui creuse !
   Sigurd a rendu l'âme, et voici que je meurs !

   Quand vierge, jeune et belle, à lui, beau, jeune et brave,
50 Le col, le sein, parés d'argent neuf et d'or fin,
   Je fus donnée, ô ciel ! ce fut un jour sans fin,
   Et je dis en mon cœur : Fortune, je te brave !

   Femmes ! c'était hier ! et c'est hier aussi
   Que j'ai vu revenir le bon cheval de guerre :
55 La fange maculait son poil luisant naguère,
   De larges pleurs tombaient de son œil obscurci.

D'où viens-tu, bon cheval ? Parle ! qui te ramène ?
Qu'as-tu fait de ton maître ? – Et lui, ployant les reins,
Se coucha, balayant la terre de ses crins,
60 Dans un hennissement de douleur presque humaine.

– Va ! suis l'aigle à ses cris, le corbeau croassant,
Reine, me dit Hagen, le Frank au cœur farouche ;
Le roi Sigurd t'attend sur sa dernière couche,
Et les loups altérés boivent son rouge sang. –

65 Maudit ! maudit le Frank aux paroles mortelles !
Ah ! si je vis, à moi la chair du meurtrier...
Mais pour vous, à quoi bon tant gémir et crier ?
Vos misères, au prix des miennes, que sont-elles ? –

Or, Brunhild brusquement se lève et dit : – Assez
70 C'est assez larmoyer, ô bavardes corneilles !
Si je laissais hurler le sanglot de mes veilles,
Que deviendraient les cris que vous avez poussés ?

Écoute, Gudruna. Mes paroles sont vraies.
J'aimais le roi Sigurd ; ce fut toi qu'il aima.
75 L'inextinguible haine en mon cœur s'alluma ;
Je n'ai pu la noyer au sang de ces dix plaies.

Elle me brûle encore autant qu'au premier jour.
Mais Sigurd eût gémi sur l'épouse égorgée...
Voilà ce que j'ai fait. C'est mieux. Je suis vengée !
80 Pleure, veille, languis, et blasphème à ton tour ! –

La Burgonde saisit sous sa robe une lame,
Écarte avec fureur les trois femmes sans voix,
Et, dans son large sein se la plongeant dix fois,
En travers, sur le Frank, tombe roide, et rend l'âme.

LES ELFES

Couronnés de thym et de marjolaine,
Les Elfes joyeux dansent sur la plaine.

Du sentier des bois aux daims familier,
Sur un noir cheval, sort un chevalier.
5 Son éperon d'or brille en la nuit brune ;
Et, quand il traverse un rayon de lune,
On voit resplendir, d'un reflet changeant,
Sur sa chevelure un casque d'argent.

Couronnés de thym et de marjolaine,
10 Les Elfes joyeux dansent sur la plaine.

Ils l'entourent tous d'un essaim léger
Qui dans l'air muet semble voltiger.
– Hardi chevalier, par la nuit sereine,
Où vas-tu si tard ? dit la jeune Reine.
15 De mauvais esprits hantent les forêts ;
Viens danser plutôt sur les gazons frais.

Couronnés de thym et de marjolaine,
Les Elfes joyeux dansent sur la plaine.

– Non ! ma fiancée aux yeux clairs et doux
20 M'attend, et demain nous serons époux.
Laissez-moi passer, Elfes des prairies,
Qui foulez en rond les mousses fleuries ;
Ne m'attardez pas loin de mon amour,
Car voici déjà les lueurs du jour.

25 Couronnés de thym et de marjolaine,
Les Elfes joyeux dansent sur la plaine.

– Reste, chevalier. Je te donnerai
L'opale magique et l'anneau doré,
Et, ce qui vaut mieux que gloire et fortune,
30 Ma robe filée au clair de la lune.
– Non ! dit-il. – Va donc ! – Et de son doigt blanc
Elle touche au cœur le guerrier tremblant.

Couronnés de thym et de marjolaine,
Les Elfes joyeux dansent sur la plaine.

35 Et sous l'éperon le noir cheval part.
Il court, il bondit et va sans retard ;
Mais le chevalier frissonne et se penche ;
Il voit sur la route une forme blanche
Qui marche sans bruit et lui tend les bras :
40 – Elfe, esprit, démon, ne m'arrête pas !

Couronnés de thym et de marjolaine,
Les Elfes joyeux dansent sur la plaine.

Ne m'arrête pas, fantôme odieux !
Je vais épouser ma belle aux doux yeux.
45 – Ô mon cher époux, la tombe éternelle
Sera notre lit de noce, dit-elle.
Je suis morte ! – Et lui, la voyant ainsi,
D'angoisse et d'amour tombe mort aussi.

Couronnés de thym et de marjolaine,
50 Les Elfes joyeux dansent sur la plaine.

CHRISTINE

Une étoile d'or là-bas illumine
Le bleu de la nuit, derrière les monts.
La lune blanchit la verte colline :
– Pourquoi pleures-tu, petite Christine ?
5   Il est tard, dormons.

– Mon fiancé dort sous la noire terre,
Dans la froide tombe il rêve de nous.
Laissez-moi pleurer, ma peine est amère ;
Laissez-moi gémir et veiller, ma mère :
10   Les pleurs me sont doux. –

La mère repose, et Christine pleure,
Immobile auprès de l'âtre noirci.
Au long tintement de la douzième heure,
Un doigt léger frappe à l'humble demeure :
15   – Qui donc vient ici ?

– Tire le verrou, Christine, ouvre vite :
C'est ton jeune ami, c'est ton fiancé.
Un suaire étroit à peine m'abrite ;
J'ai quitté pour toi, ma chère petite,
20   Mon tombeau glacé. –

Et cœur contre cœur tous deux ils s'unissent.
Chaque baiser dure une éternité :
Les baisers d'amour jamais ne finissent.
Ils causent longtemps ; mais les heures glissent,
25   Le coq a chanté.

Le coq a chanté, voici l'aube claire ;
L'étoile s'éteint, le ciel est d'argent.
– Adieu, mon amour, souviens-toi, ma chère !
Les morts vont rentrer dans la noire terre,
30   Jusqu'au jugement.

– Ô mon fiancé, souffres-tu, dit-elle,
Quand le vent d'hiver gémit dans les bois,
Quand la froide pluie aux tombeaux ruisselle ?
Pauvre ami, couché dans l'ombre éternelle,
35   Entends-tu ma voix ?

– Au rire joyeux de ta lèvre rose,
Mieux qu'au soleil d'or le pré rougissant,
Mon cercueil s'emplit de feuilles de rose ;
Mais tes pleurs amers dans ma tombe close
40   Font pleuvoir du sang.

Ne pleure jamais ! Ici-bas tout cesse,
Mais le vrai bonheur nous attend au ciel.
Si tu m'as aimé, garde ma promesse :
Dieu nous rendra tout, amour et jeunesse,
45   Au jour éternel.

– Non ! je t'ai donné ma foi virginale ;
Pour me suivre aussi, ne mourrais-tu pas ?
Non ! je veux dormir ma nuit nuptiale,
Blanche, à tes côtés, sous la lune pâle,
50   Morte entre tes bras ! –

Lui ne répond rien. Il marche et la guide.
À l'horizon bleu le soleil paraît.
Ils hâtent alors leur course rapide,
Et vont, traversant sur la mousse humide
55   La longue forêt.

Voici les pins noirs du vieux cimetière.
– Adieu, quitte-moi, reprends ton chemin ;

Mon unique amour, entends ma prière ! –
Mais elle au tombeau descend la première,
60   Et lui tend la main.

Et, depuis ce jour, sous la croix de cuivre,
Dans la même tombe ils dorment tous deux.
Ô sommeil divin dont le charme enivre !
Ils aiment toujours. Heureux qui peut vivre
65   Et mourir comme eux !

LE JUGEMENT DE KOMOR

La lune sous la nue errait en mornes flammes,
Et la tour de Komor, du Jarle de Kemper,
Droite et ferme, montait dans l'écume des lames.

Sous le fouet redoublé des rafales d'hiver
5 La tour du vieux Komor dressait sa masse haute,
Telle qu'un cormoran qui regarde la mer.

Un grondement immense enveloppait la côte.
Sur les flots palpitaient, blêmes, de toutes parts,
Les âmes des noyés qui moururent en faute.

10 Et la grêle tintait contre les noirs remparts,
Et le vent secouait la herse aux lourdes chaînes,
Et tordait les grands houx sur les talus épars.

Dans les fourrés craquaient les rameaux morts des chênes,
Tandis que par instants un maigre carnassier
15 Hurlait lugubrement sur les dunes prochaines.

Or, au feu d'une torche en un flambeau grossier,
Le Jarle, dans sa tour vieille que la mer ronge,
Marchait, les bras croisés sur sa cotte d'acier.

Muet, sourd au fracas qui roule et se prolonge,
20 Comprimant de ses poings la rage de son cœur,
Le Jarle s'agitait comme en un mauvais songe.

C'était un haut vieillard, sombre et plein de vigueur.
Sur sa joue aux poils gris, lourde, une larme vive
De l'angoisse soufferte accusait la rigueur.

25 Au fond, contre le mur, tel qu'une ombre pensive,
Un grand Christ. Une cloche auprès. Sur un bloc bas
Une épée au pommeau de fer, nue et massive.

   – Ce moine, dit Komor, n'en finira-t-il pas ? –
Il ploya, ce disant, les genoux sur la dalle,
30 Devant le crucifix de chêne, et pria bas.

On entendit sonner le bruit d'une sandale :
Un homme à robe brune écarta lentement
L'épais rideau de cuir qui fermait cette salle.

   – Jarle ! j'ai fait selon votre commandement,
35 Après celui de Dieu, dit le moine. À cette heure,
Ne souillez pas vos mains, Jarle ! soyez clément.

   – Sire moine, il suffit. Sors. Il faut qu'elle meure,
Celle qui, méprisant le saint nœud qui nous joint,
Fit entrer lâchement la honte en ma demeure.

40 Mais la main d'un vil serf ne la touchera point. –
Et le moine sortit ; et Komor, sur la cloche,
Comme d'un lourd marteau, frappa deux fois du poing.

Le tintement sinistre alla, de proche en proche,
Se perdre aux bas arceaux où les ancêtres morts
45 Dormaient, les bras en croix, sans peur et sans reproche.

Puis tout se tut. Le vent faisait rage au dehors ;
Et la mer, soulevant ses lames furibondes,
Ébranlait l'escalier crevassé de ses bords.

Une femme, à pas lents, très belle, aux tresses blondes,
50 De blanc vêtue, aux yeux calmes, tristes et doux,
Entra, se détachant des ténèbres profondes.

Elle vit, sans trembler ni fléchir les genoux,
Le crucifix, le bloc, le fer hors de la gaîne,
Et, muette, se tint devant le vieil époux.

55 Lui, plus pâle, frémit, plein d'amour et de haine,
L'enveloppa longtemps d'un regard sans merci,
Puis dit d'une voix sourde : – Il faut mourir, Tiphaine.

– Sire Jarle, que Dieu vous garde ! Me voici.
J'ai supplié Jésus, Notre-Dame et sainte Anne :
60 Désormais je suis prête. Or, n'ayez nul souci.

– Tiphaine, indigne enfant des braves chefs de Vanne,
Opprobre de ta race et honte de Komor,
Conjure le Sauveur, afin qu'il ne te damne ;

J'ai souffert très longtemps : je puis attendre encor. –
65 Le Jarle recula dans l'angle du mur sombre,
Et Tiphaine pria sous ses longs cheveux d'or.

Et sur le bloc l'épée étincelait dans l'ombre,
Et la torche épandait sa sanglante clarté,
Et la nuit déroulait toujours ses bruits sans nombre.

70 Tiphaine s'oublia dans un rêve enchanté...
Elle ceignit son front de roses en guirlande,
Comme aux jours de sa joie et de sa pureté.

Elle erra, respirant ton frais arome, ô lande !
Elle revint suspendre, ô Vierge, à ton autel,
75 Le voile aux fleurs d'argent et son âme en offrande.

Et voici qu'elle aima d'un amour immortel.
Saintes heures de foi, d'espérance céleste,
Elle vit dans son cœur se rouvrir votre ciel !

Puis un brusque nuage, une union funeste :
80 Le grave et vieil époux au lieu du jeune amant...
De l'aurore divine, hélas ! rien qui lui reste !

Le retour de celui qu'elle aimait ardemment,
Les combats, les remords, la passion plus forte,
La chute irréparable et son enivrement...

85 Jésus ! tout est fini maintenant ; mais qu'importe !
Le sang du fier jeune homme a coulé sous le fer,
Et Komor peut frapper : Tiphaine est déjà morte.

– Femme, te repens-tu ? C'est le ciel ou l'enfer.
De ton sang résigné laveras-tu ton crime ?
90 Je ne veux pas tuer ton âme avec ta chair.

– Frappe. Je l'aime encor : ta haine est légitime.
Certes, je l'aimerai dans mon éternité !
Dieu m'ait en sa merci ! Pour toi, prends ta victime.

– Meurs donc dans ta traîtrise et ton impureté !
95 Dit Komor, avançant d'un pas grave vers elle ;
Car Dieu va te juger selon son équité. –

Tiphaine souleva de son épaule frêle
Ses beaux cheveux dorés et posa pour mourir
Sur le funèbre bloc sa tête pâle et belle.

100 On eût pu voir alors flamboyer et courir
Avec un sifflement l'épée à large lame,
Et du col convulsif le sang tiède jaillir.

Tiphaine tomba froide, ayant rendu son âme.
Cela fait, le vieux Jarle, entre ses bras sanglants,
105 Prit le corps et la tête aux yeux hagards, sans flamme.

Il monta sur la tour, et, dans les flots hurlants,
Précipita d'en haut la dépouille livide
De celle qui voulut trahir ses cheveux blancs.

Morne, il la regarda tournoyer par le vide...
110 Puis la tête et le corps entrèrent à la fois
Dans la nuit furieuse et dans le gouffre avide.

Alors le Jarle fit un long signe de croix ;
Et, comme un insensé, poussant un cri sauvage
Que le vent emporta par delà les grands bois,

115 Debout sur les créneaux balayés par l'orage,
Les bras tendus au ciel, il sauta dans la mer
Qui ne rejeta point ses os sur le rivage.

Tels finirent Tiphaine et Komor de Kemper.

LE MASSACRE DE MONA

Or, Mona, du milieu de la mer rude et haute,
Dressait rigidement les granits de sa côte,
Qui, massifs et baignés d'écume et pleins de bruit,
Brisaient l'eau furieuse en gerbes dans la nuit,
5 Sombres spectres, vêtus de blanc dans ces ténèbres,
Et vomissant les flots par leurs gueules funèbres.

L'Esprit rauque du vent, au faîte noir des rocs,
Tournoyait et soufflait dans ses cornes d'aurochs ;
Et c'était un fracas si vaste et si sauvage,
10 Que la mer s'en taisait tout le long du rivage,
Tant le son formidable, en cette immensité,
Par coups de foudre et par rafales emporté,
De cris et de sanglots, et de voix éperdues,
Comblait le gouffre épais des mornes étendues.
15 L'Esprit du vent soufflait dans ses clairons de fer,
En aspergeant le ciel des baves de la mer ;
Il soufflait, hérissant comme une chevelure
La noire nue éparse autour de l'Ile obscure,
Conviant les Esprits ceints d'algue et de limons,
20 Et ceux dont le vol gronde à la cime des monts,
Et ceux des cavités, de qui la force sourde
Fait, comme un cœur qui bat, bondir la terre lourde,
Et ceux qui, dans les bois, portent la Serpe d'or,
Ceux de Kambrie et ceux d'Erinn et ceux d'Armor.

25 L'Esprit de la tempête, avec ses mille bouches,
Les appelant, soufflait dans ses trompes farouches.
Mieux que taureaux beuglants et loups hurlants de faim,

D'une égale vigueur, d'une haleine sans fin
Il soufflait ! Et voici qu'à travers les nuées,
30 Par les eaux de la mer hautement refluées,
Tels que des tourbillons pressés, toujours accrus,
Les Dieux Kymris, du fond de la nuit accourus,
Abordaient l'Ile sainte, immuable sur l'onde,
Mona la vénérée, autel central du monde.

35 Ainsi les Maîtres, fils de Math, le très puissant,
Volaient, impétueux essaims, épaississant
L'ombre aveugle, et pareils à ces millions d'ailes
Qu'aux soleils printaniers meuvent les hirondelles.
Les uns tordant leurs bras noueux comme des fouets,
40 Ceux-ci contre leur sein courbant leurs fronts muets,
Et d'autres exhalant des plaintes étouffées,
Innombrables, les Dieux mâles avec les Fées,
Ils venaient, ils venaient par nuages s'asseoir
Sur les sommets aigus et sur le sable noir ;
45 Et, voyant affluer leurs masses vagabondes,
L'Esprit souffla de joie en ses conques profondes.

Sur le rivage bas, enclos de toutes parts
De rochers lourds, moussus, étagés en remparts,
Où le flot séculaire a creusé de longs porches,
50 Autour d'un bloc cubique on a planté neuf torches ;
Et la lueur sinistre ensanglante l'autel
Et la mer et la sombre immensité du ciel,
Et parfois se répand, au vent qui la déroule,
Comme une rouge écume au travers de la foule.

55 Les Bardes sont debout dans leurs sayons rayés,
Aux harpes de granit les deux bras appuyés.
À leurs reins pend la Rhote et luit le large glaive.
La touffe de cheveux qu'une écorce relève,
Flotte, signe héroïque, au crâne large et rond,
60 Avec la plume d'aigle et celle du héron.
Les Ovates, vêtus de noir, et les Evhages
Portant haches de pierre et durs penn-baz sauvages,
Pieds nus, poignets ornés d'anneaux de cuivre roux,

Et le front ombragé d'une tresse de houx,
65 De leurs bras musculeux pressant leur sein robuste,
Gardent le Chef sacré, le Pur, le Saint, l'Auguste
Couronné par Gwiddonn du rameau toujours vert,
Celui qui, de sa robe aux longs plis blancs couvert,
Vénérable, aussi fort qu'un vieil arbre, aussi ferme
70 Qu'une pierre, au milieu du cercle qui l'enferme,
D'un siècle sans ployer porte le lourd fardeau.
Sous d'épais cheveux noirs ruisselant d'un bandeau
De verveine enlacée aux blanches primevères,
Près de lui, le front haut, grande, les yeux sévères,
75 Voici, dans sa tunique ouverte sur le sein,
La pâle Uheldéda, prophétesse de Seîn.
Agrafée à son flanc de vierge, nue, et telle
Qu'un éclair, resplendit la Faucille immortelle.
Elle tient, de son bras nerveux, au beau contour,
80 Le vase toujours plein de l'onde Azewladour ;
Et, derrière leur reine et leur sœur, huit prêtresses,
Dans la brume des nuits laissant flotter leurs tresses,
Portent des pins flambants que le vent fouette en vain,
Autour de l'Arche d'or où gît le Gui divin.

85 Donc, cette foule étant, avec la multitude
Des Dieux, silencieuse en cette solitude,
Tandis que par l'orage et sur les vastes eaux
Montait le dernier cri des nocturnes oiseaux,
Le Chef sacerdotal versa, selon le rite,
90 La libation d'eau par Hu-ar-braz prescrite,
En un feu de bois sec et de vert romarin
Dont l'odeur s'épandit sur le sable marin ;
Et, d'une voix semblable au murmure des chênes,
Il dit : – Monte, fumée, aux étoiles prochaines ! –
95 Le Très-Sage, debout sur l'autel de granit,
Aspergea d'un rameau la foule et la bénit ;
Puis il reprit, montrant la plage solitaire :

– Voici Mona, voici l'enceinte de la terre !
Et, par la nuit sans borne et le ciel haletant,
100 L'humanité m'écoute et le monde m'entend.
Une voix a parlé dans les temps ; que dit-elle ?

Qu'enseigne à l'homme pur la Parole immortelle ?
Voici ce qu'elle dit : – J'étais en germe, clos
Dans le creux réservoir où dormaient les neuf Flots,
105 Et Dylan me tenait sur ses genoux énormes,
Quand au soleil d'été je naquis des neuf Formes :
De l'argile terrestre et du feu primitif,
Du fruit des fruits, de l'air et des tiges de l'if,
Des joncs du lac tranquille et des fleurs de l'arbuste,
110 Et de l'ortie aiguë et du chêne robuste.
Le Purificateur m'a brûlé sur l'autel,
Et j'ai connu la mort avant d'être immortel,
Et dans l'aube et la nuit j'ai fait les trois Voyages,
Marqué du triple sceau par le Sage des sages.
115 Or, serpent tacheté, j'ai rampé sur les monts ;
Crabe, j'ai fait mon nid dans les verts goëmons ;
Pasteur, j'ai vu mes bœufs paître dans les vallées,
Tandis que je lisais aux tentes étoilées ;
J'ai fui vers le couchant ; j'ai prié, combattu ;
120 J'ai gravi d'astre en astre et de vice en vertu,
Emportant le fardeau des angoisses utiles ;
J'ai vu cent continents, j'ai dormi dans cent îles,
Et voici que je suis plein d'innombrables jours,
Devant grandir sans cesse et m'élever toujours ! –
125 Que dit encor la Voix à la race du Chêne ?
Voici ce qu'elle dit : – La flamme au feu s'enchaîne,
Et l'échelle sans fin, sur son double versant,
Voit tout ce qui gravit et tout ce qui descend
Vers la paix lumineuse ou dans la nuit immense,
130 Et l'un pouvant déchoir quand l'autre recommence.
Erinn, Kambrie, Armor, Mona, terre des Purs,
Entendez-moi : c'est l'heure, et les siècles sont mûrs. –

D'un sourcil vénérable abritant sa paupière,
Le Très-Sage se tut sur la table de pierre.
135 Il étendit les bras vers l'orage des cieux,
Puis il resta debout, droit et silencieux ;
Et sur le front du cercle immobile, une haleine,
Faible et triste, monta, qui murmurait à peine,
Souffle respectueux de la foule. Et voilà
140 Qu'une vibration soudaine s'exhala,

Et qu'un Barde, ébranlant la harpe qu'il embrasse,
Chanta sous le ciel noir l'histoire de sa race.

– Hu-Gadarn ! dont la tempe est ceinte d'un éclair !
Régulateur du ciel, dont l'aile d'or fend l'air !
145 Et vous, chanteurs anciens, chefs des harpes bardiques,
Qu'au pays de l'Été, sur les monts fatidiques,
Les clans qui ne sont plus ont écoutés souvent
Livrer votre harmonie au vol joyeux du vent !
Versez-moi votre souffle, ô chanteurs que j'honore,
150 Et parlez à vos fils par ma bouche sonore,
Car voici que l'Esprit m'emporte au temps lointain
Où la race des Purs vit le premier matin.

Ô jeunesse du monde, ô beauté de la terre,
Verdeur des monts sacrés, flamme antique des cieux,
155 Et toi, Lac du soleil, où, comme nos aïeux,
L'âme qui se souvient plonge et se désaltère,
Salut ! Les siècles morts renaissent sous mes yeux.
Les voici, rayonnants ou sombres, dans la gloire
Ou dans l'orage, pleins de joie ou pleins de bruit.
160 De ce vivant cortège évoqué de la nuit
Que les premiers sont beaux ! Mais que la nue est noire
Sous le déroulement sinistre qui les suit !

Les grandes Eaux luisaient, transparentes et vierges,
Plus haut que l'univers, entre les neuf Sommets ;
165 Avec un noble chant qui ne cessait jamais,
Vives, elles sonnaient contre leurs vastes berges,
Et dans ce lit, Gadarn ! toi, tu les comprimais.
La lumière baignait au loin leurs belles lignes
Où des rosiers géants rougissaient dans l'air bleu ;
170 De tout lotus ouvert sortait un jeune Dieu ;
Les brises qui gonflaient l'aile blanche des cygnes
Suspendaient à leurs cous l'onde en colliers de feu.

Sous le magique azur aux profondeurs sublimes,
Couché dans son palais de nacre, et les yeux clos,
175 Le roi Dylan dormait au bercement des flots ;
Et ses fils, émergeant du creux des clairs abîmes,

Venaient rire au soleil dans l'herbe des îlots.
Et l'homme était heureux sur la face du monde ;
La voix de son bonheur berçait la paix du ciel ;
180 Et, d'un essor égal, dans le cercle éternel,
Les âmes, délaissant la ruche trop féconde,
Aux fleurs de l'infini puisaient un nouveau miel.

Ainsi multipliaient les races fortunées ;
Et la terre était bonne, et douce était la mort,
185 Car ceux qu'elle appelait la goûtaient sans remord.
Mais quand ce premier jour eut compté mille années,
Une main agita l'urne noire du sort.
Le vieux dragon Avank, travaillé par l'envie,
Aux sept têtes, aux sept becs d'aigle, aux dents de fer,
190 Aux yeux de braise, au souffle aussi froid que l'hiver,
Sortit de son dolmenn et contempla la vie,
Et, furieux, mordit les digues de la mer.

Cent longues nuits durant, la Bête horrible et lâche,
Oubliant le sommeil et désertant son nid,
195 Rongea les blocs épais, secoua, désunit,
Et fit tant, de la griffe et du bec, sans relâche,
Qu'elle effondra l'immense et solide granit.
L'eau croula du milieu des montagnes trouées
Par nappes et torrents sur le jeune univers
200 Qui riait et chantait sous les feuillages verts ;
Et l'écume, du choc, rejaillit en nuées,
Et les cieux éclatants depuis en sont couverts.

Le Lac des lacs noya les vallons et les plaines ;
Il rugit à travers la profondeur des bois
205 Où les grands animaux tournoyaient aux abois.
L'onde effaça la terre, et les races humaines
Virent le ciel ancien pour la dernière fois.
Les astres qui doraient l'étendue éclatante,
Eux-mêmes, palpitant comme des yeux en pleurs,
210 Regardèrent plus haut vers des mondes meilleurs :
L'ombre se déploya comme une lourde tente
D'où sortit le sanglot des suprêmes douleurs.

Et le Dragon, du haut d'un roc inébranlable,
Tout joyeux de son œuvre et du crime accompli,
215 Maudit l'univers mort et l'homme enseveli,
Disant : – Hors moi, l'Avank, qui suis impérissable,
Les heureux sont couchés dans l'éternel oubli ! –
Mais voici qu'au-dessus de l'océan sans bornes
Flottait la vaste Nef par qui tout est vivant ;
220 Rejetant la vapeur de leurs mufles au vent,
Les deux bœufs de Névèz la traînaient de leurs cornes,
Et les flots mugissaient d'aise en la poursuivant.

Or, quand l'Avank les vit qui nageaient vers son faîte,
Consumé de sa haine impuissante, il souffla
225 Un ouragan de bave et de flamme, et voilà
Que, se crevant les yeux qui voyaient sa défaite,
Dans le gouffre écumant et sanglant il roula.
Et le soleil sécha l'humide solitude
Où de chaudes vapeurs sortaient en tourbillons
230 Des cadavres de l'homme et des chairs des lions.
Puis, mille ans ; et l'immense et jeune multitude
Envahit de nouveau montagnes et vallons.

Mais la terre était triste, et l'humanité sombre
Se retournait toujours vers les siècles joyeux
235 Où s'était exhalé l'esprit de ses aïeux :
Le morne souvenir la couvrit de son ombre,
Et la race des Purs désira d'autres cieux.
Une nuit, l'Occident, plein d'appels prophétiques,
S'embrasa tout à coup d'une longue clarté.
240 Ce fut l'heure ! Et, depuis, nos pères t'ont quitté,
Sol où l'homme a germé, berceau des clans antiques,
Demeure des heureux, ô Pays de l'Été !

Vieillard, bardes, guerriers, enfants, femmes en larmes,
L'innombrable tribu partit, ceignant ses flancs,
245 Avec tentes et chars et les troupeaux beuglants ;
Au passage, entaillant le granit de ses armes,
Rougissant les déserts de mille pieds sanglants.
Elle allait ! Au-devant de sa course éperdue

Les peuples refluaient comme des flots humains ;
250 Les montagnes croulaient étreintes par ses mains ;
Elle allait ! Elle allait à travers l'étendue,
Laissant les os des morts blanchir sur ses chemins.

Une mer apparut, aux hurlements sauvages,
Abîme où nuls sentiers n'avaient été frayés,
255 Hérissé, s'élançant par bonds multipliés
Comme à l'assaut de l'homme errant sur ses rivages,
Et jetant son écume à des cieux foudroyés.
Et cette mer semblait la gardienne des mondes
Défendus aux vivants, d'où nul n'est revenu ;
260 Mais, l'âme par delà l'horizon morne et nu,
De mille et mille troncs couvrant les noires ondes,
La foule des Kymris vogua vers l'inconnu.

La tempête, sept jours et sept nuits, par l'espace,
Poussa la flotte immense au but mystérieux ;
265 Et Hu-Gadarn volait sur les vents furieux,
Illuminant l'abîme où s'enfonçait sa race
Avec le souvenir, l'espérance et les Dieux !
Et les harpes vibraient dans les clameurs farouches
Qui se ruaient du ciel et montaient des flots sourds ;
270 Et les hymnes sacrés, échos des anciens jours,
Résonnant à la fois sur d'innombrables bouches,
Faisaient taire la foudre en éclatant toujours !

Tels nos aïeux nageaient vers vous, saintes contrées,
Rocs de Cambrie, Armor, où croissent les guerriers
275 Et les chênes ! Erinn, qui, dans tes frais sentiers,
Entrelaces les houx aux bruyères dorées
Et berces l'aigle blanc sur tes verts peupliers !
À travers les marais, les torrents, les bois sombres,
Les aurochs mugissants, les loups, les ours velus,
280 Et chassant devant eux des peuples chevelus,
Ils s'assirent enfin sous vos divines ombres,
Ô forêts du repos qu'ils ne quittèrent plus !

Et la race des Purs, forte, puissante et sage,
Chère aux Dieux, fils de Math, par qui tout a germé,
285 Coula comme un grand fleuve, en son lit embaumé,
Qui répand la fraîcheur et la vie au passage,
Et tout droit dans la mer tombe, large et calmé.
Ô jours heureux ! Ô temps sacrés et pacifiques !
Voix mâles qui chantiez sous les chênes mouvants,
290 Beaux hymnes de la mer, doux murmures des vents,
Salut ! soleils féconds des siècles magnifiques !
Salut ! cieux où les morts conviaient les vivants ! –

Et le Barde se tut. Et, sur la hauteur noire,
L'Esprit du vent poussa comme un cri de victoire ;
295 Et la foule agitant les haches, les penn-baz
Et les glaives, ainsi qu'à l'heure des combats,
Ivre du souvenir et toute hérissée,
Salua les splendeurs de sa gloire passée.
Et les Dieux se levaient, tordant au fond des cieux
300 Leurs bras géants, avec des flammes dans les yeux,
Et, tels qu'une forêt aux immenses feuillages,
De leurs cheveux épars balayant les nuages.
La foudre, d'un soleil sanglant, illumina
L'horizon et la mer, et la sainte Mona
305 Qui bondit hors des flots, flamboyante et frappée
Et d'un rugissement terrible enveloppée,
Tandis que le rideau de la nuit se fendait
Du haut en bas sous l'ongle en feu qui le mordait,
Laissant pendre, enlacés de palpitantes flammes,
310 Des lambeaux convulsifs sur la crête des lames.
Puis dans l'obscurité tout rentra brusquement ;
La mer, fumante encor, reprit son hurlement
Monotone, le long des rochers et des sables ;
Et tous les fils de Math se rassirent, semblables
315 À ces amas de blocs athlétiques et lourds,
Immobiles depuis l'origine des jours,
Qui regardent, penchés sur les abîmes vagues,
À l'assaut des grands caps monter les hautes vagues.
Alors, Uheldéda, roidissant ses bras blancs,
320 Éleva vers le ciel ses yeux étincelants ;
Et la foule écouta la Vierge vénérée

Qui tranche le Gui vert sur l'écorce sacrée,
Et qui, du haut des rocs battus du flot amer,
Évoque autour de Seîn les Démons de la mer.
25 Uheldéda leur dit au milieu du silence :

— Hommes du Chêne, aînés d'une famille immense,
Derniers rameaux poussés sur un tronc ébranlé,
Dormiez-vous dans les bois quand l'Esprit m'a parlé ?
Voguiez-vous, ô marins ! sur la stérile écume,
30 Quand la voix de Gwiddonn m'a versé l'amertume ?
Ô Bardes ! chantiez-vous l'histoire des aïeux
Et le déroulement des siècles glorieux,
Quand, assise au sommet de mon île sauvage,
J'ai vu du roi Murdoc'h la gigantesque image
35 Qui montait de la mer, et qui, la hache en main,
Fauchait un chêne d'où coulait le sang humain ?
Oui, tandis que, tombant par ruisseaux dans l'abîme,
La sève jaillissait, rouge, du tronc sublime,
Et que le traître, avec de furieux efforts,
40 Détachait coup sur coup les rameaux déjà morts,
Gwiddonn m'a dit, du fond de la nue éternelle :
— Pour le sixième soir de la lune nouvelle !
Debout, Uheldéda ! Les temps sont révolus,
Vierge, et le monde impur ne nous reverra plus,
45 Après que dans Mona, vénérable aux Dieux mêmes,
Auront monté les cris de mort et les blasphèmes ! —
Ô roi d'Armor, Gwiddonn, qui me parlais ainsi,
Esprit du chêne, ami des justes, nous voici !
Viennent l'heure fatale et Murdoc'h et le glaive !
50 Si le Dieu triomphant des jours nouveaux se lève,
Si l'onde Azewladour est près de se tarir,
Si le fer va trancher les bois, s'il faut mourir,
Nous voici, nous voici, vierges, prêtres et bardes,
Résignés au destin sacré que tu nous gardes,
55 Et plus fiers de tomber sans tache devant toi
Que de survivre au jour de ta ruine, ô Roi !
Salut, vous tous, ô fils de Math, Vertus antiques
Du monde, qui hantiez les forêts prophétiques,
Les îles de la mer et les âpres sommets !
60 Vivants ou morts, les Purs sont à vous pour jamais !

Vivants ou morts, nos yeux vous reverront, ô Maîtres !
Car qui rompra la chaîne éternelle des êtres ?
Qui tranchera les nœuds du Serpent étoilé ?
Qui tarira l'abîme où la vie a coulé,
365 Quand le Générateur aux semences fécondes,
Math, fit tourbillonner la poussière des mondes,
Et, réchauffant le germe où dort l'humanité,
Dit : – Monte dans le temps et dans l'illimité ! –
Non ! rien ne brisera l'enchaînement des choses.
370 Toujours, de cieux en cieux, dans la lumière écloses,
Les demeures de l'âme immortelle luiront,
Et nuls Dieux ennemis ne les disperseront.
Chantez, Bardes ! voici l'outrage et l'agonie.
Chantez ! La mort contient l'espérance infinie.
375 Voici la route ouverte, et voici les degrés
Par où nous monterons vers nos destins sacrés ! –

Tandis qu'Uheldéda, levant sa pâle tête,
Tendait les bras au ciel où roulait la tempête,
L'Esprit du vent, d'un coup de son aile, brisant
380 Des nocturnes vapeurs le couvercle pesant,
Fit éclater le gouffre immortel, mer de flammes
D'où jaillissent sans cesse, où retournent les âmes,
Où l'amoncellement des univers se joint
À l'amas des soleils, qui ne commence point,
385 Qui ne finit jamais, où tout poursuit sa voie,
Où tout éclôt, bouillonne et grandit et tournoie,
S'efface, disparaît, revient et roule encor
Dans les sphères d'azur et les ellipses d'or.

Et la lourde nuée en montagnes de brume
390 Croula vers l'Occident qu'un morne éclair allume.
La mer, lasse d'efforts, comme pour s'assoupir,
Changea sa clameur rude en un vaste soupir,
Et, réprimant l'assaut de ses houles plus lentes,
Tomba sans force au pied des roches ruisselantes.
395 L'horizon, dégagé de son épais fardeau,
S'élargit, reculant les longues lignes d'eau ;
L'Île sainte monta, tranquille, hors des ombres ;
Le croissant de la lune argenta ses pics sombres ;

Et l'innombrable essaim des Dieux s'évanouit
100 Dans le rayonnement splendide de la nuit.

———————

Au revers reluisant des avirons de frêne
L'écume se suspend en frange, et la carène
Coupe l'eau qui frémit tout le long de la nef.
Là, cinquante guerriers sont debout près du chef.
105 L'ardent désir du meurtre élargit leurs narines
Et gonfle les réseaux d'acier sur leurs poitrines.
Le carquois de cuir brut au dos et l'arc en main,
Portant au ceinturon le court glaive romain,
Tous, quand la nef gravit la houle encore haute,
110 Regardent les lueurs qui flambent à la côte.
Sur la proue, au long col de dragon rouge et noir,
Murdoc'h le Kambrien se dresse pour mieux voir.
Appuyé des deux mains sur la massive épée,
L'épaule des longs plis d'un manteau blanc drapée,
115 Un étroit cercle d'or sur ses épais cheveux
Et de lourds bracelets à ses poignets nerveux,
Murdoc'h, fléau des fils de Math, traître à sa race,
Dans les bois, sur la mer, la poursuit à la trace,
Et prêche par le fer, en son aveuglement,
120 La loi du jeune Dieu qui fut doux et clément.
Car le sombre Barbare aux haines violentes
Dans l'Eau vive n'a point lavé ses mains sanglantes.
Son cœur n'a point changé sous la robe de lin ;
Mais il n'en bat que plus ardemment, toujours plein
125 Des mêmes passions qui le brûlaient naguère,
Quand, aux rocs de Kambrie ou sur sa nef de guerre,
Il s'enivrait du cri des glaives, des sanglots
De mort, des hurlements de l'orage et des flots.
Maintenant, l'insensé, dans sa fureur austère,
130 Croit venger la Victime auguste et volontaire
Qui, jusques au tombeau, priant et bénissant,
Ne versa que ses pleurs et que son propre sang.
Or, la sinistre nef court au sommet des lames
Vers la plage fatale où luisent les neuf flammes.
135 Le vent et l'aviron, d'un unanime effort,

La poussent sur le sable amoncelé du bord ;
Elle échoue, et voici qu'aux lueurs de la lune,
Le chef et les guerriers s'en vont de dune en dune.

———————

Les harpes s'emplissaient d'un souffle harmonieux ;
440 Le chœur mâle des voix s'épandait sous les cieux
Avec les mille échos du murmure nocturne ;
Et la vierge, inclinant l'orifice de l'urne,
Baignait dans l'arche d'or le Gui qu'elle a tranché
Sur l'arbre vénérable où Gwiddonn est caché,
445 Quand, au faîte moussu d'une roche prochaine,
Murdoc'h parut, debout, dans son manteau de laine.
Et le Persécuteur, un instant, regarda
Cette foule immobile autour d'Uheldéda
Et de ce grand vieillard aux longs cheveux de neige
450 Assis sur le granit comme un roi sur son siège.
Mais, à ces chants sacrés, à cet auguste aspect,
Son cœur ne ressentit ni trouble, ni respect,
Et, dans un rire amer, plein d'insulte et d'outrage,
Il poussa dans la nuit ce blasphème sauvage :

455 – Silence, adorateurs du Diable ! Par le sang
De Jésus, le vrai fils du Père tout puissant,
Qu'on se taise ! Ou sinon, Païens maudits, sur l'heure
Vous grincerez les dents dans l'ombre extérieure !
Je vous le dis, Enfants entêtés de l'Enfer :
460 Les oiseaux carnassiers mangeront votre chair ;
Le Mauvais brûlera vos âmes, dans son gouffre,
Sur des lits ruisselants de résine et de soufre ;
Vous vous tordrez, rongés d'un feu toujours accru,
Aux rires des Démons en qui vous aurez cru,
465 Si vous ne renoncez à votre erreur immonde,
Si vous ne confessez le Rédempteur du monde ! –

C'est ainsi que parla, sur le faîte du roc,
Le Kambrien, vengeur du Christ, le Roi Murdoc'h.
Et tous firent silence à cette voix soudaine,
470 Inexorable cri de fureur et de haine,

Profanant la nuit sainte et les rites des Dieux.
Et le Très-Sage, alors, dit, sans lever les yeux :

– Pourquoi les Purs sont-ils muets avant le terme ?
Un songe a-t-il troublé leur cœur jadis si ferme,
75 Que leur harpe et leur chant se taisent tout à coup,
Et qu'ils tremblent de peur au hurlement d'un loup ?
Comme un voleur de nuit, lâche et souillé de fange,
Si l'animal féroce a faim et soif, qu'il mange !
Car la pâture est prête, et boive en liberté ;
80 Mais qu'importe aux enfants de l'immortalité,
Quand le ciel resplendit et s'ouvre ? Que mes frères
Déroulent le flot lent des hymnes funéraires,
Et sans prêter l'oreille aux vains bruits d'un moment
Qu'ils songent à renaître impérissablement ! –

85 D'une voix calme, ayant dit cela, le Très-Sage
D'un pan de son manteau se couvrit le visage ;
Et ceux qui saisissaient d'une robuste main
Les haches de granit et les glaives d'airain
S'inclinèrent autour du Vieillard prophétique
90 Par qui parlent les Dieux de la patrie antique,
Soumis à son génie, et certains qu'à l'instant
Où vient la mort, l'esprit monte au ciel éclatant.

– Hommes du Chêne, dit Uheldéda, la veille
Des neuf Nuits, un cri sourd a souillé notre oreille ;
95 Mais ce n'est point un loup qui hurle, ce n'est rien,
Par les Dieux, fils de Math ! que l'aboîment d'un chien.

– Meurs donc ! cria Murdoc'h, meurs, selon ton envie.
Mourez tous, ô Païens que le Démon convie,
Vous qui du Seigneur Christ êtes les meurtriers,
100 Car la vengeance a faim et soif ! À moi, guerriers ! –

Et les flèches de cuivre à pointe dentelée
Sifflèrent brusquement à travers l'assemblée.
Et les harpes vibraient, sonores, et les voix,
Tranquilles, vers le ciel résonnaient à la fois ;
105 Et tous, indifférents aux atteintes mortelles,

Ne cessaient qu'à l'instant où l'âme ouvrait ses ailes.
Les arcs tintaient, les traits s'enfonçaient dans les flancs,
Sans trêve, hérissant les dos, les seins sanglants,
Déchirant, furieux, la gorge des prêtresses
510 Dont la torche fumante incendiait les tresses.
Et tout fut dit. Quand l'aube, en son berceau d'azur,
Dora les flots joyeux d'un regard frais et pur,
L'Île sainte baignait dans une vapeur douce
Ses hauts rochers vêtus de lichen et de mousse,
515 Et, mêlant son cri rauque au doux bruit de la mer,
Un long vol de corbeaux tourbillonnait dans l'air.

LA VÉRANDAH

Au tintement de l'eau dans les porphyres roux
Les rosiers de l'Iran mêlent leurs frais murmures,
Et les ramiers rêveurs leurs roucoulements doux.
Tandis que l'oiseau grêle et le frelon jaloux,
5 Sifflant et bourdonnant, mordent les figues mûres,
Les rosiers de l'Iran mêlent leurs frais murmures
Au tintement de l'eau dans les porphyres roux.

Sous les treillis d'argent de la vérandah close,
Dans l'air tiède, embaumé de l'odeur des jasmins,
10 Où la splendeur du jour darde une flèche rose,
La Persane royale, immobile, repose,
Derrière son col brun croisant ses belles mains,
Dans l'air tiède, embaumé de l'odeur des jasmins,
Sous les treillis d'argent de la vérandah close.

15 Jusqu'aux lèvres que l'ambre arrondi baise encor,
Du cristal d'où s'échappe une vapeur subtile
Qui monte en tourbillons légers et prend l'essor,
Sur les coussins de soie écarlate, aux fleurs d'or,
La branche du hûka rôde comme un reptile
20 Du cristal d'où s'échappe une vapeur subtile
Jusqu'aux lèvres que l'ambre arrondi baise encor.

Deux rayons noirs, chargés d'une muette ivresse,
Sortent de ses longs yeux entr'ouverts à demi ;
Un songe l'enveloppe, un souffle la caresse ;
25 Et parce que l'effluve invincible l'oppresse,
Parce que son beau sein qui se gonfle a frémi,

Sortent de ses longs yeux entr'ouverts à demi
Deux rayons noirs, chargés d'une muette ivresse.

Et l'eau vive s'endort dans les porphyres roux,
30 Les rosiers de l'Iran ont cessé leurs murmures,
Et les ramiers rêveurs leurs roucoulements doux.
Tout se tait. L'oiseau grêle et le frelon jaloux
Ne se querellent plus autour des figues mûres.
Les rosiers de l'Iran ont cessé leurs murmures,
35 Et l'eau vive s'endort dans les porphyres roux.

NURMAHAL

À l'ombre des rosiers de sa fraîche terrasse,
Sous l'ample mousseline aux filigranes d'or,
Djihan-Guîr, fils d'Akbar, et le chef de sa race,
Est assis sur la tour qui regarde Lahor.

5 Deux Umrahs sont debout et muets, en arrière.
Chacun d'eux, immobile en ses flottants habits,
L'œil fixe et le front haut, tient d'une main guerrière
Le sabre d'acier mat au pommeau de rubis.

Djihan-Guîr est assis, rêveur et les yeux graves.
10 Le soleil le revêt d'éclatantes couleurs ;
Et le souffle du soir, chargé d'odeurs suaves,
Soulève jusqu'à lui l'âme errante des fleurs.

Il caresse sa barbe, et contemple en silence
Le sol des Aryas conquis par ses aïeux,
15 Sa ville impériale, et l'horizon immense,
Et le profil des monts sur la pourpre des cieux.

La terre merveilleuse où germe l'émeraude
Et qui s'épanouit sous un dais de saphir,
Dans sa sérénité resplendissante et chaude,
20 Pour saluer son maître exhale un long soupir.

Un tourbillon léger de cavaliers Mahrattes
Roule sous les figuiers rougis par les fruits mûrs ;
Des éléphants, vêtus de housses écarlates,
Viennent de boire au fleuve, et rentrent dans les murs.

25 Aux carrefours où l'œil de Djihan-Guîr s'égare,
Passe, auprès des Çudrâs au haillon indigent,
Le Brahmane traîné par les bœufs de Nagare,
Dont le poil est de neige et la corne d'argent.

En leurs chariots bas viennent les courtisanes,
30 Les cils teints de çurma, la main sous le menton ;
Et les fakirs, chantant les légendes persanes
Sur la citrouille sèche aux trois fils de laiton.

Là, les riches Babous, assis sous les varangues,
Fument des hûkas pleins d'épices et d'odeurs,
35 Ou mangent le raisin, la pistache et les mangues
Tandis que les Çaïs veillent les chiens rôdeurs.

Et de noirs cavaliers aux blanches draperies
Escortent, au travers de la foule, à pas lents,
Sous le cône du dais brodé de pierreries,
40 Le palankin doré des Radjahs indolents.

Bercé des mille bruits que la nuit proche apaise,
De son peuple innombrable et du monde oublieux,
Djihan-Guîr reste morne, et sa gloire lui pèse ;
Une larme furtive erre au bord de ses yeux.

45 Des djungles du Pendj-Ab aux sables du Karnate,
Il a pris dans son ombre un empire soumis
Et gravé le Koran sur le marbre et l'agate ;
Mais son âme est en proie aux songes ennemis.

Il n'aime plus l'éclair de la lance et du sabre,
50 Ni, d'une ardente écume inondant l'or du frein,
Sa cavale à l'œil bleu qui hennit et se cabre
Au cliquetis vibrant des cymbales d'airain ;

Il n'aime plus le rire harmonieux des femmes ;
La perle de Lanka charge son front lassé ;
55 Que le soleil éteigne ou rallume ses flammes,
Le Roi du monde est triste, un désir l'a blessé.

Une vision luit dans son cœur, et le brûle ;
Mais du mal qu'il endure il ne craint que l'oubli :
Tous les biens qu'à ses pieds le destin accumule
60 Ne valent plus pour lui ce songe inaccompli.

Les constellations éclatent aux nuées ;
Le fleuve, entre ses bords que hérissent les joncs,
Réfléchit dans ses eaux lentement remuées
La pagode aux toits lourds et les minarets longs.

65 Mais voici que, du sein des massifs pleins d'arome
Et de l'ombre où déjà le regard plonge en vain,
Une voix de cristal monte de dôme en dôme
Comme un chant des hûris du Chamelier divin.

Jeune, éclatante et pure, elle emplit l'air nocturne,
70 Elle coule à flots d'or, retombe et s'amollit,
Comme l'eau des bassins qui, jaillissant de l'urne,
Grandit, plane, et s'égrène en perles dans son lit.

Et Djihan-Guîr écoute. Un charme l'enveloppe.
Son cœur tressaille et bat, et son œil sombre a lui :
75 Le tigre népâlais qui flaire l'antilope
Sent de même un frisson d'aise courir en lui.

Jamais, sous les berceaux que le jasmin parfume,
Aux roucoulements doux et lents des verts ramiers,
Quand le hûka royal en pétillant s'allume
80 Et suspend sa vapeur aux branches des palmiers ;

Quand l'essaim tournoyant des Lall-Bibis s'enlace
Comme un souple python aux anneaux constellés ;
Quand la plus belle enfin, voluptueuse et lasse,
Vient tomber à ses pieds, pâle et les yeux troublés :

85 Jamais, au bercement des chants et des caresses,
Baigné d'ardents parfums, d'amour et de langueur,
Djihan-Guîr n'a senti de plus riches ivresses
Telles qu'un flot de pourpre inonder tout son cœur.

Qui chante ainsi ? La nuit a calmé les feuillages,
90 La tourterelle dort en son nid de çantal,
Et la Péri rayonne aux franges des nuages...
Cette voix est la tienne, ô blanche Nurmahal !

Les grands tamariniers t'abritent de leurs ombres ;
Et, couchée à demi sur tes soyeux coussins,
95 Libre dans ces beaux lieux solitaires et sombres,
Tu troubles d'un pied nu l'eau vive des bassins.

D'une main accoudée, heureuse en ta mollesse,
De l'haleine du soir tu fais ton éventail ;
La lune glisse au bord des feuilles et caresse
100 D'un féerique baiser ta bouche de corail.

Tu chantes Leïlah, la vierge aux belles joues,
Celle dont l'œil de jais blessa le cœur d'un roi ;
Mais tandis qu'en chantant tu rêves et te joues,
Un autre cœur s'enflamme et se penche vers toi

105 Ô Persane, pourquoi t'égarer sous les arbres
Et répandre ces sons voluptueux et doux ?
Pourquoi courber ton front sur la fraîcheur des marbres ?
Nurmahal, Nurmahal, où donc est ton époux ?

Ali-Khan est parti, la guerre le réclame ;
110 Son trésor le plus cher en ces lieux est resté :
Mais le nom du Prophète, incrusté sur sa lame,
Garantit son retour et ta fidélité.

Car jusques au tombeau tu lui seras fidèle,
Femme ! tu l'as juré dans vos adieux derniers ;
115 Et, pour aiguillonner l'heure qui n'a plus d'aile,
Tu chantes Leïlah sous les tamariniers.

Tais-toi. L'âpre parfum des amoureuses fièvres
Se mêle avec ton souffle à l'air tiède du soir.
C'est un signal de mort qui tombe de tes lèvres...
120 Djihan-Guîr pour l'entendre est venu là s'asseoir.

Au fond du harem frais, au mol éclat des lampes,
Laisse plutôt la gaze en ses plis caressants
Enclore tes cheveux dénoués sur tes tempes,
Ouvre plutôt ton cœur aux songes innocents.

125 Un implacable amour plane d'en haut et gronde
Autour de toi, dans l'air fatal où tu te plais.
Ne sois pas Nurdjéham, la lumière du monde !
Sois toujours Nurmahal, l'étoile du palais !

Mais va ! ta destinée au ciel même est écrite.
130 Les jours se sont enfuis. Sous les arbres épais
Tu ne chanteras plus ta chanson favorite ;
Djihan-Guîr sur sa tour ne reviendra jamais.

Maintenant les saphirs et les diamants roses
S'ouvrent en fleurs de flamme autour de ta beauté
135 Et constellent la soie et l'or où tu reposes
Sous le dôme royal de ton palais d'été.

Deux rançons de radjah pendent à tes oreilles ;
Golkund et Viçapur ruissellent de ton col ;
Tu sièges, ô Persane, au milieu des merveilles,
140 Auprès du fils d'Akbar, sur le trône mongol.

Et la maison d'Ali désormais est déserte.
Les jets d'eau se sont tus dans les marbres taris.
Plus de gais serviteurs sous la varangue ouverte,
Plus de paons familiers sous les berceaux flétris !

145 Tout est vide et muet. La ronce et l'herbe épaisses
Hérissent les jardins où le reptile dort.
Mais Nurmahal n'a point parjuré ses promesses ;
Nurmahal peut régner, puisque Ali-Khan est mort !

À travers le ciel pur des nuits silencieuses,
150 Sur les ailes du rêve il revenait vainqueur,
Et ton nom s'échappait de ses lèvres joyeuses,
Quand le fer de la haine est entré dans son cœur.

Gloire à qui, comme toi, plus forte que l'épreuve,
Et jusqu'au bout fidèle à son époux vivant,
155 Par un coup de poignard à la fois reine et veuve,
Dédaigne de trahir et tue auparavant !

LE DÉSERT

Quand le Bédouin qui va de l'Horeb en Syrie
Lie au tronc du dattier sa cavale amaigrie,
Et, sous l'ombre poudreuse où sèche le fruit mort,
Dans son rude manteau s'enveloppe et s'endort,
5 Revoit-il, faisant trêve aux ardentes fatigues,
La lointaine oasis où rougissent les figues,
Et l'étroite vallée où campe sa tribu,
Et la source courante où ses lèvres ont bu,
Et les brebis bêlant, et les bœufs à leurs crèches,
10 Et les femmes causant près des citernes fraîches,
Ou, sur le sable, en rond, les chameliers assis,
Aux lueurs de la lune écoutant les récits ?
Non, par delà le cours des heures éphémères,
Son âme est en voyage au pays des chimères.
15 Il rêve qu'Al-Borak, le cheval glorieux,
L'emporte en hennissant dans la hauteur des cieux ;
Il tressaille, et croit voir, par les nuits enflammées,
Les filles de Djennet à ses côtés pâmées.
De leurs cheveux plus noirs que la nuit de l'enfer
20 Monte un âcre parfum qui lui brûle la chair ;
Il crie, il veut saisir, presser sur sa poitrine,
Entre ses bras tendus, sa vision divine.
Mais sur la dune au loin le chacal a hurlé,
Sa cavale piétine, et son rêve est troublé ;
25 Plus de Djennet, partout la flamme et le silence,
Et le grand ciel cuivré sur l'étendue immense !

DJIHAN-ARÂ

Quand tu vins parfumer la tige impériale,
Djihan-Arâ ! le ciel était splendide et pur ;
L'astre du grand Akbar en couronnait l'azur ;
Et couchée au berceau sur la pourpre natale,
5 Rose, tu fleurissais dans le sang de Tymur.

L'aurore où tu naquis fut une aube de fête ;
Son rose éclair baigna d'abord tes faibles yeux.
Ton oreille entendit flotter un bruit joyeux
De voix et de baisers, et, de la base au faîte,
10 Tressaillir la demeure auguste des aïeux.

De ses jardins royaux, Delhi, la cité neuve,
Effeuilla devant toi l'arome le plus frais ;
Les peuples, attentifs à l'heure où tu naîtrais,
Saluèrent ton nom sur les bords du saint fleuve,
15 Et l'écho le redit à l'oiseau des forêts.

Jeune âme, tu reçus le tribut de cent villes.
La mosquée octogone alluma, jours et soirs,
Ses tours de marbre roux, comme des encensoirs ;
Mais ton rire enfantin luit sur les fronts serviles
20 Mieux que les minarets sur les carrefours noirs.

Afin qu'on te bénît par des vœux unanimes,
Pour que le pervers même adorât le moment
Où ton âme brilla dans ton regard charmant,
Le sabre s'émoussa sur le cou des victimes,
25 Et ton premier soupir fut un signal clément.

Tu grandis, de respect, d'amour environnée,
Sous les dômes mongols de ta grâce embellis,
Calme comme un flot clair, vierge comme les lys,
Plus digne de mourir au monde, à peine née,
30 Que l'homme de baiser ta robe aux chastes plis.

L'empire était heureux aux jours de ta jeunesse :
La fortune suivait, dans la fuite du temps,
Le maître pacifique et les peuples contents ;
Mais quels cieux ont tenu jusqu'au bout leur promesse ?
35 Quel splendide matin eut d'éternels instants ?

À l'horizon des flots où tout chante, où tout brille,
Croît un sombre nuage, avec la foudre au flanc ;
Telle, germe mortel d'un règne chancelant,
L'ambition couvait dans ta propre famille,
40 La haine au cœur, muette, et l'œil étincelant.

Le vieux Djihan t'aimait, ô perle de sa race !
Il se réjouissait de ta douce beauté ;
Toi seule souriais dans son cœur attristé,
Quand il voyait de loin méditer, tête basse,
45 Le pâle Aurang-Ceyb, cet enfant redouté.

– Parle ! te disait-il, ô ma fleur, ô ma joie !
Veux-tu d'autres jardins ? veux-tu d'autres palais ?
De plus riches colliers, de plus beaux bracelets,
Ou le trône des Paons qui dans l'ombre flamboie ?
50 Fille de mon amour, tous tes rêves, dis-les.

As-tu vu, soulevant ta fraîche persienne,
Un jeune et fier radjah d'Aoud ou du Népâl,
À travers la Djemma poussant son noir cheval,
Forcer sous les manguiers quelque cerf hors d'haleine ?
55 L'amour est-il entré dans ton cœur virginal ?

Parle ! Il est ton époux, si telle est ton envie.
Mohammed ! Mes trois fils, la main sur leur poignard,

Tremblent, si je ne meurs, de commander trop tard ;
Mais toi qui m'es restée, ô charme de ma vie,
60 C'est toi que bénira mon suprême regard ! –

Vierge, tu caressais alors, silencieuse,
Le front du vieux Djihan qui se courbait plus bas ;
De tes secrets désirs tu ne lui parlais pas,
Mais ressentant au cœur ton étreinte pieuse,
65 Ton père consolé souriait dans tes bras.

Ce n'était point l'amour que poursuivaient tes songes,
Djihan-Arâ ! Tes yeux en ignoraient les pleurs.
Jamais tu n'avais dit : – Il est des jours meilleurs. –
Tu ne pressentais point la vie et ses mensonges :
70 Ton âme ouvrait son aile et s'envolait ailleurs.

Sous les massifs touffus, déjà pensive et lente,
Loin des bruits importuns tu te perdais parfois,
Quand le soleil, au faîte illuminé des bois,
Laisse traîner un pan de sa robe sanglante
75 Et des monts de Lahor enflamme les parois.

La tête, de rubis, d'or et de perles ceinte,
Tu courbais ton beau front de ce vain poids lassé ;
Tu rêvais, sur le pauvre et sur le délaissé,
D'épancher la bonté par qui l'aumône est sainte,
80 Et de prendre le mal dont le monde est blessé.

C'est pourquoi le destin gardait à ta mémoire
Ce magnanime honneur de perdre sans retour
Palais, trésors, beauté, ta jeunesse en un jour,
Et d'emporter, ô vierge, avec ta chaste gloire,
85 Ton père malheureux, au ciel de ton amour !

Dans le Tadjé-Mahal pavé de pierreries,
Aux dômes incrustés d'éblouissantes fleurs
Qui mêlent le reflet de leurs mille couleurs
Aux ondulations des blanches draperies,
90 Sous le dais d'or qui flambe et ruisselle en lueurs,

Aurang-Ceyb, vêtu de sa robe grossière,
Est assis à la place où son père a siégé ;
Et Djihan, par ce fils implacable outragé,
Gémit, ses cheveux blancs épars dans la poussière,
95 De vieillesse, d'opprobre et d'angoisse chargé.

Pour atteindre plus tôt à ce faîte sublime,
Aurang a tout fauché derrière et devant lui.
Ses deux frères sont morts ; il est seul aujourd'hui.
Il règne, il a lavé ses mains chaudes du crime :
00 Voici que l'œuvre est bonne et que son jour a lui.

L'empire a reconnu le maître qui se lève
Et balayé le sol d'un front blême d'effroi :
C'est le sabre d'Allah, le flambeau de la foi !
Il est né le dernier, mais l'ange armé du glaive
05 Le marqua de son signe, et dit : – Tu seras roi ! –

Sa sœur est là, debout. Ses yeux n'ont point de larmes.
On voit frémir son corps et haleter son sein ;
Mais, loin de redouter un sinistre dessein,
Fière, et de sa vertu faisant toutes ses armes,
10 Elle écoute parler l'ascétique assassin :

– Vois ! je suis Alam-Guîr, le conquérant du monde.
J'ai vaincu, j'ai puni. J'ai trié dans mon van
La paille du bon grain qu'a semé Tymur-Khan,
Et de mon champ royal brûlé l'ivraie immonde...
15 – Qu'as-tu fait de ton père, Aurang, fils de Djihan ?

Qu'as-tu fait de celui par qui tu vis et règnes,
De ce vieillard deux fois auguste que tu hais ?
As-tu souillé ta main parricide à jamais ?
Est-ce de l'âme aussi, meurtrier, que tu saignes ?
20 Sois maudit par ce sang de tous ceux que j'aimais ! –

Il sourit, admirant sa grâce et sa colère :
– Djihan-Arâ ! c'était la volonté de Dieu
Que mon front fût scellé sous ce bandeau de feu.

Viens, je te couvrirai d'une ombre tutélaire,
125 Et quel qu'il soit, enfant, j'exaucerai ton vœu.

Mes mains ont respecté mon père vénérable.
Ne crains plus. Il vivra, captif mais honoré,
Méditant dans son cœur d'un vain songe épuré
Combien la gloire humaine est prompte et périssable.
130 Que veux-tu d'Alam-Guîr ? J'ai dit, et je tiendrai.

– Aurang ! charge mes bras d'une part de sa chaîne ;
C'est là mon plus cher vœu, mon rêve le plus beau !
Pour que le vieux Djihan pardonne à son bourreau,
Pour que j'abjure aussi l'amertume et la haine,
135 Enferme-nous, vivants, en un même tombeau. –

Alam-Guîr inclina, pensif, sa tête grave ;
Une larme hésita dans son œil morne et froid :
– Va ! dit-il, le chemin des forts est le plus droit.
Je te savais le cœur d'une vierge et d'un brave ;
140 J'attendais ta demande et j'y veux faire droit. –

Or, tu vécus dix ans auprès du vieillard sombre,
Djihan-Arâ ! charmant sa tristesse et son mal ;
Et quand il se coucha dans son caveau royal,
Ton beau corps se flétrit et devint comme une ombre,
145 Et l'âme s'envola dans un cri filial.

Ainsi tu disparus, étoile solitaire,
De ce ciel vaste où rien d'aussi pur n'a brillé ;
Ton nom même, ton nom si doux fut oublié ;
Et Dieu seul se souvint, quand tu quittas la terre,
150 De l'ange qu'en ce monde il avait envoyé.

LA FILLE DE L'ÉMYR

Un beau soir revêt de chaudes couleurs
Les massifs touffus pleins d'oiseaux siffleurs
Qui, las de chansons, de jeux, de querelles,
Le col sous la plume, et près de dormir,
5 Écoutent encor doucement frémir
      L'onde aux gerbes grêles.

D'un ciel attiédi le souffle léger
Dans le sycomore et dans l'oranger
Verse en se jouant ses vagues murmures ;
10 Et sur le velours des gazons épais
L'ombre diaphane et la molle paix
      Tombent des ramures.

C'est l'heure où s'en vient la vierge Ayscha
Que le vieil Émyr, tout le jour, cacha
15 Sous la persienne et les fines toiles,
Montrer, seule et libre, aux jalouses nuits,
Ses yeux, charmants, purs de pleurs et d'ennuis,
      Tels que deux étoiles.

Son père qui l'aime, Abd-El-Nur-Eddin,
20 Lui permet d'errer dans ce frais jardin,
Quand le jour qui brûle au couchant décline
Et, laissant Cordoue aux dômes d'argent,
Dore, à l'horizon, d'un reflet changeant,
      La haute colline.

25 Allant et venant, du myrte au jasmin,
   Elle se promène et songe en chemin.
   Blanc, rose, à demi hors de la babouche,
   Dans l'herbe et les fleurs brille son pied nu ;
   Un air d'innocence, un rire ingénu
30   Flotte sur sa bouche.

   Le long des rosiers elle marche ainsi.
   La nuit est venue, et, soudain, voici
   Qu'une voix sonore et tendre la nomme.
   Surprise, Ayscha découvre en tremblant
35 Derrière elle, calme et vêtu de blanc,
            Un pâle jeune homme.

   Il est noble et grand comme Gabriel
   Qui mena jadis au septième ciel
   L'envoyé d'Allah, le très saint Prophète.
40 De ses cheveux blonds le rayonnement
   L'enveloppe et fait luire chastement
            Sa beauté parfaite.

   Ayscha le voit, l'admire et lui dit :
   – Jeune homme, salut ! Ton front resplendit
45 Et tes yeux sont pleins de lueurs étranges.
   Parle, tous tes noms, quels sont-ils ? Dis-les.
   N'es-tu point khalife ? As-tu des palais ?
            Es-tu l'un des anges ? –

   Le jeune homme alors dit en souriant :
50 – Je suis fils de roi, je viens d'Orient ;
   Mon premier palais fut un toit de chaume,
   Mais le monde entier ne peut m'enfermer.
   Je te donnerai, si tu veux m'aimer,
            Mon riche royaume.

55 – Oui, dit Ayscha, je le veux. Allons !
   Mais comment sortir, si nous ne volons
   Comme les oiseaux ? Moi, je n'ai point d'ailes ;
   Et, sous le grand mur de fer hérissé,

Abd-El-Nur-Eddin, mon père, a placé
60   Des gardes fidèles.

– L'amour est plus fort que le fin acier.
Mieux que sur les monts l'aigle carnassier,
Et plus haut, l'amour monte et va sans trêve.
Qui peut résister à l'amour divin ?
65 Auprès de l'amour, enfant, tout est vain
      Et tout n'est qu'un rêve ! –

Maisons, grilles, murs, rentrent dans la nuit ;
Le jardin se trouble et s'évanouit.
Ils s'en vont tous deux à travers la plaine,
70 Longtemps, bien longtemps, et l'enfant, hélas !
Sent les durs cailloux meurtrir ses pieds las
      Et manque d'haleine.

– Ô mon cher seigneur, Allah m'est témoin
Que je t'aime, mais ton royaume est loin !
75 Arriverons-nous avant que je meure ?
Mon sang coule, j'ai bien soif et bien faim ! –
Une maison noire apparaît enfin.
      – Voici ma demeure.

Mon nom est Jésus. Je suis le pêcheur
80 Qui prend dans ses rets l'âme en sa fraîcheur.
Je t'aime, Ayscha ; calme tes alarmes ;
Car, pour enrichir ta robe d'hymen,
Vois, j'ai recueilli, fleur de l'Yémen,
      Ton sang et tes larmes !

85 Tu me reverras du cœur et des yeux,
Et je te réserve, enfant, dans mes cieux,
La vie éternelle après cette terre ! –
Parmi les vivants morte désormais,
La vierge Ayscha ne sortit jamais
90   Du noir monastère.

LE CONSEIL DU FAKIR

I

Vingt Cipayes, la main sur leurs pommeaux fourbis
Et le crâne rasé ceint du paliacate,
Gardent le vieux Nabab et la Begum d'Arkate ;
Autour danse un essaim léger de Lall-Bibis.

5 Le Mongol, roide et grave en ses riches habits,
Égrène un chapelet fait d'ambre de Maskate ;
La jeune femme est belle, et sa peau délicate
Luit sous la mousseline où brûlent les rubis.

Devant eux, un Fakir demi-nu, maigre et sale,
10 Mange en un plat de bois du riz de Mangalor,
Assis sur les jarrets au milieu de la salle.

La fange de ses pieds souille la soie et l'or,
Et, tandis que l'on danse, il gratte avec ses ongles
Sa peau rude, en grondant comme un tigre des djungles.

II

15 — L'aile noire d'Yblis plane sur ton palais,
Mohammed-Ali-Khan ! ta fortune est au faîte,
Mais la suprême part que le destin t'a faite
Va t'échoir, ô Nabab, sans beaucoup de délais.

Tes cimes les plus lourds, tes vices les plus laids,
20 Hâtent l'heure sinistre et vont clore la fête.

Allah ! rien n'est profond, par l'Âne du Prophète !
Comme l'aveuglement sans borne où tu te plais.

Nabab ! ta barbe est grise et ta prudence est jeune,
Et moi, j'ai reconnu la haine et son dessein
25 Par l'œil de la prière et l'oreille du jeûne.

Pourquoi réchauffes-tu le reptile en ton sein,
Ô Mohammed ? Voici qu'il siffle et qu'il t'enlace,
Et qu'il cherche à te mordre à la meilleure place ! —

III

Mohammed-Ali-Khan fume, silencieux,
30 Son hûka bigarré d'arabesques fleuries ;
Mais redressant son front chargé de pierreries,
La Begum, qui tressaille, ouvre tout grands ses yeux.

Le Fakir dit : — Allah ! le cœur capricieux
Qu'enveloppe l'encens impur des flatteries
35 S'endort au bercement des molles rêveries
Et s'éveille, enflammé d'un songe ambitieux.

Il n'est pas bon d'errer des regards et de l'âme
Hors le cercle rigide où vit l'honnêteté,
Comme en sa gaîne sombre une éclatante lame.

40 Malheur à qui ne sait que l'amour, la beauté,
La jeunesse qui rit avec sa bouche rose,
Fleurissent pour l'Enfer quand le sang les arrose !

IV

— Bon Fakir, dit le vieux Mohammed, par Yblis !
Tes paroles sont d'or, autant que ton silence,
45 Et tiennent de niveau les plats de la balance ;
Mais le livre sans doute est fort noir où tu lis. —

Or la Begum, riant comme les bengalis,
Et penchant vers l'époux son col plein d'indolence,
Dit : – Le saint homme rêve ! – Et puis elle lui lance
50 Une bourse du bout de ses beaux doigts polis.

Le filet, enrichi d'une opale de Perse,
Sur le pavé de marbre incrusté de métal
Sonne et jette un flot d'or qui roule et se disperse.

– Voici le prix du sang au meurtrier fatal,
55 Dit le Fakir ; maudit soit-il ! Nabab, le glaive
Est hors la gaîne : agis avant qu'il ne se lève ! –

V

Il sort, et Mohammed regarde fixement
Cette femme au front ceint de grâce et de noblesse,
Si calme à son côté, si belle en sa faiblesse,
60 Et dont l'œil jeune et pur brille si doucement.

Il sourit sous le joug de cet être charmant,
Vieux tigre résigné qu'un enfant mène en laisse,
Et repousse bien loin le soupçon qui le blesse :
Quelle bouche dit vrai, si cette bouche ment ?

65 Ah ! s'il pouvait, au fond de ce cœur qu'il ignore,
Lire ce qu'il désire et redoute à la fois,
Ou le faire vibrer comme un métal sonore !

Mais il aime, et voici, tel qu'aux jours d'autrefois,
Qu'il sent courir en lui, chauffant sa rude écorce,
70 Le sang de sa jeunesse et le sang de sa force.

VI

La nuit monte et saisit dans ses filets en feu
Les mers, les bois épais, les montagnes, les nues ;
Des milliers de rumeurs du désert seul connues
S'envolent puissamment de la terre au ciel bleu.

75 L'homme dort. Le sommeil est doux et coûte peu ;
Les belles visions y sont les bienvenues,
Dit le Sage, on y voit danser, vierges et nues,
Les Hûris aux yeux noirs qui devancent tout vœu !

Donc, Mohammed repose au fond du palais sombre.
80 La blafarde clarté d'une lampe d'argent
Détache vaguement son front blême de l'ombre.

Le sang ne coule plus de sa gorge ; et, nageant,
Au milieu d'une pourpre horrible et déjà froide,
Le corps du vieux Nabab gît immobile et roide.

LE SOMMEIL DE LEÏLAH

Ni bruits d'aile, ni sons d'eau vive, ni murmures ;
La cendre du soleil nage sur l'herbe en fleur,
Et de son bec furtif le bengali siffleur
Boit, comme un sang doré, le jus des mangues mûres.

5 Dans le verger royal où rougissent les mûres,
Sous le ciel clair qui brûle et n'a plus de couleur,
Leïlah, languissante et rose de chaleur,
Clôt ses yeux aux longs cils à l'ombre des ramures.

Son front ceint de rubis presse son bras charmant ;
10 L'ambre de son pied nu colore doucement
Le treillis emperlé de l'étroite babouche.

Elle rit et sommeille et songe au bien-aimé,
Telle qu'un fruit de pourpre, ardent et parfumé,
Qui rafraîchit le cœur en altérant la bouche.

L'OASIS

Derrière les coteaux stériles de Kobbé
Comme un bloc rouge et lourd le soleil est tombé ;
Un vol de vautours passe et semble le poursuivre.
Le ciel terne est rayé de nuages de cuivre ;
5 Et de sombres lueurs, vers l'Est, traînent encor,
Pareilles aux lambeaux de quelque robe d'or.
Le rugueux Sennaar, jonché de pierres rousses
Qui hérissent le sable ou déchirent les mousses,
À travers la vapeur de ses marais malsains
10 Ondule jusqu'au pied des versants Abyssins.
La nuit tombe. On entend les koukals aux cris aigres.
Les hyènes, secouant le poil de leurs dos maigres,
De buissons en buissons se glissent en râlant.
L'hippopotame souffle aux berges du Nil blanc
15 Et vautre, dans les joncs rigides qu'il écrase,
Son ventre rose et gras tout cuirassé de vase.
Autour des flaques d'eau saumâtre où les chakals
Par bandes viennent boire, en longeant les nopals,
L'aigu fourmillement des stridentes bigaylles
20 S'épaissit et tournoie au-dessus des broussailles ;
Tandis que, du désert en Nubie emporté,
Un vent âcre, chargé de chaude humidité,
Avec une rumeur vague et sinistre, agite
Les rudes palmiers-doums où l'ibis fait son gîte.

25 Voici ton heure, ô roi du Sennaar, ô chef
Dont le soleil endort le rugissement bref.
Sous la roche concave et pleine d'os qui luisent,
Contre l'âpre granit tes ongles durs s'aiguisent.

· Arquant tes souples reins fatigués du repos,
30 Et ta crinière jaune éparse sur le dos,
　　Tu te lèves, tu viens d'un pas mélancolique
　　Aspirer l'air du soir sur ton seuil famélique,
　　Et, le front haut, les yeux à l'horizon dormant,
　　Tu regardes l'espace et rugis sourdement.
35 Sur la lividité du ciel la lune froide
　　De la proche oasis découpe l'ombre roide,
　　Où, las d'avoir marché par les terrains bourbeux,
　　Les hommes du Darfour font halte avec leurs bœufs.
　　Ils sont couchés là-bas auprès de la citerne
40 Dont un rayon de lune argente l'onde terne.
　　Les uns, ayant mangé le mil et le maïs,
　　S'endorment en parlant du retour au pays ;
　　Ceux-ci, pleins de langueur, rêvant de grasses herbes,
　　Et le mufle enfoui dans leurs fanons superbes,
45 Ruminent lentement sur leur lit de graviers.
　　À toi la chair des bœufs ou la chair des bouviers !
　　Le vent a consumé leurs feux de ronce sèche ;
　　Ta narine s'emplit d'une odeur vive et fraîche,
　　Ton ventre bat, la faim hérisse tes cheveux,
50 Et tu plonges dans l'ombre en quelques bonds nerveux.

LA FONTAINE AUX LIANES

Comme le flot des mers ondulant vers les plages,
Ô bois, vous déroulez, pleins d'arome et de nids,
Dans l'air splendide et bleu, vos houles de feuillages ;
Vous êtes toujours vieux et toujours rajeunis.

5 Le temps a respecté, rois aux longues années,
Vos grands fronts couronnés de lianes d'argent ;
Nul pied ne foulera vos feuilles non fanées :
Vous verrez passer l'homme et le monde changeant.

Vous inclinez d'en haut, au penchant des ravines,
10 Vos rameaux lents et lourds qu'ont brûlés les éclairs ;
Qu'il est doux, le repos de vos ombres divines,
Aux soupirs de la brise, aux chansons des flots clairs !

Le soleil de midi fait palpiter vos sèves ;
Vous siégez, revêtus de sa pourpre, et sans voix ;
15 Mais la nuit, épanchant la rosée et les rêves,
Apaise et fait chanter les âmes et les bois.

Par delà les verdeurs des zones maternelles
Où vous poussez d'un jet vos troncs inébranlés,
Seules, plus près du ciel, les neiges éternelles
20 Couvrent de leurs plis blancs les pics immaculés.

Ô bois natals, j'errais sous vos larges ramures ;
L'aube aux flancs noirs des monts marchait d'un pied
La mer avec lenteur éveillait ses murmures,   [vermeil ;
Et de tout œil vivant fuyait le doux sommeil.

25 Au bord des nids, ouvrant ses ailes longtemps closes,
   L'oiseau disait le jour avec un chant plus frais
   Que la source agitant les verts buissons de roses,
   Que le rire amoureux du vent dans les forêts.

   Les abeilles sortaient des ruches naturelles
30 Et par essaims vibraient au soleil matinal ;
   Et, livrant le trésor de leurs corolles frêles,
   Chaque fleur répandait sa goutte de cristal.

   Et le ciel descendait dans les claires rosées
   Dont la montagne bleue au loin étincelait ;
35 Un mol encens fumait des plantes arrosées
   Vers la sainte nature à qui mon cœur parlait.

   Au fond des bois baignés d'une vapeur céleste,
   Il était une eau vive où rien ne remuait ;
   Quelques joncs verts, gardiens de la fontaine agreste,
40 S'y penchaient au hasard en un groupe muet.

   Les larges nénuphars, les lianes errantes,
   Blancs archipels, flottaient enlacés sur les eaux,
   Et dans leurs profondeurs vives et transparentes
   Brillait un autre ciel où nageaient les oiseaux.

45 Ô fraîcheur des forêts, sérénité première,
   Ô vents qui caressiez les feuillages chanteurs,
   Fontaine aux flots heureux où jouait la lumière,
   Éden épanoui sur les vertes hauteurs !

   Salut, ô douce paix, et vous, pures haleines,
50 Et vous qui descendiez du ciel et des rameaux,
   Repos du cœur, oubli de la joie et des peines !
   Salut ! ô sanctuaire interdit à nos maux !

   Et, sous le dôme épais de la forêt profonde,
   Aux réduits du lac bleu dans les bois épanché,
55 Dormait, enveloppé du suaire de l'onde,
   Un mort, les yeux au ciel, sur le sable couché.

Il ne sommeillait pas, calme comme Ophélie,
Et souriant comme elle, et les bras sur le sein ;
Il était de ces morts que bientôt on oublie ;
Pâle et triste, il songeait au fond du clair bassin.

La tête au dur regard reposait sur la pierre ;
Aux replis de la joue où le sable brillait,
On eût dit que des pleurs tombaient de la paupière
Et que le cœur encor par instants tressaillait.

Sur les lèvres errait la sombre inquiétude.
Immobile, attentif, il semblait écouter
Si quelque pas humain, troublant la solitude,
De son suprême asile allait le rejeter.

Jeune homme, qui choisis pour ta couche azurée
La fontaine des bois aux flots silencieux,
Nul ne sait la liqueur qui te fut mesurée
Au calice éternel des esprits soucieux.

De quelles passions ta jeunesse assaillie
Vint-elle ici chercher le repos dans la mort ?
Ton âme à son départ ne fut pas recueillie,
Et la vie a laissé sur ton front un remord.

Pourquoi jusqu'au tombeau cette tristesse amère ?
Ce cœur s'est-il brisé pour avoir trop aimé ?
La blanche illusion, l'espérance éphémère
En s'envolant au ciel l'ont-elles vu fermé ?

Tu n'es pas né sans doute au bord des mers dorées,
Et tu n'as pas grandi sous les divins palmiers ;
Mais l'avare soleil des lointaines contrées
N'a pas mûri la fleur de tes songes premiers.

À l'heure où de ton sein la flamme fut ravie,
Ô jeune homme qui vins dormir en ces beaux lieux,
Une image divine et toujours poursuivie,
Un ciel mélancolique ont passé dans tes yeux.

Si ton âme ici-bas n'a point brisé sa chaîne,
90 Si la source au flot pur n'a point lavé tes pleurs,
Si tu ne peux partir pour l'étoile prochaine,
Reste, épuise la vie et tes chères douleurs !

Puis, ô pâle étranger, dans ta fosse bleuâtre,
Libre des maux soufferts et d'une ombre voilé,
95 Que la nature au moins ne te soit point marâtre !
Repose entre ses bras, paisible et consolé.

Tel je songeais. Les bois, sous leur ombre odorante,
Épanchant un concert que rien ne peut tarir,
Sans m'écouter, berçaient leur gloire indifférente,
100 Ignorant que l'on souffre et qu'on puisse en mourir.

La fontaine limpide, en sa splendeur native,
Réfléchissait toujours les cieux de flamme emplis,
Et sur ce triste front nulle haleine plaintive
De flots riants et purs ne vint rider les plis.

105 Sur les blancs nénuphars l'oiseau ployant ses ailes
Buvait de son bec rose en ce bassin charmant,
Et, sans penser aux morts, tout couvert d'étincelles,
Volait sécher sa plume au tiède firmament.

La nature se rit des souffrances humaines ;
110 Ne contemplant jamais que sa propre grandeur,
Elle dispense à tous ses forces souveraines
Et garde pour sa part le calme et la splendeur.

LES HURLEURS

Le soleil dans les flots avait noyé ses flammes,
La ville s'endormait aux pieds des monts brumeux.
Sur de grands rocs lavés d'un nuage écumeux
La mer sombre en grondant versait ses hautes lames.

5 La nuit multipliait ce long gémissement.
Nul astre ne luisait dans l'immensité nue ;
Seule, la lune pâle, en écartant la nue,
Comme une morne lampe oscillait tristement.

Monde muet, marqué d'un signe de colère,
10 Débris d'un globe mort au hasard dispersé,
Elle laissait tomber de son orbe glacé
Un reflet sépulcral sur l'océan polaire.

Sans borne, assise au Nord, sous les cieux étouffants,
L'Afrique, s'abritant d'ombre épaisse et de brume,
15 Affamait ses lions dans le sable qui fume,
Et couchait près des lacs ses troupeaux d'éléphants.

Mais sur la plage aride, aux odeurs insalubres,
Parmi les ossements de bœufs et de chevaux,
De maigres chiens, épars, allongeant leurs museaux,
20 Se lamentaient, poussant des hurlements lugubres.

La queue en cercle sous leurs ventres palpitants,
L'œil dilaté, tremblant sur leurs pattes fébriles,
Accroupis çà et là, tous hurlaient, immobiles,
Et d'un frisson rapide agités par instants.

25 L'écume de la mer collait sur leurs échines
De longs poils qui laissaient les vertèbres saillir ;
Et, quand les flots par bonds les venaient assaillir,
Leurs dents blanches claquaient sous leurs rouges babines.

Devant la lune errante aux livides clartés,
30 Quelle angoisse inconnue, au bord des noires ondes,
Faisait pleurer une âme en vos formes immondes ?
Pourquoi gémissiez-vous, spectres épouvantés ?

Je ne sais ; mais, ô chiens qui hurliez sur les plages,
Après tant de soleils qui ne reviendront plus,
35 J'entends toujours, du fond de mon passé confus,
Le cri désespéré de vos douleurs sauvages !

LA RAVINE SAINT-GILLES

La gorge est pleine d'ombre où, sous les bambous grêles,
Le soleil au zénith n'a jamais resplendi,
Où les filtrations des sources naturelles
S'unissent au silence enflammé de midi.

5 De la lave durcie aux fissures moussues,
Au travers des lichens l'eau tombe en ruisselant,
S'y perd, et, se creusant de soudaines issues,
Germe et circule au fond parmi le gravier blanc.

Un bassin aux reflets d'un bleu noir y repose,
10 Morne et glacé, tandis que, le long des blocs lourds,
La liane en treillis suspend sa cloche rose,
Entre d'épais gazons aux touffes de velours.

Sur les rebords saillants où le cactus éclate,
Errant des vétivers aux aloès fleuris,
15 Le cardinal, vêtu de sa plume écarlate,
En leurs nids cotonneux trouble les colibris.

Les martins au bec jaune et les vertes perruches,
Du haut des pics aigus, regardent l'eau dormir ;
Et, dans un rayon vif, autour des noires ruches,
20 On entend un vol d'or tournoyer et frémir.

Soufflant leur vapeur chaude au-dessus des arbustes,
Suspendus au sentier d'herbe rude entravé,
Des bœufs de Tamatave, indolents et robustes,
Hument l'air du ravin que l'eau vive a lavé ;

25 Et les grands papillons aux ailes magnifiques,
   La rose sauterelle, en ses bonds familiers,
   Sur leur bosse calleuse et leurs reins pacifiques
   Sans peur du fouet velu se posent par milliers.

   À la pente du roc que la flamme pénètre,
30 Le lézard souple et long s'enivre de sommeil,
   Et, par instants, saisi d'un frisson de bien-être,
   Il agite son dos d'émeraude au soleil.

   Sous les réduits de mousse où les cailles replètes
   De la chaude savane évitent les ardeurs,
35 Glissant sur le velours de leurs pattes discrètes,
   L'œil mi-clos de désir, rampent les chats rôdeurs.

   Et quelque Noir, assis sur un quartier de lave,
   Gardien des bœufs épars paissant l'herbage amer,
   Un haillon rouge aux reins, fredonne un air saklave,
40 Et songe à la grande Île en regardant la mer.

   Ainsi, sur les deux bords de la gorge profonde,
   Rayonne, chante et rêve, en un même moment,
   Toute forme vivante et qui fourmille au monde ;
   Mais formes, sons, couleurs, s'arrêtent brusquement.

45 Plus bas, tout est muet et noir au sein du gouffre,
   Depuis que la montagne, en émergeant des flots,
   Rugissante, et par jets de granit et de soufre,
   Se figea dans le ciel et connut le repos.

   À peine une échappée, étincelante et bleue,
50 Laisse-t-elle entrevoir, en un pan du ciel pur,
   Vers Rodrigue ou Ceylan le vol des paille-en-queue,
   Comme un flocon de neige égaré dans l'azur.

   Hors ce point lumineux qui sur l'onde palpite,
   La ravine s'endort dans l'immobile nuit ;
55 Et quand un roc miné d'en haut s'y précipite,
   Il n'éveille pas même un écho de son bruit.

Pour qui sait pénétrer, Nature, dans tes voies,
L'illusion t'enserre et ta surface ment :
Au fond de tes fureurs, comme au fond de tes joies,
60 Ta force est sans ivresse et sans emportement.

Tel, parmi les sanglots, les rires et les haines,
Heureux qui porte en soi, d'indifférence empli,
Un impassible cœur sourd aux rumeurs humaines,
Un gouffre inviolé de silence et d'oubli !

65 La vie a beau frémir autour de ce cœur morne,
Muet comme un ascète absorbé par son Dieu ;
Tout roule sans écho dans son ombre sans borne,
Et rien n'y luit du ciel, hormis un trait de feu.

Mais ce peu de lumière à ce néant fidèle,
70 C'est le reflet perdu des espaces meilleurs !
C'est ton rapide éclair, Espérance éternelle,
Qui l'éveille en sa tombe et le convie ailleurs !

LES CLAIRS DE LUNE

I

C'est un monde difforme, abrupt, lourd et livide,
Le spectre monstrueux d'un univers détruit
Jeté comme une épave à l'Océan du vide,
Enfer pétrifié, sans flammes et sans bruit,
5 Flottant et tournoyant dans l'impassible nuit.
Autrefois, revêtu de sa grâce première,
Globe heureux d'où montait la rumeur des vivants,
Jeune, il a fait ailleurs sa route de lumière,
Avec ses eaux, ses bleus sommets, ses bois mouvants,
10 Sa robe de vapeurs mollement dénouées,
Ses millions d'oiseaux chantant par les nuées,
Dans la pourpre du ciel et sur l'aile des vents.
Loin des tièdes soleils, loin des nocturnes gloires,
À travers l'étendue il roule maintenant ;
15 Et voici qu'une mer d'ombre, par gerbes noires,
Contre les bords rongés du hideux continent
S'écrase, furieuse, et troue en bouillonnant
Le blême escarpement des rugueux promontoires.
Jusqu'au faîte des pics elle jaillit d'un bond,
20 Et, sur leurs escaliers versant ses cataractes,
Écume et rejaillit, hors des gouffres sans fond,
Dans l'espace aspergé de ténèbres compactes.
Et de ces blocs disjoints, de ces lugubres flots,
De cet écroulement horrible, morne, immense,
25 On n'entend rien sortir, ni clameurs ni sanglots :
Le sinistre univers se dissout en silence.
Mais la Terre, plus bas, qui rêve et veille encor

Sous le pétillement des solitudes bleues,
Regarde en souriant, à des milliers de lieues,
30 La lune, dans l'air pur, tendre son grand arc d'or.

II

Au plus creux des ravins emplis de blocs confus,
De flaques d'eau luisant par endroits sous les ombres,
La lune, d'un trait net, sculpte les lignes sombres
De vieux troncs d'arbres morts roides comme des fûts.

35 Dans les taillis baignés de violents aromes
Qu'une brume attiédie humecte de sueur,
Elle tombe, et blanchit de sa dure lueur
Le sentier des lions chasseurs de bœufs et d'hommes.

Un rauque grondement monte, roule et grandit.
40 Tout un monde effrayé rampe sous les arbustes ;
Une souple panthère arque ses reins robustes
Et de l'autre côté du ravin noir bondit.

Les fragments de bois sec craquent parmi les pierres ;
On entend approcher un souffle rude et sourd
45 Qui halète, et des pas légers près d'un pas lourd,
Des feux luisent au fond d'invisibles paupières.

Un vieux roi chevelu, maigre, marche en avant ;
Et, flairant la rumeur nocturne qui fourmille,
Le col droit, l'œil au guet, la farouche famille,
50 Lionne et lionceaux, suit, les mufles au vent.

Le père, de ses crins voilant sa tête affreuse,
Hume un parfum subtil dans l'herbe et les cailloux ;
Il hésite et repart, et sa queue au fouet roux
Par intervalles bat ses flancs que la faim creuse.

55 Hors du fourré, tous quatre, au faîte du coteau,
Aspirant dans l'air tiède une proie incertaine,
Un instant arrêtés, regardent par la plaine
Que la lune revêt de son blême manteau.

La mère et les enfants se couchent sur la ronce,
60 Et le roi de la nuit pousse un rugissement
Qui, d'échos en échos, mélancoliquement,
Comme un grave tonnerre, à l'horizon s'enfonce.

III

La mer est grise, calme, immense,
L'œil vainement en fait le tour.
65 Rien ne finit, rien ne commence :
Ce n'est ni la nuit, ni le jour.

Point de lame à frange d'écume,
Point d'étoiles au fond de l'air.
Rien ne s'éteint, rien ne s'allume :
70 L'espace n'est ni noir, ni clair.

Albatros, pétrels aux cris rudes,
Marsouins, souffleurs, tout a fui.
Sur les tranquilles solitudes
Plane un vague et profond ennui.

75 Nulle rumeur, pas une haleine.
La lourde coque au lent roulis
Hors de l'eau terne montre à peine
Le cuivre de ses flancs polis ;

Et, le long des cages à poules,
80 Les hommes de quart, sans rien voir,
Regardent, en songeant, les houles
Monter, descendre et se mouvoir.

Mais, vers l'Est, une lueur blanche,
Comme une cendre au vol léger
85 Qui par nappes fines s'épanche,
De l'horizon semble émerger.

Elle nage, pleut, se disperse,
S'épanouit de toute part,
Tourbillonne, retombe, et verse
90 Son diaphane et doux brouillard.

Un feu pâle luit et déferle,
La mer frémit, s'ouvre un moment,
Et, dans le ciel couleur de perle,
La lune monte lentement.

LES ÉLÉPHANTS

Le sable rouge est comme une mer sans limite,
Et qui flambe, muette, affaissée en son lit.
Une ondulation immobile remplit
L'horizon aux vapeurs de cuivre où l'homme habite.

5 Nulle vie et nul bruit. Tous les lions repus
Dorment au fond de l'antre éloigné de cent lieues,
Et la girafe boit dans les fontaines bleues,
Là-bas, sous les dattiers des panthères connus.

Pas un oiseau ne passe en fouettant de son aile
10 L'air épais, où circule un immense soleil.
Parfois quelque boa, chauffé dans son sommeil,
Fait onduler son dos dont l'écaille étincelle.

Tel l'espace enflammé brûle sous les cieux clairs.
Mais, tandis que tout dort aux mornes solitudes,
15 Les éléphants rugueux, voyageurs lents et rudes,
Vont au pays natal à travers les déserts.

D'un point de l'horizon, comme des masses brunes,
Ils viennent, soulevant la poussière, et l'on voit,
Pour ne point dévier du chemin le plus droit,
20 Sous leur pied large et sûr crouler au loin les dunes.

Celui qui tient la tête est un vieux chef. Son corps
Est gercé comme un tronc que le temps ronge et mine ;
Sa tête est comme un roc, et l'arc de son échine
Se voûte puissamment à ses moindres efforts.

25 Sans ralentir jamais et sans hâter sa marche,
Il guide au but certain ses compagnons poudreux ;
Et, creusant par derrière un sillon sablonneux,
Les pèlerins massifs suivent leur patriarche.

L'oreille en éventail, la trompe entre les dents,
30 Ils cheminent, l'œil clos. Leur ventre bat et fume,
Et leur sueur dans l'air embrasé monte en brume ;
Et bourdonnent autour mille insectes ardents.

Mais qu'importent la soif et la mouche vorace,
Et le soleil cuisant leur dos noir et plissé ?
35 Ils rêvent en marchant du pays délaissé,
Des forêts de figuiers où s'abrita leur race.

Ils reverront le fleuve échappé des grands monts,
Où nage en mugissant l'hippopotame énorme,
Où, blanchis par la lune et projetant leur forme,
40 Ils descendaient pour boire en écrasant les joncs.

Aussi, pleins de courage et de lenteur, ils passent
Comme une ligne noire, au sable illimité ;
Et le désert reprend son immobilité
Quand les lourds voyageurs à l'horizon s'effacent.

LA FORÊT VIERGE

Depuis le jour antique où germa sa semence,
Cette forêt sans fin, aux feuillages houleux,
S'enfonce puissamment dans les horizons bleus
Comme une sombre mer qu'enfle un soupir immense.

5 Sur le sol convulsif l'homme n'était pas né
Qu'elle emplissait déjà, mille fois séculaire,
De son ombre, de son repos, de sa colère,
Un large pan du globe encore décharné.

Dans le vertigineux courant des heures brèves,
10 Du sein des grandes eaux, sous les cieux rayonnants,
Elle a vu tour à tour jaillir des continents
Et d'autres s'engloutir au loin, tels que des rêves.

Les étés flamboyants sur elle ont resplendi,
Les assauts furieux des vents l'ont secouée,
15 Et la foudre à ses troncs en lambeaux s'est nouée ;
Mais en vain : l'indomptable a toujours reverdi.

Elle roule, emportant ses gorges, ses cavernes,
Ses blocs moussus, ses lacs hérissés et fumants
Où, par les mornes nuits, geignent les caïmans
20 Dans les roseaux bourbeux où luisent leurs yeux ternes ;

Ses gorilles ventrus hurlant à pleine voix,
Ses éléphants gercés comme une vieille écorce,
Qui, rompant les halliers effondrés de leur force,
S'enivrent de l'horreur ineffable des bois ;

25 Ses buffles au front plat, irritables et louches,
    Enfouis dans la vase épaisse des grands trous,
    Et ses lions rêveurs traînant leurs cheveux roux
    Et balayant du fouet l'essaim strident des mouches ;

    Ses fleuves monstrueux, débordants, vagabonds,
30 Tombés des pics lointains, sans noms et sans rivages,
    Qui versent brusquement leurs écumes sauvages
    De gouffre en gouffre avec d'irrésistibles bonds.

    Et des ravins, des rocs, de la fange, du sable,
    Des arbres, des buissons, de l'herbe, incessamment
35 Se prolonge et s'accroît l'ancien rugissement
    Qu'a toujours exhalé son sein impérissable.

    Les siècles ont coulé, rien ne s'est épuisé,
    Rien n'a jamais rompu sa vigueur immortelle ;
    Il faudrait, pour finir, que, trébuchant sous elle,
40 Le terre s'écroulât comme un vase brisé.

    Ô forêt ! Ce vieux globe a bien des ans à vivre ;
    N'en attends point le terme et crains tout de demain,
    Ô mère des lions, ta mort est en chemin,
    Et la hache est au flanc de l'orgueil qui t'enivre.

45 Sur cette plage ardente où tes rudes massifs,
    Courbant le dôme lourd de leur verdeur première,
    Font de grands morceaux d'ombre entourés de lumière
    Où méditent debout tes éléphants pensifs ;

    Comme une irruption de fourmis en voyage
50 Qu'on écrase et qu'on brûle et qui marchent toujours,
    Les flots t'apporteront le roi des derniers jours,
    Le destructeur des bois, l'homme au pâle visage.

    Il aura tant rongé, tari jusqu'à la fin
    Le monde où pullulait sa race inassouvie,
55 Qu'à ta pleine mamelle où regorge la vie
    Il se cramponnera dans sa soif et sa faim.

Il déracinera tes baobabs superbes,
Il creusera le lit de tes fleuves domptés ;
Et tes plus forts enfants fuiront épouvantés
60 Devant ce vermisseau plus frêle que tes herbes.

Mieux que la foudre errant à travers tes fourrés,
Sa torche embrasera coteau, vallon et plaine ;
Tu t'évanouiras au vent de son haleine ;
Son œuvre grandira sur tes débris sacrés.

65 Plus de fracas sonore aux parois des abîmes ;
Des rires, des bruits vils, des cris de désespoir.
Entre des murs hideux un fourmillement noir ;
Plus d'arceaux de feuillage aux profondeurs sublimes.

Mais tu pourras dormir, vengée et sans regret,
70 Dans la profonde nuit où tout doit redescendre :
Les larmes et le sang arroseront ta cendre,
Et tu rejailliras de la nôtre, ô forêt !

LE MANCHY

Sous un nuage frais de claire mousseline,
    Tous les dimanches au matin,
Tu venais à la ville en manchy de rotin,
    Par les rampes de la colline.

5 La cloche de l'église alertement tintait ;
    Le vent de mer berçait les cannes ;
Comme une grêle d'or, aux pointes des savanes,
    Le feu du soleil crépitait.

Le bracelet aux poings, l'anneau sur la cheville,
10   Et le mouchoir jaune aux chignons,
Deux Telingas portaient, assidus compagnons,
    Ton lit aux nattes de Manille.

Ployant leur jarret maigre et nerveux, et chantant,
    Souples dans leurs tuniques blanches,
15 Le bambou sur l'épaule et les mains sur les hanches,
    Ils allaient le long de l'Étang.

Le long de la chaussée et des varangues basses
    Où les vieux créoles fumaient,
Par les groupes joyeux des Noirs, ils s'animaient
20   Au bruit des bobres Madécasses.

Dans l'air léger flottait l'odeur des tamarins ;
    Sur les houles illuminées,
Au large, les oiseaux, en d'immenses traînées,
    Plongeaient dans les brouillards marins.

25 Et tandis que ton pied, sorti de la babouche,
         Pendait, rose, au bord du manchy,
     À l'ombre des Bois-noirs touffus et du Letchi
         Aux fruits moins pourprés que ta bouche ;

   Tandis qu'un papillon, les deux ailes en fleur,
30   Teinté d'azur et d'écarlate,
     Se posait par instants sur ta peau délicate
         En y laissant de sa couleur ;

   On voyait, au travers du rideau de batiste,
         Tes boucles dorer l'oreiller,
35 Et, sous leurs cils mi-clos, feignant de sommeiller,
         Tes beaux yeux de sombre améthyste.

   Tu t'en venais ainsi, par ces matins si doux,
         De la montagne à la grand'messe,
     Dans ta grâce naïve et ta rose jeunesse,
40   Au pas rhythmé de tes Hindous.

   Maintenant, dans le sable aride de nos grèves,
         Sous les chiendents, au bruit des mers,
     Tu reposes parmi les morts qui me sont chers,
         Ô charme de mes premiers rêves !

LE SOMMEIL DU CONDOR

Par delà l'escalier des roides Cordillères,
Par delà les brouillards hantés des aigles noirs,
Plus haut que les sommets creusés en entonnoirs
Où bout le flux sanglant des laves familières,
5 L'envergure pendante et rouge par endroits,
Le vaste Oiseau, tout plein d'une morne indolence,
Regarde l'Amérique et l'espace en silence,
Et le sombre soleil qui meurt dans ses yeux froids.
La nuit roule de l'Est, où les pampas sauvages
10 Sous les monts étagés s'élargissent sans fin ;
Elle endort le Chili, les villes, les rivages,
Et la Mer Pacifique et l'horizon divin ;
Du continent muet elle s'est emparée :
Des sables aux coteaux, des gorges aux versants,
15 De cime en cime, elle enfle, en tourbillons croissants,
Le lourd débordement de sa haute marée.
Lui, comme un spectre, seul, au front du pic altier,
Baigné d'une lueur qui saigne sur la neige,
Il attend cette mer sinistre qui l'assiège :
20 Elle arrive, déferle, et le couvre en entier.
Dans l'abîme sans fond la Croix australe allume
Sur les côtes du ciel son phare constellé.
Il râle de plaisir, il agite sa plume,
Il érige son cou musculeux et pelé,
25 Il s'enlève en fouettant l'âpre neige des Andes,
Dans un cri rauque il monte où n'atteint pas le vent,
Et, loin du globe noir, loin de l'astre vivant,
Il dort dans l'air glacé, les ailes toutes grandes.

UN COUCHER DE SOLEIL

Sur la côte d'un beau pays,
Par delà les flots Pacifiques,
Deux hauts palmiers épanouis
Bercent leurs palmes magnifiques.

5 À leur ombre, tel qu'un Nabab
Qui, vers midi, rêve et repose,
Dort un grand tigre du Pendj-Ab,
Allongé sur le sable rose ;

Et, le long des fûts lumineux,
10 Comme au paradis des genèses,
Deux serpents enroulent leurs nœuds
Dans une spirale de braises.

Auprès, un golfe de satin,
Où le feuillage se reflète,
15 Baigne un vieux palais byzantin
De brique rouge et violette.

Puis, des cygnes noirs, par milliers,
L'aile ouverte au vent qui s'y joue,
Ourlent, au bas des escaliers,
20 L'eau diaphane avec leur proue.

L'horizon est immense et pur ;
À peine voit-on, aux cieux calmes,
Descendre et monter dans l'azur
La palpitation des palmes.

25 Mais voici qu'au couchant vermeil
   L'oiseau Rok s'enlève, écarlate :
   Dans son bec il tient le soleil,
   Et des foudres dans chaque patte.

   Sur le poitrail du vieil oiseau,
30 Qui fume, pétille et s'embrase,
   L'astre coule et fait un ruisseau
   Couleur d'or, d'ambre et de topaze.

   Niagara resplendissant,
   Ce fleuve s'écroule aux nuées,
35 Et rejaillit en y laissant
   Des écumes d'éclairs trouées.

   Soudain le géant Orion,
   Ou quelque sagittaire antique,
   Du côté du septentrion
40 Dresse sa stature athlétique.

   Le Chasseur tend son arc de fer
   Tout rouge au sortir de la forge,
   Et, faisant un pas sur la mer,
   Transperce le Rok à la gorge.

45 D'un coup d'aile l'oiseau sanglant
   S'enfonce à travers l'étendue ;
   Et le soleil tombe en brûlant,
   Et brise sa masse éperdue.

   Alors des volutes de feu
50 Dévorent d'immenses prairies,
   S'élancent, et, du zénith bleu,
   Pleuvent en flots de pierreries.

   Sur la face du ciel mouvant
   Gisent de flamboyants décombres ;
55 Un dernier jet exhale au vent
   Des tourbillons de pourpre et d'ombres ;

Et, se dilatant par bonds lourds,
Muette, sinistre, profonde,
La nuit traîne son noir velours
60 Sur la solitude du monde.

LA PANTHÈRE NOIRE

Une rose lueur s'épand par les nuées ;
L'horizon se dentelle, à l'Est, d'un vif éclair ;
Et le collier nocturne, en perles dénouées,
      S'égrène et tombe dans la mer.

5 Toute une part du ciel se vêt de molles flammes
Qu'il agrafe à son faîte étincelant et bleu.
Un pan traîne et rougit l'émeraude des lames
      D'une pluie aux gouttes de feu.

Des bambous éveillés où le vent bat des ailes,
10 Des letchis au fruit pourpre et des cannelliers
Pétille la rosée en gerbes d'étincelles,
      Montent des bruits frais, par milliers.

Et des monts et des bois, des fleurs, des hautes mousses,
Dans l'air tiède et subtil, brusquement dilaté,
15 S'épanouit un flot d'odeurs fortes et douces,
      Plein de fièvre et de volupté.

Par les sentiers perdus au creux des forêts vierges
Où l'herbe épaisse fume au soleil du matin ;
Le long des cours d'eau vive encaissés dans leurs berges,
20   Sous de verts arceaux de rotin ;

La reine de Java, la noire chasseresse,
Avec l'aube, revient au gîte où ses petits
Parmi les os luisants miaulent de détresse,
      Les uns sous les autres blottis.

25 Inquiète, les yeux aigus comme des flèches,
   Elle ondule, épiant l'ombre des rameaux lourds.
   Quelques taches de sang, éparses, toutes fraîches,
       Mouillent sa robe de velours.

   Elle traîne après elle un reste de sa chasse,
30 Un quartier du beau cerf qu'elle a mangé la nuit ;
   Et sur la mousse en fleur une effroyable trace
       Rouge, et chaude encore, la suit.

   Autour, les papillons et les fauves abeilles
   Effleurent à l'envi son dos souple du vol ;
35 Les feuillages joyeux, de leurs mille corbeilles,
       Sur ses pas parfument le sol.

   Le python, du milieu d'un cactus écarlate,
   Déroule son écaille, et, curieux témoin,
   Par-dessus les buissons dressant sa tête plate,
40   La regarde passer de loin.

   Sous la haute fougère elle glisse en silence,
   Parmi les troncs moussus s'enfonce et disparaît.
   Les bruits cessent, l'air brûle, et la lumière immense
       Endort le ciel et la forêt.

L'AURORE

La nue était d'or pâle, et, d'un ciel doux et frais,
Sur les jaunes bambous, sur les rosiers épais,
Sur la mousse gonflée et les safrans sauvages,
D'étroits rayons filtraient à travers les feuillages.
5 Un arome léger d'herbe et de fleurs montait ;
Un murmure infini dans l'air subtil flottait :
Chœur des Esprits cachés, âmes de toutes choses,
Qui font chanter la source et s'entr'ouvrir les roses ;
Dieux jeunes, bienveillants, rois d'un monde enchanté
10 Où s'unissent d'amour la force et la beauté.
La brume bleue errait aux pentes des ravines ;
Et, de leurs becs pourprés lissant leurs ailes fines,
Les blonds sénégalis, dans les gérofliers
D'une eau pure trempés, s'éveillaient par milliers.
15 La mer était sereine, et sur la houle claire
L'aube vive dardait sa flèche de lumière ;
La montagne nageait dans l'air éblouissant
Avec ses verts coteaux de maïs mûrissant,
Et ses cônes d'azur, et ses forêts bercées
20 Aux brises du matin sur les flots élancées ;
Et l'île, rougissante et lasse du sommeil,
Chantait et souriait aux baisers du soleil.

Ô jeunesse sacrée, irréparable joie,
Félicité perdue, où l'âme en pleurs se noie !
25 Ô lumière, ô fraîcheur des monts calmes et bleus,
Des coteaux et des bois feuillages onduleux,
Aube d'un jour divin, chant des mers fortunées,
Florissante vigueur de mes belles années...

Vous vivez, vous chantez, vous palpitez encor,
30 Saintes réalités, dans vos horizons d'or !
Mais, ô nature, ô ciel, flots sacrés, monts sublimes,
Bois dont les vents amis font murmurer les cimes,
Formes de l'idéal, magnifiques aux yeux,
Vous avez disparu de mon cœur oublieux !
35 Et voici que, lassé de voluptés amères,
Haletant du désir de mes mille chimères,
Hélas ! j'ai désappris les hymnes d'autrefois,
Et que mes dieux trahis n'entendent plus ma voix.

LES JUNGLES

Sous l'herbe haute et sèche où le naja vermeil
Dans sa spirale d'or se déroule au soleil,
La bête formidable, habitante des jungles,
S'endort, le ventre en l'air, et dilate ses ongles.
5 De son mufle marbré qui s'ouvre, un souffle ardent
Fume ; la langue rude et rose va pendant ;
Et sur l'épais poitrail, chaud comme une fournaise,
Passe par intervalle un frémissement d'aise.
Toute rumeur s'éteint autour de son repos.
10 La panthère aux aguets rampe en arquant le dos ;
Le python musculeux, aux écailles d'agate,
Sous les nopals aigus glisse sa tête plate ;
Et dans l'air où son vol en cercle a flamboyé,
La cantharide vibre autour du roi rayé.
15 Lui, baigné par la flamme et remuant la queue,
Il dort tout un soleil sous l'immensité bleue.

Mais l'ombre en nappe noire à l'horizon descend,
La fraîcheur de la nuit a refroidi son sang ;
Le vent passe au sommet des herbes ; il s'éveille,
20 Jette un morne regard au loin, et tend l'oreille.
Le désert est muet. Vers les cours d'eau cachés
Où fleurit le lotus sous les bambous penchés,
Il n'entend point bondir les daims aux jambes grêles,
Ni le troupeau léger des nocturnes gazelles.
25 Le frisson de la faim creuse son maigre flanc ;
Hérissé, sur soi-même il tourne en grommelant ;
Contre le sol rugueux il s'étire et se traîne,
Flaire l'étroit sentier qui conduit à la plaine,
Et, se levant dans l'herbe avec un bâillement,
30 Au travers de la nuit miaule tristement.

LE BERNICA

Perdu sur la montagne, entre deux parois hautes,
Il est un lieu sauvage, au rêve hospitalier,
Qui, dès le premier jour, n'a connu que peu d'hôtes ;
Le bruit n'y monte pas de la mer sur les côtes,
5 Ni la rumeur de l'homme : on y peut oublier.

La liane y suspend dans l'air ses belles cloches
Où les frelons, gorgés de miel, dorment blottis ;
Un rideau d'aloès en défend les approches ;
Et l'eau vive qui germe aux fissures des roches
10 Y fait tinter l'écho de son clair cliquetis.

Quand l'aube jette aux monts sa rose bandelette,
Cet étroit paradis, parfumé de verdeurs,
Au-devant du soleil, comme une cassolette,
Enroule autour des pics la brume violette
15 Qui, par frais tourbillons, sort de ses profondeurs.

Si Midi, du ciel pur, verse sa lave blanche,
Au travers des massifs il n'en laisse pleuvoir
Que des éclats légers qui vont, de branche en branche,
Fluides diamants que l'une à l'autre épanche,
20 De leurs taches de feu semer le gazon noir.

Parfois, hors des fourrés, les oreilles ouvertes,
L'œil au guet, le col droit, et la rosée au flanc,
Un cabri voyageur, en quelques bonds alertes,
Vient boire aux cavités pleines de feuilles vertes,
25 Les quatre pieds posés sur un caillou tremblant.

Tout un essaim d'oiseaux fourmille, vole et rôde
De l'arbre aux rocs moussus, et des herbes aux fleurs :
Ceux-ci trempent dans l'eau leur poitrail d'émeraude ;
Ceux-là, séchant leur plume à la brise plus chaude,
30 Se lustrent d'un bec frêle aux bords des nids siffleurs.

Ce sont des chœurs soudains, des chansons infinies,
Un long gazouillement d'appels joyeux mêlé,
Ou des plaintes d'amour à des rires unies ;
Et si douces, pourtant, flottent ces harmonies,
35 Que le repos de l'air n'en est jamais troublé.

Mais l'âme s'en pénètre ; elle se plonge, entière,
Dans l'heureuse beauté de ce monde charmant ;
Elle se sent oiseau, fleur, eau vive et lumière ;
Elle revêt ta robe, ô pureté première !
40 Et se repose en Dieu silencieusement.

LE JAGUAR

Sous le rideau lointain des escarpements sombres
La lumière, par flots écumeux, semble choir ;
Et les mornes pampas où s'allongent les ombres
Frémissent vaguement à la fraîcheur du soir.

5 Des marais hérissés d'herbes hautes et rudes,
Des sables, des massifs d'arbres, des rochers nus,
Montent, roulent, épars, du fond des solitudes,
De sinistres soupirs au soleil inconnus.

La lune, qui s'allume entre des vapeurs blanches,
10 Sur la vase d'un fleuve aux sourds bouillonnements,
Froide et dure, à travers l'épais réseau des branches,
Fait reluire le dos rugueux des caïmans.

Les uns, le long du bord traînant leurs cuisses torses,
Pleins de faim, font claquer leurs mâchoires de fer ;
15 D'autres, tels que des troncs vêtus d'âpres écorces,
Gisent, entre-bâillant la gueule aux courants d'air.

Dans l'acajou fourchu, lové comme un reptile,
C'est l'heure où, l'œil mi-clos et le mufle en avant,
Le chasseur au beau poil flaire une odeur subtile,
20 Un parfum de chair vive égaré dans le vent.

Ramassé sur ses reins musculeux, il dispose
Ses ongles et ses dents pour son œuvre de mort ;
Il se lisse la barbe avec sa langue rose ;
Il laboure l'écorce et l'arrache et la mord.

25 Tordant sa souple queue en spirale, il en fouette
   Le tronc de l'acajou d'un brusque enroulement ;
   Puis sur sa patte roide il allonge la tête,
   Et, comme pour dormir, il râle doucement.

   Mais voici qu'il se tait, et, tel qu'un bloc de pierre,
30 Immobile, s'affaisse au milieu des rameaux :
   Un grand bœuf des pampas entre dans la clairière,
   Corne haute et deux jets de fumée aux naseaux.

   Celui-ci fait trois pas. La peur le cloue en place :
   Au sommet d'un tronc noir qu'il effleure en passant,
35 Plantés droit dans sa chair où court un froid de glace,
   Flambent deux yeux zébrés d'or, d'agate et de sang.

   Stupide, vacillant sur ses jambes inertes,
   Il pousse contre terre un mugissement fou ;
   Et le jaguar, du creux des branches entr'ouvertes,
40 Se détend comme un arc et le saisit au cou.

   Le bœuf cède, en trouant la terre de ses cornes,
   Sous le choc imprévu qui le force à plier ;
   Mais bientôt, furieux, par les plaines sans bornes
   Il emporte au hasard son fauve cavalier.

45 Sur le sable mouvant qui s'amoncelle en dune,
   De marais, de rochers, de buissons entravé,
   Ils passent, aux lueurs blafardes de la lune,
   L'un ivre, aveugle, en sang, l'autre à sa chair rivé.

   Ils plongent au plus noir de l'immobile espace,
50 Et l'horizon recule et s'élargit toujours ;
   Et, d'instants en instants, leur rumeur qui s'efface
   Dans la nuit et la mort enfonce ses bruits sourds.

EFFET DE LUNE

Sous la nue où le vent qui roule
Mugit comme un troupeau de bœufs,
Dans l'ombre la mer dresse en foule
Les cimes de ses flots bourbeux.

5 Tous les démons de l'Atlantique,
Cheveux épars et bras tordus,
Dansent un sabbat fantastique
Autour des marins éperdus.

Souffleurs, cachalots et baleines,
10 Mâchant l'écume, ivres de bruit,
Mêlent leurs bonds et leurs haleines
Aux convulsions de la nuit.

Assiégé d'écumes livides,
Le navire, sous ce fardeau,
15 S'enfonce aux solitudes vides,
Creusant du front les masses d'eau.

Il se cabre, tremble, s'incline,
S'enlève de l'Océan noir,
Et du sommet d'une colline
20 Tournoie au fond d'un entonnoir.

Et nul astre au ciel lourd ne flotte ;
Toujours un fracas rauque et dur
D'un souffle égal hurle et sanglote
Au travers de l'espace obscur.

25 Du côté vague où l'on gouverne,
   Brusquement, voici qu'au regard
   S'entr'ouvre une étroite caverne
   Où palpite un reflet blafard.

   Bientôt, du faîte de ce porche
30 Qui se hausse en s'élargissant,
   On voit pendre, lugubre torche,
   Une moitié de lune en sang.

   Le vent furieux la travaille,
   Et l'éparpille quelquefois
35 En rouges flammèches de paille
   Contre les géantes parois ;

   Mais, dans cet antre, à pleines voiles,
   Le navire, hors de l'enfer,
   S'élance au-devant des étoiles,
40 Couvert des baves de la mer.

LES TAUREAUX

Les plaines de la mer, immobiles et nues,
Coupent d'un long trait d'or la profondeur des nues.
Seul, un rose brouillard, attardé dans les cieux,
Se tord languissamment comme un grêle reptile
5 Au faîte dentelé des monts silencieux.
Un souffle lent, chargé d'une ivresse subtile,
Nage sur la savane et les versants moussus
Où les taureaux aux poils lustrés, aux cornes hautes,
À l'œil cave et sanglant, musculeux et bossus,
10 Paissent l'herbe salée et rampante des côtes.
Deux nègres d'Antongil, maigres, les reins courbés,
Les coudes aux genoux, les paumes aux mâchoires,
Dans l'abêtissement d'un long rêve absorbés,
Assis sur les jarrets, fument leurs pipes noires.
15 Mais, sentant venir l'ombre et l'heure de l'enclos,
Le chef accoutumé de la bande farouche,
Une bave d'argent aux deux coins de la bouche,
Tend son mufle camus, et beugle sur les flots.

LE RÊVE DU JAGUAR

Sous les noirs acajous, les lianes en fleur,
Dans l'air lourd, immobile et saturé de mouches,
Pendent, et, s'enroulant en bas parmi les souches,
Bercent le perroquet splendide et querelleur,
5 L'araignée au dos jaune et les singes farouches.
C'est là que le tueur de bœufs et de chevaux,
Le long des vieux troncs morts à l'écorce moussue,
Sinistre et fatigué, revient à pas égaux.
Il va, frottant ses reins musculeux qu'il bossue ;
10 Et, du mufle béant par la soif alourdi,
Un souffle rauque et bref, d'une brusque secousse,
Trouble les grands lézards, chauds des feux de midi,
Dont la fuite étincelle à travers l'herbe rousse.
En un creux du bois sombre interdit au soleil
15 Il s'affaisse, allongé sur quelque roche plate ;
D'un large coup de langue il se lustre la patte ;
Il cligne ses yeux d'or hébétés de sommeil ;
Et, dans l'illusion de ses forces inertes,
Faisant mouvoir sa queue et frissonner ses flancs,
20 Il rêve qu'au milieu des plantations vertes,
Il enfonce d'un bond ses ongles ruisselants
Dans la chair des taureaux effarés et beuglants.

ULTRA CŒLOS

Autrefois, quand l'essaim fougueux des premiers rêves
Sortait en tourbillons de mon cœur transporté ;
Quand je restais couché sur le sable des grèves,
La face vers le ciel et vers la liberté ;

5 Quand, chargé du parfum des hautes solitudes,
Le vent frais de la nuit passait dans l'air dormant,
Tandis qu'avec lenteur, versant ses flots moins rudes,
La mer calme grondait mélancoliquement ;

Quand les astres muets, entrelaçant leurs flammes,
10 Et toujours jaillissant de l'espace sans fin,
Comme une grêle d'or pétillaient sur les lames
Ou remontaient nager dans l'océan divin ;

Incliné sur le gouffre inconnu de la vie,
Palpitant de terreur joyeuse et de désir,
15 Quand j'embrassais dans une irrésistible envie
L'ombre de tous les biens que je n'ai pu saisir ;

Ô nuits du ciel natal, parfums des vertes cimes,
Noirs feuillages emplis d'un vague et long soupir,
Et vous, mondes, brûlant dans vos steppes sublimes,
20 Et vous, flots qui chantiez, près de vous assoupir !

Ravissements des sens, vertiges magnétiques
Où l'on roule sans peur, sans pensée et sans voix !
Inertes voluptés des ascètes antiques
Assis, les yeux ouverts, cent ans, au fond des bois !

25 Nature ! Immensité si tranquille et si belle,
   Majestueux abîme où dort l'oubli sacré,
   Que ne me plongeais-tu dans ta paix immortelle,
   Quand je n'avais encor ni souffert ni pleuré ?

   Laissant ce corps d'une heure errer à l'aventure,
30 Par le torrent banal de la foule emporté,
   Que n'en détachais-tu l'âme en fleur, ô Nature,
   Pour l'absorber dans ton impassible beauté ?

   Je n'aurais pas senti le poids des ans funèbres ;
   Ni sombre, ni joyeux, ni vainqueur, ni vaincu,
35 J'aurais passé par la lumière et les ténèbres,
   Aveugle comme un Dieu : je n'aurais pas vécu !

   Mais, ô Nature, hélas ! ce n'est point toi qu'on aime ;
   Tu ne fais point couler nos pleurs et notre sang,
   Tu n'entends point nos cris d'amour ou d'anathème,
40 Tu ne recules point en nous éblouissant !

   Ta coupe toujours pleine est trop près de nos lèvres ;
   C'est le calice amer du désir qu'il nous faut !
   C'est le clairon fatal qui sonne dans nos fièvres :
   Debout ! Marchez, courez, volez, plus loin, plus haut !

45 Ne vous arrêtez pas, ô larves vagabondes !
   Tourbillonnez sans cesse, innombrables essaims !
   Pieds sanglants, gravissez les degrés d'or des mondes !
   Ô cœurs pleins de sanglots, battez en d'autres seins !

   Non ! Ce n'était point toi, solitude infinie,
50 Dont j'écoutais jadis l'ineffable concert ;
   C'était lui qui fouettait de son âpre harmonie
   L'enfant songeur couché sur le sable désert.

   C'est lui qui dans mon cœur éclate et vibre encore
   Comme un appel guerrier pour un combat nouveau.
55 Va ! nous t'obéirons, voix profonde et sonore,
   Par qui l'âme, d'un bond, brise le noir tombeau !

À de lointains soleils allons montrer nos chaînes,
Allons combattre encor, penser, aimer, souffrir ;
Et, savourant l'horreur des tortures humaines,
60 Vivons, puisqu'on ne peut oublier ni mourir !

LE COLIBRI

Le vert colibri, le roi des collines,
Voyant la rosée et le soleil clair
Luire dans son nid tissé d'herbes fines,
Comme un frais rayon s'échappe dans l'air.

5 Il se hâte et vole aux sources voisines
Où les bambous font le bruit de la mer,
Où l'açoka rouge, aux odeurs divines,
S'ouvre et porte au cœur un humide éclair.

Vers la fleur dorée il descend, se pose,
10 Et boit tant d'amour dans la coupe rose,
Qu'il meurt, ne sachant s'il l'a pu tarir.

Sur ta lèvre pure, ô ma bien-aimée,
Telle aussi mon âme eût voulu mourir
Du premier baiser qui l'a parfumée !

LES MONTREURS

Tel qu'un morne animal, meurtri, plein de poussière,
La chaîne au cou, hurlant au chaud soleil d'été,
Promène qui voudra son cœur ensanglanté
Sur ton pavé cynique, ô plèbe carnassière !

5 Pour mettre un feu stérile en ton œil hébété,
Pour mendier ton rire ou ta pitié grossière,
Déchire qui voudra la robe de lumière
De la pudeur divine et de la volupté.

Dans mon orgueil muet, dans ma tombe sans gloire,
10 Dussé-je m'engloutir pour l'éternité noire,
Je ne te vendrai pas mon ivresse ou mon mal,

Je ne livrerai pas ma vie à tes huées,
Je ne danserai pas sur ton tréteau banal
Avec tes histrions et tes prostituées.

LA CHUTE DES ÉTOILES

Tombez, ô perles dénouées,
Pâles étoiles, dans la mer.
Un brouillard de roses nuées
Émerge de l'horizon clair ;
5 À l'Orient plein d'étincelles
Le vent joyeux bat de ses ailes
L'onde que brode un vif éclair.
Tombez, ô perles immortelles,
Pâles étoiles, dans la mer.

10 Plongez sous les écumes fraîches
De l'Océan mystérieux.
La lumière crible de flèches
Le faîte des monts radieux ;
Mille et mille cris, par fusées,
15 Sortent des bois lourds de rosées ;
Une musique vole aux cieux.
Plongez, de larmes arrosées,
Dans l'Océan mystérieux.

Fuyez, astres mélancoliques,
20 Ô Paradis lointains encor !
L'aurore aux lèvres métalliques
Rit dans le ciel et prend l'essor ;
Elle se vêt de molles flammes,
Et sur l'émeraude des lames
25 Fait pétiller des gouttes d'or.
Fuyez, mondes où vont les âmes,
Ô Paradis lointains encor !

Allez, étoiles, aux nuits douces,
Aux cieux muets de l'Occident.
30 Sur les feuillages et les mousses
Le soleil darde un œil ardent ;
Les cerfs, par bonds, dans les vallées,
Se baignent aux sources troublées ;
Le bruit des hommes va grondant.
35 Allez, ô blanches exilées,
Aux cieux muets de l'Occident.

Heureux qui vous suit, clartés mornes,
Ô lampes qui versez l'oubli !
Comme vous, dans l'ombre sans bornes,
40 Heureux qui roule enseveli !
Celui-là vers la paix s'élance :
Haine, amour, larmes, violence,
Ce qui fut l'homme est aboli.
Donnez-nous l'éternel silence,
45 Ô lampes qui versez l'oubli !

LA MORT D'UN LION

Étant un vieux chasseur altéré de grand air
Et du sang noir des bœufs, il avait l'habitude
De contempler de haut les plaines et la mer,
Et de rugir en paix, libre en sa solitude.

5 Aussi, comme un damné qui rôde dans l'enfer,
Pour l'inepte plaisir de cette multitude
Il allait et venait dans sa cage de fer,
Heurtant les deux cloisons avec sa tête rude.

L'horrible sort, enfin, ne devant plus changer,
10 Il cessa brusquement de boire et de manger,
Et la mort emporta son âme vagabonde.

Ô cœur toujours en proie à la rébellion,
Qui tournes, haletant, dans la cage du monde,
Lâche, que ne fais-tu comme a fait ce lion ?

MILLE ANS APRÈS

L'âpre rugissement de la mer pleine d'ombres,
Cette nuit-là, grondait au fond des gorges noires,
Et tout échevelés, comme des spectres sombres,
De grands brouillards couraient le long des promontoires.

5 Le vent hurleur rompait en convulsives masses
Et sur les pics aigus éventrait les ténèbres,
Ivre, emportant par bonds dans les lames voraces
Les bandes de taureaux aux beuglements funèbres.

Semblable à quelque monstre énorme, épileptique,
10 Dont le poil se hérisse et dont la bave fume,
La montagne, debout dans le ciel frénétique,
Geignait affreusement, le ventre blanc d'écume.

Et j'écoutais, ravi, ces voix désespérées.
Vos divines chansons vibraient dans l'air sonore,
15 Ô jeunesse, ô désirs, ô visions sacrées,
Comme un chœur de clairons éclatant à l'aurore !

Hors du gouffre infernal, sans y rien laisser d'elle,
Parmi ces cris et ces angoisses et ces fièvres,
Mon âme en palpitant s'envolait d'un coup d'aile
20 Vers ton sourire, ô gloire ! et votre arome, ô lèvres !

La nuit terrible, avec sa formidable bouche,
Disait : – La vie est douce ; ouvre ses portes closes ! –
Et le vent me disait de son râle farouche :
– Adore ! Absorbe-toi dans la beauté des choses ! –

25 Voici qu'après mille ans, seul, à travers les âges,
Je retourne, ô terreur ! à ces heures joyeuses,
Et je n'entends plus rien que les sanglots sauvages
Et l'écroulement sourd des ombres furieuses.

LE VŒU SUPRÊME

Certes, ce monde est vieux, presque autant que l'enfer.
Bien des siècles sont morts depuis que l'homme pleure
Et qu'un âpre désir nous consume et nous leurre,
Plus ardent que le feu sans fin et plus amer.

5 Le mal est de trop vivre, et la mort est meilleure,
Soit que les poings liés on se jette à la mer,
Soit qu'en face du ciel, d'un œil ferme, et sur l'heure,
Foudroyé dans sa force, on tombe sous le fer.

Toi, dont la vieille terre est avide, je t'aime,
10 Brûlante effusion du brave et du martyr,
Où l'âme se retrempe au moment de partir !

Ô sang mystérieux, ô splendide baptême,
Puissé-je, aux cris hideux du vulgaire hébété,
Entrer, ceint de ta pourpre, en mon éternité !

LE SOIR D'UNE BATAILLE

Tels que la haute mer contre les durs rivages,
À la grande tuerie ils se sont tous rués,
Ivres et haletants, par les boulets troués,
En d'épais tourbillons pleins de clameurs sauvages.

5 Sous un large soleil d'été, de l'aube au soir,
Sans relâche, fauchant les blés, brisant les vignes,
Longs murs d'hommes, ils ont poussé leurs sombres
Et là, par blocs entiers, ils se sont laissés choir.   [lignes,

Puis, ils se sont liés en étreintes féroces,
10 Le souffle au souffle uni, l'œil de haine chargé.
Le fer d'un sang fiévreux à l'aise s'est gorgé ;
La cervelle a jailli sous la lourdeur des crosses.

Victorieux, vaincus, fantassins, cavaliers,
Les voici maintenant, blêmes, muets, farouches,
15 Les poings fermés, serrant les dents, et les yeux louches,
Dans la mort furieuse étendus par milliers.

La pluie, avec lenteur lavant leurs pâles faces,
Aux pentes du terrain fait murmurer ses eaux ;
Et par la morne plaine où tourne un vol d'oiseaux
20 Le ciel d'un soir sinistre estompe au loin leurs masses.

Tous les cris se sont tus, les râles sont poussés.
Sur le sol bossué de tant de chair humaine,
Aux dernières lueurs du jour on voit à peine
Se tordre vaguement des corps entrelacés ;

25 Et là-bas, du milieu de ce massacre immense,
   Dressant son cou roidi, percé de coups de feu,
   Un cheval jette au vent un rauque et triste adieu
   Que la nuit fait courir à travers le silence.

   Ô boucherie ! ô soif du meurtre ! acharnement
30 Horrible ! odeur des morts qui suffoques et navres !
   Soyez maudits devant ces cent mille cadavres
   Et la stupide horreur de cet égorgement.

   Mais, sous l'ardent soleil ou sur la plaine noire,
   Si, heurtant de leur cœur la gueule du canon,
35 Ils sont morts, Liberté, ces braves, en ton nom,
   Béni soit le sang pur qui fume vers ta gloire !

AUX MORTS

Après l'apothéose, après les gémonies,
Pour le vorace oubli marqués du même sceau,
Multitudes sans voix, vains noms, races finies,
Feuilles du noble chêne ou de l'humble arbrisseau ;

5 Vous dont nul n'a connu les mornes agonies,
Vous qui brûliez d'un feu sacré dès le berceau,
Lâches, saints et héros, brutes, mâles génies,
Ajoutés au fumier des siècles par monceau ;

Ô lugubres troupeaux des morts, je vous envie,
10 Si, quand l'immense espace est en proie à la vie,
Léguant votre misère à de vils héritiers,

Vous goûtez à jamais, hôtes d'un noir mystère,
L'irrévocable paix inconnue à la terre,
Et si la grande nuit vous garde tout entiers !

LE DERNIER SOUVENIR

J'ai vécu, je suis mort. — Les yeux ouverts, je coule
Dans l'incommensurable abîme, sans rien voir,
Lent comme une agonie et lourd comme une foule.

Inerte, blême, au fond d'un lugubre entonnoir
5 Je descends d'heure en heure et d'année en année,
À travers le Muet, l'Immobile, le Noir.

Je songe, et ne sens plus. L'épreuve est terminée.
Qu'est-ce donc que la vie ? Étais-je jeune ou vieux ?
Soleil ! Amour ! — Rien, rien. Va, chair abandonnée !

10 Tournoie, enfonce, va ! Le vide est dans tes yeux,
Et l'oubli s'épaissit et t'absorbe à mesure.
Si je rêvais ! Non, non, je suis bien mort. Tant mieux.

Mais ce spectre, ce cri, cette horrible blessure ?
Cela dut m'arriver en des temps très anciens.
15 Ô nuit ! Nuit du néant, prends-moi ! — La chose est sûre :

Quelqu'un m'a dévoré le cœur. Je me souviens.

LES DAMNÉS

La terre était immense, et la nue était morne ;
Et j'étais comme un mort en ma tombe enfermé,
Et j'entendais gémir dans l'espace sans borne
Ceux dont le cœur saigna pour avoir trop aimé :

5 Femmes, adolescents, hommes, vierges pâlies,
Nés aux siècles anciens, enfants des jours nouveaux,
Qui, rongés de désirs et de mélancolies,
Se dressaient devant moi du fond de leurs tombeaux.

Plus nombreux que les flots amoncelés aux grèves,
10 Dans un noir tourbillon de haine et de douleurs,
Tous ces suppliciés des impossibles rêves
Roulaient, comme la mer, les yeux brûlés de pleurs.

Et sombre, le front nu, les ailes flamboyantes,
Les flagellant encor de désirs furieux,
15 Derrière le troupeau des âmes défaillantes
Volait le vieil Amour, le premier né des dieux.

De leur plainte irritant la lugubre harmonie,
Lui-même consumé du mal qu'il fait subir,
Il chassait, à travers l'étendue infinie,
20 Ceux qui sachant aimer n'en ont point su mourir.

Et moi, je me levais de ma tombe glacée ;
Un souffle au milieu d'eux m'emportait sans retour ;
Et j'allais, me mêlant à la course insensée,
Aux lamentations des damnés de l'amour.

25 Ô morts livrés aux fouets des tardives déesses,
   Ô Titans enchaînés dans l'Érèbe éternel,
   Heureux ! vous ignoriez ces affreuses détresses,
   Et vous n'aviez perdu que la terre et le ciel !

FIAT NOX

L'universelle mort ressemble au flux marin
Tranquille ou furieux, n'ayant hâte ni trêve,
Qui s'enfle, gronde, roule et va de grève en grève,
Et sur les hauts rochers passe soir et matin.

5 Si la félicité de ce vain monde est brève,
Si le jour de l'angoisse est un siècle sans fin,
Quand notre pied trébuche à ce gouffre divin,
L'angoisse et le bonheur sont le rêve d'un rêve.

Ô cœur de l'homme, ô toi, misérable martyr,
10 Que dévore l'amour et que ronge la haine,
Toi qui veux être libre et qui baises ta chaîne !

Regarde ! Le flot monte et vient pour t'engloutir !
Ton enfer va s'éteindre, et la noire marée
Va te verser l'oubli de son ombre sacrée.

IN EXCELSIS

Mieux que l'aigle chasseur, familier de la nue,
Homme ! monte par bonds dans l'air resplendissant.
La vieille terre, en bas, se tait et diminue.

Monte. Le clair abîme ouvre à ton vol puissant
5 Les houles de l'azur que le soleil flagelle.
Dans la brume, le globe, en bas, va s'enfonçant.

Monte. La flamme tremble et pâlit, le ciel gèle,
Un crépuscule morne étreint l'immensité.
Monte, monte et perds-toi dans la nuit éternelle :

10 Un gouffre calme, noir, informe, illimité,
L'évanouissement total de la matière
Avec l'inénarrable et pleine cécité.

Esprit ! monte à ton tour vers l'unique lumière,
Laisse mourir en bas tous les anciens flambeaux,
15 Monte où la Source en feu brûle et jaillit entière.

De rêve en rêve, va ! des meilleurs aux plus beaux.
Pour gravir les degrés de l'Échelle infinie,
Foule les dieux couchés dans leurs sacrés tombeaux.

L'intelligible cesse, et voici l'agonie,
20 Le mépris de soi-même, et l'ombre, et le remord,
Et le renoncement furieux du génie.

Lumière, où donc es-tu ? Peut-être dans la mort.

LA MORT DU SOLEIL

Le vent d'automne, aux bruits lointains des mers pareil,
Plein d'adieux solennels, de plaintes inconnues,
Balance tristement le long des avenues
Les lourds massifs rougis de ton sang, ô soleil !

5 La feuille en tourbillons s'envole par les nues ;
Et l'on voit osciller, dans un fleuve vermeil,
Aux approches du soir inclinés au sommeil,
De grands nids teints de pourpre au bout des branches
[nues.

Tombe, Astre glorieux, source et flambeau du jour !
10 Ta gloire en nappes d'or coule de ta blessure,
Comme d'un sein puissant tombe un suprême amour.

Meurs donc, tu renaîtras ! L'espérance en est sûre.
Mais qui rendra la vie et la flamme et la voix
Au cœur qui s'est brisé pour la dernière fois ?

LES SPECTRES

I

Trois spectres familiers hantent mes heures sombres.
Sans relâche, à jamais, perpétuellement,
Du rêve de ma vie ils traversent les ombres.

Je les regarde avec angoisse et tremblement.
5 Ils se suivent, muets comme il convient aux âmes,
Et mon cœur se contracte et saigne en les nommant.

Ces magnétiques yeux, plus aigus que des lames,
Me blessent fibre à fibre et filtrent dans ma chair ;
La moelle de mes os gèle à leurs mornes flammes.

10 Sur ces lèvres sans voix éclate un rire amer.
Ils m'entraînent, parmi la ronce et les décombres,
Très loin, par un ciel lourd et terne de l'hiver.

Trois spectres familiers hantent mes heures sombres.

II

Ces spectres ! on dirait en vérité des morts,
15 Tant leur face est livide et leurs mains sont glacées.
Ils vivent cependant : ce sont mes trois remords.

Que ne puis-je tarir le flot de mes pensées,
Et dans l'abîme noir et vengeur de l'oubli
Noyer le souvenir des ivresses passées !

20 J'ai brûlé les parfums dont vous m'aviez empli ;
Le flambeau s'est éteint sur l'autel en ruines ;
Tout, fumée et poussière, est bien enseveli.

Rien ne renaîtra plus de tant de fleurs divines,
Car du rosier céleste, hélas ! sans trop d'efforts,
25 Vous avez bu la sève et tranché les racines.

Ces spectres ! on dirait en vérité des morts !

III

Les trois spectres sont là qui dardent leurs prunelles.
Je revois le soleil des paradis perdus !
L'espérance sacrée en chantant bat des ailes.

30 Et vous, vers qui montaient mes désirs éperdus,
Chères âmes, parlez, je vous ai tant aimées !
Ne me rendrez-vous plus les biens qui me sont dus ?

Au nom de cet amour dont vous fûtes charmées,
Laissez comme autrefois rayonner vos beaux yeux ;
35 Déroulez sur mon cœur vos tresses parfumées !

Mais tandis que la nuit lugubre étreint les cieux,
Debout, se détachant de ces brumes mortelles,
Les voici devant moi, blancs et silencieux.

Les trois spectres sont là qui dardent leurs prunelles.

IV

40 Oui ! le dogme terrible, ô mon cœur, a raison.
En vain les songes d'or y versent leurs délices,
Dans la coupe où tu bois nage un secret poison.

Tout homme est revêtu d'invisibles cilices ;
Et dans l'enivrement de la félicité
45 La guêpe du désir ravive nos supplices.

Frémirons-nous toujours sous ce vol irrité ?
N'arracherons-nous point ce dard qui nous torture ?
Ni dans ce monde, ni dans notre éternité.

La vieille Illusion fait de nous sa pâture ;
50 Nul captif n'atteindra le seuil de sa prison ;
Et la guêpe est au sein de l'immense nature.

Oui ! le dogme terrible, ô mon cœur, a raison.

LE VENT FROID DE LA NUIT

Le vent froid de la nuit souffle à travers les branches
Et casse par moments les rameaux desséchés ;
La neige, sur la plaine où les morts sont couchés,
Comme un suaire étend au loin ses nappes blanches.

5 En ligne noire, au bord de l'étroit horizon,
Un long vol de corbeaux passe en rasant la terre,
Et quelques chiens, creusant un tertre solitaire,
Entre-choquent les os dans le rude gazon.

J'entends gémir les morts sous les herbes froissées.
10 Ô pâles habitants de la nuit sans réveil,
Quel amer souvenir, troublant votre sommeil,
S'échappe en lourds sanglots de vos lèvres glacées ?

Oubliez, oubliez ! Vos cœurs sont consumés ;
De sang et de chaleur vos artères sont vides.
15 Ô morts, morts bienheureux, en proie aux vers avides,
Souvenez-vous plutôt de la vie, et dormez !

Ah ! dans vos lits profonds quand je pourrai descendre,
Comme un forçat vieilli qui voit tomber ses fers,
Que j'aimerai sentir, libre des maux soufferts,
20 Ce qui fut moi rentrer dans la commune cendre !

Mais, ô songe ! Les morts se taisent dans leur nuit.
C'est le vent, c'est l'effort des chiens à leur pâture,
C'est ton morne soupir, implacable nature !
C'est mon cœur ulcéré qui pleure et qui gémit.

25 Tais-toi. Le ciel est sourd, la terre te dédaigne.
À quoi bon tant de pleurs si tu ne peux guérir ?
Sois comme un loup blessé qui se tait pour mourir,
Et qui mord le couteau, de sa gueule qui saigne.

Encore une torture, encore un battement.
30 Puis, rien. La terre s'ouvre, un peu de chair y tombe ;
Et l'herbe de l'oubli, cachant bientôt la tombe,
Sur tant de vanité croît éternellement.

LA DERNIÈRE VISION

Un long silence pend de l'immobile nue.
La neige, bossuant ses plis amoncelés,
Linceul rigide, étreint les océans gelés.
La face de la terre est absolument nue.

5 Point de villes, dont l'âge a rompu les étais,
Qui s'effondrent par blocs confus que mord le lierre.
Des lieux où tournoyait l'active fourmilière
Pas un débris qui parle et qui dise : J'étais !

Ni sonnantes forêts, ni mers des vents battues.
10 Vraiment, la race humaine et tous les animaux
Du sinistre anathème ont épuisé les maux.
Les temps sont accomplis : les choses se sont tues.

Comme, du faîte plat d'un grand sépulcre ancien,
La lampe dont blêmit la lueur vagabonde,
15 Plein d'ennui, palpitant sur le désert du monde,
Le soleil qui se meurt regarde et ne voit rien.

Un monstre insatiable a dévoré la vie.
Astres resplendissants des cieux, soyez témoins !
C'est à vous de frémir, car ici-bas, du moins,
20 L'affreux spectre, la goule horrible est assouvie.

Vertu, douleur, pensée, espérance, remords,
Amour qui traversais l'univers d'un coup d'aile,
Qu'êtes-vous devenus ? L'âme, qu'a-t-on fait d'elle ?
Qu'a-t-on fait de l'esprit silencieux des morts ?

25 Tout ! tout a disparu, sans échos et sans traces,
   Avec le souvenir du monde jeune et beau.
   Les siècles ont scellé dans le même tombeau
   L'illusion divine et la rumeur des races.

   Ô soleil ! vieil ami des antiques chanteurs,
30 Père des bois, des blés, des fleurs et des rosées,
   Éteins donc brusquement tes flammes épuisées,
   Comme un feu de berger perdu sur les hauteurs.

   Que tardes-tu ? La terre est desséchée et morte :
   Fais comme elle, va, meurs ! Pourquoi survivre encor ?
35 Les globes détachés de ta ceinture d'or
   Volent, poussière éparse, au vent qui les emporte.

   Et, d'heure en heure aussi, vous vous engloutirez,
   Ô tourbillonnements d'étoiles éperdues,
   Dans l'incommensurable effroi des étendues,
40 Dans les gouffres muets et noirs des cieux sacrés !

   Et ce sera la Nuit aveugle, la grande Ombre
   Informe, dans son vide et sa stérilité,
   L'abîme pacifique où gît la vanité
   De ce qui fut le temps et l'espace et le nombre.

LES RÊVES MORTS

Vois ! cette mer si calme a comme un lourd bélier
Effondré tout un jour le flanc des promontoires,
Escaladé par bonds leur fumant escalier,
Et versé sur les rocs, qui hurlent sans plier,
5 Le frisson écumeux des longues houles noires.
Un vent frais, aujourd'hui, palpite sur les eaux ;
La beauté du soleil monte et les illumine,
Et vers l'horizon pur où nagent les vaisseaux,
De la côte azurée, un tourbillon d'oiseaux
10 S'échappe, en arpentant l'immensité divine.
Mais, parmi les varechs, aux pointes des îlots,
Ceux qu'a brisés l'assaut sans frein de la tourmente,
Livides et sanglants sous la lourdeur des flots,
La bouche ouverte et pleine encore de sanglots,
15 Dardent leurs yeux hagards à travers l'eau dormante.
Ami, ton cœur profond est tel que cette mer
Qui sur le sable fin déroule ses volutes :
Il a pleuré, rugi comme l'abîme amer,
Il s'est rué cent fois contre des rocs de fer,
20 Tout un long jour d'ivresse et d'effroyables luttes.
Maintenant il reflue, il s'apaise, il s'abat.
Sans peur et sans désir que l'ouragan renaisse,
Sous l'immortel soleil c'est à peine s'il bat ;
Mais génie, espérance, amour, force et jeunesse
25 Sont là, morts, dans l'écume et le sang du combat.

LA VIPÈRE

Si les chastes amours avec respect louées
Éblouissent encor ta pensée et tes yeux,
N'effleure point les plis de leurs robes nouées,
Garde la pureté de ton rêve pieux.
5 Ces blanches visions, ces vierges que tu crées
Sont ta jeunesse en fleur épanouie au ciel !
Verse à leurs pieds le flot de tes larmes sacrées,
Brûle tous tes parfums sur leur mystique autel.
Mais si l'amer venin est entré dans tes veines,
10 Pâle de volupté pleurée et de langueur,
Tu chercheras en vain un remède à tes peines :
L'angoisse du néant te remplira le cœur.
Ployé sous ton fardeau de honte et de misère,
D'un exécrable mal ne vis pas consumé :
15 Arrache de ton sein la mortelle vipère,
Ou tais-toi, lâche, et meurs, meurs d'avoir trop aimé !

À L'ITALIE

C'est la marque et la loi du monde périssable
Que rien de grand n'assied, avec tranquillité,
Sur un faîte éternel sa fortune immuable.

Mais, homme ou nation, nul n'est si haut porté
5 Qui ne puisse, au plus bas des chutes magnanimes,
Donner un mâle exemple à la postérité.

Toi qui, du passé sombre illuminant les cimes,
Emportais l'âme humaine en ton divin essor,
Ô fille du soleil, mère d'enfants sublimes !

10 Martyre au sein meurtri, qui palpites encor,
Toi qui tends vers des cieux muets et sans mémoire,
Dans un sanglot sans fin, Muse, tes lèvres d'or !

Souviens-toi de ces jours sacrés de ton histoire
Où tu menais le chœur des peuples inhumains
15 De leur ombre sinistre à ton midi de gloire ;

Où la vie ample et forte emplissait tes chemins,
Où tu faisais jaillir de la terre sonore
D'éclatantes cités écloses sous tes mains ;

Où le vieil Orient, baigné par ton aurore,
20 Comme ses rois anciens au berceau de ton Dieu,
Faisait fumer l'encens à tes pieds qu'il adore ;

Où, le cœur débordant de passions en feu,
D'Hellas, morte à jamais, tu consolais le monde ;
Où tu courais, versant ta lumière en tout lieu !

25 Oh ! comme tu nageais, jeune, ardente et féconde,
Dans ces flots immortels chers à la volupté !
Comme tu fleurissais sur la neige de l'onde !

Les peuples abondaient autour de ta beauté,
Pleins d'amour, allumant leur pensée à tes flammes,
30 Emportant ton parfum qui leur était resté !

Comme ils ont écouté tes mille épithalames !
Comme ils ont salué ce long enfantement,
Cet essaim glorieux de magnifiques âmes !

Et comme tu disais impérissablement,
35 Sur des modes nouveaux, à la terre charmée,
T'élançant de l'Enfer jusques au firmament,

Des forêts de la Gaule aux sables d'Idumée,
Les Anges, les damnés et les pieux combats
Et la tombe d'un Dieu de tes chants embaumée !

40 Les siècles t'ont connue ; ils ne t'oublîront pas !
Depuis la sainte Hellas, où donc est la rivale
Qui marqua comme toi l'empreinte de ses pas ?

Ah ! les destins t'ont fait une part sans égale !
Vois ! dix siècles durant, des vieux soleils au tien,
45 La nuit silencieuse emplit tout l'intervalle !

Et des esprits sacrés mystérieux lien,
Colombe, tu portais sur l'onde universelle
Le rameau d'olivier à l'univers ancien !

Qui donc a su tenir, d'une puissance telle,
50 Trempé dans le soleil, ou plus proche des cieux,
Le pinceau rayonnant et la lyre immortelle ?

Abeille ! qui n'a bu ton miel délicieux ?
Reine ! qui n'a couvert tes pieds d'artiste et d'ange,
Dans un transport sacré, de ses baisers pieux ?

55 Mais puisque sur ce globe où tout s'écroule et change,
Vivante, tu tombas de ce faîte si beau,
Est-ce un gémissement qui lavera ta fange ?

Du jour où le Barbare, éteignant ton flambeau,
Ivre de ta beauté, sourd à ton agonie,
60 T'enferma dans l'opprobre ainsi qu'en un tombeau,

Bercés aux longs accents de ta plainte infinie,
Les peuples se sont fait un charme de tes pleurs,
Tant ta misère auguste est sœur de ton génie !

Tant tu leur as chanté, dans tes belles douleurs,
65 Le cantique éternel des races flagellées,
Tant l'épine à ton front s'épanouit en fleurs !

Fais silence, Victime aux hymnes désolées !
Le silence convient aux sublimes revers,
Et l'angoisse terrible a les lèvres scellées !

70 Farouche, le front pâle et les yeux grands ouverts,
Laisse se lamenter les nations serviles ;
Sois comme une épouvante au sceptique univers !

Qu'il dise, contemplant de loin tes mornes villes,
Et tes temples muets, et ton sol infécond,
75 Et toi, tes longs cheveux souillés de cendres viles :

– Elle couve son mal en un repos profond ;
Elle ne pleure plus comme un troupeau d'esclaves ;
Et le fouet siffle et mord, et rien ne lui répond ! –

Mais plutôt, Italie ! ô nourrice des braves !
80 Sous ce même soleil qui féconda tes flancs,
Ne gis plus, le cœur sombre et les bras lourds d'entraves.

De tes plus nobles fils les fantômes sanglants
Assiègent ton sommeil d'impérissables haines,
Et tu songes tout bas : les dieux vengeurs sont lents !

85 Les dieux vengeurs sont morts. Sèche tes larmes vaines ;
Ouvre le réservoir des outrages soufferts,
Verse les flots stagnants qui dorment dans tes veines.

Hérisse de fureur tes cheveux par les airs,
Reprends l'ongle et la dent de la louve du Tibre,
90 Et pousse un cri suprême en secouant tes fers.

Debout ! debout ! Agis ! Sois vivante, sois libre !
Quoi ! l'oppresseur stupide aux triomphants hourras
Respire encor ton air qui parfume et qui vibre !

Tu t'es sentie infâme, ô Vierge, entre ses bras !
95 Il ronge ton beau front de son impure écume,
Et tu subis son crime, et tu le subiras !

Ah ! par ton propre sang, ton noble sang qui fume,
Par tes siècles d'opprobre et d'angoisses sans fin,
Par tant de honte bue avec tant d'amertume ;

100 Par pitié pour tes fils suppliciés en vain,
Par ta chair maculée et ton âme avilie,
Par respect pour l'histoire et ton passé divin ;

Si tu ne peux revivre, et si le ciel t'oublie,
Donne à la liberté ton suprême soupir :
105 Lève-toi, lève-toi, magnanime Italie !

C'est l'heure du combat, c'est l'heure de mourir,
Et de voir, au bûcher de tes villes désertes,
De ton dernier regard la vengeance accourir !

Car peut-être qu'alors, sourde aux plaintes inertes,
110 Mais frappée en plein cœur d'un cri mâle jeté,
La France te viendra, les deux ailes ouvertes,

Par la route de l'aigle et de la Liberté !

REQUIES

Comme un morne exilé, loin de ceux que j'aimais,
Je m'éloigne à pas lents des beaux jours de ma vie,
Du pays enchanté qu'on ne revoit jamais.
Sur la haute colline où la route dévie
5 Je m'arrête, et vois fuir à l'horizon dormant
Ma dernière espérance, et pleure amèrement.

Ô malheureux ! crois-en ta muette détresse :
Rien ne refleurira, ton cœur ni ta jeunesse,
Au souvenir cruel de tes félicités.
10 Tourne plutôt les yeux vers l'angoisse nouvelle,
Et laisse retomber dans leur nuit éternelle
L'amour et le bonheur que tu n'as point goûtés.

Le temps n'a pas tenu ses promesses divines.
Tes yeux ne verront point reverdir tes ruines ;
15 Livre leur cendre morte au souffle de l'oubli.
Endors-toi sans tarder en ton repos suprême,
Et souviens-toi, vivant dans l'ombre enseveli,
Qu'il n'est plus dans ce monde un seul être qui t'aime.

La vie est ainsi faite, il nous la faut subir.
20 Le faible souffre et pleure, et l'insensé s'irrite ;
Mais le plus sage en rit, sachant qu'il doit mourir.
Rentre au tombeau muet où l'homme enfin s'abrite,
Et là, sans nul souci de la terre et du ciel,
Repose, ô malheureux, pour le temps éternel !

PAYSAGE POLAIRE

Un monde mort, immense écume de la mer,
Gouffre d'ombre stérile et de lueurs spectrales,
Jets de pics convulsifs étirés en spirales
Qui vont éperdument dans le brouillard amer.

5 Un ciel rugueux roulant par blocs, un âpre enfer
Où passent à plein vol les clameurs sépulcrales,
Les rires, les sanglots, les cris aigus, les râles
Qu'un vent sinistre arrache à son clairon de fer.

Sur les hauts caps branlants, rongés des flots voraces,
10 Se roidissent les Dieux brumeux des vieilles races,
Congelés dans leur rêve et leur lividité ;

Et les grands ours, blanchis par les neiges antiques,
Çà et là, balançant leurs cous épileptiques,
Ivres et monstrueux, bavent de volupté.

LE CORBEAU

Sérapion, abbé des onze monastères
D'Arsinoë, soumis aux trois règles austères,
Sous Valens, empereur des pays d'Orient,
Un soir, se promenait, méditant et priant,
5 Silencieux, le long des bas arceaux du cloître.
Le soleil disparu laissait les ombres croître
Du sein des oasis et des sables déserts ;
Les astres s'éveillaient dans le bleu noir des airs ;
Et, si n'était, parfois, du fond des solitudes,
10 Quelques rugissements de lion, brefs et rudes,
Autour du monastère, en un repos complet,
Et dans le ciel, la nuit vaste se déroulait.

L'abbé Sérapion, d'un pas lent, sur les dalles,
Marchait, faisant sonner le cuir de ses sandales,
15 Anxieux de l'Édit impérial, lequel
Était une épouvante aux serviteurs du ciel,
Ordonnant d'enrôler, par légions subites,
Pour la guerre des Goths, cent mille cénobites.
Car, en ce temps-là, ceux qui, dans le monde épars,
20 Cherchaient l'oubli du siècle en Dieu, de toutes parts,
En haute et basse Égypte, abondaient, vieux et jeunes,
Afin d'être sauvés par prières et jeûnes.
Et c'est pourquoi l'Édit signé de l'Empereur
Emplissait les couvents de trouble et de terreur ;
25 Et toute chair saignait sous de plus lourds cilices,
Pour désarmer Jésus touché par ces supplices.
Or l'Abbé méditait sur cela, d'un esprit
Plein d'angoisse, et priait pour son troupeau proscrit,

Levant les bras au ciel et disant : – Dieu m'assiste ! –
30　Mais, comme il s'en allait, le front bas, l'âme triste,
Dans l'ombre des arceaux voici qu'il entendit
Brusquement une voix très rauque qui lui dit :
– Vénérable seigneur, soyez-moi pitoyable ! –
Et l'Abbé se signa, croyant ouïr le Diable,
35　Et ne vit rien, le cloître étant sombre d'ailleurs.
La voix sinistre dit : – J'ai vu des temps meilleurs ;
J'ai fait de beaux festins ! Et, par une loi dure,
Aujourd'hui c'est la faim sans trêve que j'endure ;
Or, mon pieux seigneur, n'en soyez étonné,
40　J'étais déjà très vieux quand Abraham est né.

– Au nom du roi Jésus, démon ou créature
Qui m'implores avec cette étrange imposture,
Qui que tu sois enfin qui me parles ainsi,
Viens ! dit l'Abbé. – Seigneur, dit l'autre, me voici. –
45　Et sur la balustrade, aussitôt, une forme
Devant Sérapion se laissa choir, énorme,
Un oiseau gauche et lourd, l'aile ouverte à demi,
Mais dont les yeux flambaient sous le cloître endormi.
L'Abbé vit que c'était un corbeau d'une espèce
50　Géante. L'âge avait tordu la corne épaisse
Du bec, et, par endroits, le corps tout déplumé
D'une affreuse maigreur paraissait consumé.
Certes, la foi du Moine était vive et robuste ;
Il savait que la grâce est le rempart du juste ;
55　Mais, n'ayant jamais eu de telle vision,
Il se sentit frémir en cette occasion.
Et les yeux de la Bête éclairaient les ténèbres,
Tandis qu'elle agitait ses deux ailes funèbres.

Sérapion lui dit : – Si ton nom est Satan,
60　Démon, chien, réprouvé, je te maudis ! Va-t'en !
Par la vertu du Christ, le rédempteur des âmes,
Je te chasse : retombe aux éternelles flammes ! –
Et, ce disant, il fit un grand signe de croix.
– Je ne suis point celui, saint Abbé, que tu crois,
65　Dit l'Oiseau noir, riant d'un sombre et mauvais rire ;
Ne dépense donc point le temps à me maudire.

Je suis né corbeau, Maître, et tel que me voilà,
Mais il y a beaucoup de siècles de cela.
La famine me ronge, et je veux de ta grâce
70 Quelque peu de chair maigre à défaut de chair grasse.
Seigneur Moine, en retour, je te dirai comment
J'apporte un sûr remède à ton secret tourment.

– Nous ne touchons jamais, selon nos saintes règles,
Aux pâtures des loups, des corbeaux et des aigles,
75 Dit l'abbé. Va rôder, si tu veux de la chair,
Sur les champs de bataille où moissonne l'Enfer.
Ici, pour réparer ta faim et tes fatigues,
Tu n'aurais qu'un morceau de pain noir et des figues.
– Soit ! dit le vieil Oiseau, je ne suis point friand ;
80 Et toute nourriture est bonne au mendiant
Qu'un dur jeûne depuis trois siècles ronge et brûle.
– Suis-moi donc, dit l'Abbé, jusques en ma cellule. –
Et l'autre, tout joyeux de l'invitation,
Par les noirs corridors suivit Sérapion.

———————

85 Quand il eut dévoré pain dur et figues sèches,
Le Corbeau secoua comme un faisceau de flèches
Les plumes de son dos maigre, et, fermant les yeux,
Parut mettre en oubli le Moine soucieux.
Celui-ci, bras croisés sous sa robe grossière,
90 Regardait fixement la bête carnassière,
Et murmurait : – Jésus ! dépistez, ô Seigneur,
Les embûches du Diable autour de mon honneur !
Saints Anges ! tout ceci n'est point chose ordinaire.
Que me veut cet oiseau mille fois centenaire ?
95 Nul vivant n'a reçu d'hôte plus singulier.
Abritez-moi, Seigneur, sous votre bouclier ! –
Or, tandis que l'Abbé méditait de la sorte,
Le Corbeau tout à coup lui dit d'une voix forte :
– Je ne dors point, ainsi que vous l'avez pensé,
100 Vénérable Rabbi ; je rêvais du passé,
Me demandant de quoi les âmes étaient faites.
J'ai connu, dans leur temps, tous les anciens prophètes

Qui, certes, l'ignoraient. – Parle sans blasphémer,
Dit le moine, ou l'Enfer puisse te consumer !
105 Que t'importe, chair vile, inerte pourriture,
Qui rentreras bientôt dans l'aveugle nature
Avec l'argile et l'eau de la pluie et le vent,
Vaine ombre, indifférente aux yeux du Dieu vivant,
À toi qui n'es que fange avant d'être poussière,
110 Le royaume où les Saints siègent dans la lumière ?
Le lion, le corbeau, l'aigle, l'âne et le chien,
Qu'est-ce que tout cela dans la mort, sinon rien ?

– Seigneur, dit le Corbeau, vous parlez comme un homme
Sûr de se réveiller après le dernier somme ;
115 Mais j'ai vu force Rois et des peuples entiers
Qui n'allaient point de vie à trépas volontiers.
À vrai dire, ils semblaient peu certains, à cette heure,
De sortir promptement de leur noire demeure.
En outre, sachez-le, j'en ai mangé beaucoup,
120 Et leur âme avec eux, Maître, du même coup.
– Vil païen, dit l'Abbé, quand la chair insensible
Est morte, l'âme au ciel ouvre une aile invisible.
De sa grâce, aussi bien, Dieu ne t'a point pourvu
Pour voir ce que les Saints et les Anges ont vu :
125 Les esprits, dans l'azur, comme autant de colombes,
Au soleil éternel tournoyant hors des tombes !
Et c'est la vérité. – Pour moi, dit le Corbeau,
J'en doute fort, n'ayant point reçu ce flambeau.
Ainsi soit-il ! pourtant, si la chose est notoire.
130 Mais vous plaît-il d'ouvrir l'oreille à mon histoire,
Seigneur, et de m'entendre en ma confession ?
J'ai, ce soir, grand besoin d'une absolution.
– J'écoute, dit le Moine. Heureux qui s'humilie,
Car le vrai repentir nous lave et nous délie,
135 Et réjouit le cœur des Anges dans les cieux !
– Je le prends de très haut, mon Maître, étant très vieux :

————

En ce temps-là, seigneur Abbé, l'Eau solitaire
Avait noyé la race humaine avec la terre,

Et, par delà le faîte escaladé des monts,
140 Haussait jusques au ciel sa bave et ses limons.
Ce fut le dernier jour des rois et des empires
Antiques. S'ils étaient meilleurs, s'ils étaient pires
Que ceux-ci, je ne sais. Leurs vertus ou leurs torts
Importent peu d'ailleurs du moment qu'ils sont morts.
145 — Ils étaient fort pervers, dit le Moine, et leur Juge
Les noya justement dans les eaux du Déluge.
C'était un monde impie, où, grâce au Suborneur,
La femme séduisit les Anges du Seigneur.
— J'y consens, dit l'Oiseau, ce n'est point mon affaire,
150 Et celui qui le fit n'avait qu'à le mieux faire.
Toujours est-il qu'il s'en était débarrassé.
Le monde ancien, Seigneur, étant donc trépassé,
L'arche immense flottait depuis quarante aurores,
Et l'océan sans fin, heurtant ses flancs sonores,
155 Dans la brume des cieux y berçait lourdement
Tout ce qui survivait à l'engloutissement.
Et j'étais là, parmi les espèces sans nombre,
Et j'attendais mon heure, immobile dans l'ombre.
Un jour, ayant tari leur vaste réservoir,
160 Les torrents épuisés cessèrent de pleuvoir ;
Le soleil resplendit à l'orient de l'arche ;
L'abîme décrut : — Va ! me dit le Patriarche,
Et, si quelque montagne émerge au loin des mers,
Apprends-nous qu'Iahvèh pardonne à l'univers. —
165 Je pris mon vol, joyeux de fuir à tire-d'ailes,
Et j'allais effleurant les eaux universelles ;
Et depuis, je ne sais, n'étant point revenu,
Ce que le noir vaisseau de l'homme est devenu.
— Ce fut là, dit le Moine, une action mauvaise.
170 — Seigneur, dit le Corbeau, c'est que, ne vous déplaise,
Aimant à voyager dans ma jeune saison,
Je respirais bien mieux au grand air qu'en prison.

Je vis bientôt, Rabbi, poindre des cimes vertes
Qui fumaient au soleil, d'algue épaisse couvertes ;
175 Et je m'y vins percher sur un grand cèdre noir,
D'où je pouvais planer dans l'espace et mieux voir.
Et j'attendis trois jours avec trois nuits entières.

Et le soleil encore épandit ses lumières,
Et je vis que la mer, reprenant son niveau,
180 Avait laissé renaître un univers nouveau,
Mais vide, tout souillé des écumes marines,
Et comme hérissé d'effroyables ruines.
Au bas de la montagne où j'étais arrêté,
Dormait dans la vapeur une énorme cité
185 Aux murs de terre rouge étagés en terrasses
Et bâtis par le bras puissant des vieilles races.
Écroulés sous le faix des flots démesurés,
Ces murs avaient heurté ces palais effondrés
Où les varechs visqueux, emplis de coquillages,
190 Pendant le long des toits comme de noirs feuillages,
Au travers des plafonds tombaient par blocs confus,
Enlacés en spirale épaisse autour des fûts,
Et faisant des manteaux de limons et de fanges
Aux cadavres géants des Rois, enfants des Anges.
195 Et j'en vis deux, seigneur Abbé, debout encor
Sur un trône, et liés avec des chaînes d'or :
Un homme au front superbe, à la haute stature,
Qui, de ses bras nerveux, comme d'une ceinture,
Pressait contre son sein une femme aux grands yeux
200 Qui semblait contempler son amant glorieux ;
Et je lus sur sa bouche entr'ouverte et glacée
Le bonheur de mourir par ces bras enlacée.
Lui, le cou ferme et droit, dompté, mais non vaincu,
Et sans peur dans la mort comme il avait vécu,
205 Avait tout préservé de ce commun naufrage,
Sa beauté, son orgueil, sa force et son courage.
Autour de la cité muette un lac gisait
Où le soleil sinistre avec horreur luisait,
Gouffre de vase, plein de colossales bêtes
210 Inertes et montrant leurs ventres ou leurs têtes.
Ours, énormes lézards, immenses éléphants,
À demi submergés par ces flots étouffants,
Grands aigles fatigués de planer dans les nues
Et de ne plus trouver les montagnes connues,
215 Taureaux ouvrant encor leurs convulsifs naseaux,
Léviathans surpris par la fuite des eaux,
Tous les vieux habitants de la terre féconde

Avec l'homme gonflaient au loin la boue immonde ;
Et de chaudes vapeurs s'épandaient dans les vents.
220 Or, sachant que les morts sont pâture aux vivants,
Je vécus là, seigneur Abbé, beaucoup d'années,
Très joyeux, bénissant les bonnes destinées
Et l'abondant travail de la mer ; car enfin,
Homme ou corbeau, manger est doux quand on a faim.

———————

225 Depuis bien des soleils, dans cette solitude,
Je coulais des jours pleins de molle quiétude,
Quand un soir, du sommet de l'arbre accoutumé,
Je vis, vers l'Orient brusquement enflammé,
Au sein d'un tourbillon de splendeurs inconnues,
230 Un fantôme puissant qui venait par les nues.
Ses ailes battaient l'air immense autour de lui ;
Ses cheveux flamboyaient dans le ciel ébloui ;
Et, les bras étendus, d'une haleine profonde
Il chassait les vapeurs qui pesaient sur le monde.
235 Aux limpides clartés de ses regards d'azur,
L'eau vive étincelait dans le marais impur
Ombragé de roseaux, rougi de fleurs soudaines ;
Les monts brûlaient, bûchers des dépouilles humaines ;
Et, jaillissant des rocs où leur germe était clos,
240 Les fleuves nourriciers multipliaient leurs flots,
Épanchant leur fraîcheur aux arides vallées
Toutes chaudes encor des écumes salées.
Et l'espace tourna dans mes yeux, saint Abbé !
Et, comme un mort, au pied du cèdre je tombai.

245 Qui sait combien dura ce long sommeil sans trêve ?
Mais qu'est-ce que le temps, sinon l'ombre d'un rêve ?
Quand je me réveillai, quelques siècles après,
Ce fut sous l'ombre noire et sans fin des forêts.
Tout avait disparu : la ville aux blocs superbes
250 S'était disséminée en poudre sous les herbes ;
Et comme je planais sur les feuillages verts,
Je vis que l'homme avait reconquis l'univers.
J'entendis des clameurs féroces et sauvages

De tous les horizons rouler par les nuages ;
255 Et, du nord au midi, de l'est à l'occident,
Ivres de leur fureur, œil pour œil, dent pour dent,
Avec l'âpre sanglot des étreintes mortelles,
Jours et nuits, se heurtaient les nations nouvelles.
Les traits sifflaient au loin, les masses aux nœuds durs
260 Brisaient les fronts guerriers ainsi que des fruits mûrs ;
Les femmes, les vieillards sanglants dans la poussière,
Et les petits enfants écrasés sur la pierre
Attestaient que les flots du Déluge récent
Avaient purifié le monde renaissant !
265 Ah ! ah ! les blêmes chairs des races égorgées,
De corbeaux, de vautours et d'aigles assiégées,
Exhalaient leurs parfums dans le ciel radieux
Comme un grand holocauste offert aux nouveaux Dieux !
— Ne t'en réjouis pas, rebut de la géhenne !
270 Dit le Moine. Aveuglé par l'envie et la haine,
Tu n'as pu voir, maudit, dans l'univers ancien,
Que les œuvres du mal et non celles du bien,
Et tu ne regardais, ô bête inexorable,
La pauvre humanité que par les yeux du Diable !
275 — Hélas ! je crois, Seigneur, en y réfléchissant,
Que l'homme a toujours eu soif de son propre sang,
Comme moi le désir de sa chair vive ou morte.
C'est un goût naturel qui tous deux nous emporte
Vers l'accomplissement de notre double vœu.
280 Le Diable n'y peut rien, Maître, non plus que Dieu ;
Et j'estime aussi peu, sans haine et sans envie,
Les choses de la mort que celles de la vie.
Dans sa sincérité, voilà mon sentiment,
Et si j'ai ri, c'était, Seigneur, innocemment.
285 — Roi des Anges, Seigneur Jésus, mon divin Maître !
Dit le Moine, liez la langue de ce traître !
Aussi bien il blasphème et raille sans merci.
— Pieux Abbé, ne vous irritez point ainsi :
Songez que n'étant rien qu'un peu de chair sans âme,
290 Je ne puis mériter ni louange, ni blâme ;
Et que, si je me tais, vous conduirez demain
Cent mille moines, casque en tête et pique en main.
Ce seront de fort beaux guerriers dans la bataille,

Qui verseront un sang bénit à chaque entaille,
295 Et, morts, s'envoleront sans tarder droit au ciel ;
Car, selon vous, Rabbi, c'est là l'essentiel.
   – Va ! dit Sérapion, Dieu sans doute commande,
Pour expier mes lourds péchés, que je t'entende.
Parle donc, et poursuis sans plus argumenter,
300 Car le temps du salut se perd à t'écouter.

———————

   – Maître, les jours passaient ; et j'avançais en âge,
Ivre du sang versé sur les champs de carnage,
Toujours robuste et fort comme au siècle lointain
Où sur les sombres eaux resplendit le matin.
305 Et les hommes croissaient, vivaient, mouraient, sembla-
À des rêves, amas de choses périssables   [bles
Que le vent éternel des impassibles cieux
Balayait dans l'oubli morne et silencieux ;
Et les forêts germaient, et rentraient dans la boue
310 Leurs troncs écartelés où la foudre se joue,
Ne laissant que le sable aride et le rocher
Où je vis la rosée et l'ombre s'épancher.
Les cités, de porphyre et de ciment bâties,
S'écroulaient sous mes yeux, pour jamais englouties ;
315 Les tempêtes vannaient leur poussière, et la nuit
Du néant étouffait le vain nom qui les suit,
Avec le souvenir de leurs langues antiques
Et le sens disparu des pages granitiques.
Enfin, seigneur Abbé, germe mystérieux
320 De siècle en siècle éclos, j'ai vu naître des Dieux,
Et j'en ai vu mourir ! Les mers, les monts, les plaines
En versaient par milliers aux visions humaines ;
Ils se multipliaient dans la flamme et dans l'air,
Les uns armés du glaive et d'autres de l'éclair,
325 Jeunes et vieux, cruels, indulgents, beaux, horribles,
Faits de marbre ou d'ivoire, et tantôt invisibles,
Adorés et haïs, et sûrs d'être immortels !
Et voici que le temps ébranlait leurs autels,
Que la haine grondait au milieu de leurs fêtes,

330 Que le monde en révolte égorgeait leurs prophètes,
Que le rire insulteur, plus amer que la mort,
Vers l'abîme commun précipitait leur sort ;
Et qu'ils tombaient, honnis, survivant à leur gloire,
Dieux déchus, dans la fosse irrévocable et noire ;
335 Et d'autres renaissaient de leur cendre, et toujours
Hommes et Dieux roulaient dans le torrent des jours.

Moi, je vivais, voyant ce tourbillon d'images
Se dissiper au vent de mes ailes sauvages.
Calme, heureux, sans regrets, et ne reconnaissant
340 Ces spectres qu'à l'odeur de la chair et du sang.
Je vivais ! tout mourait par les cieux et les mondes ;
Je vivais, promenant mes courses vagabondes
Des cimes du Caucase aux cèdres du Carmel,
De l'univers mobile habitant éternel,
345 Et du banquet immense immuable convive,
Me disant : Si tout meurt, c'est afin que je vive !
Et je vivais ! Ah ! ah ! seigneur Sérapion,
En ces beaux siècles, sauf votre permission,
Si pleins d'écroulements et de clameurs de guerre,
350 Dans ma félicité je ne prévoyais guère
Qu'il viendrait un jour sombre où le mauvais destin
Me frapperait au seuil de mon meilleur festin,
Et que je traînerais, plus de trois cents années,
Au sentier de la faim mes ailes décharnées.
355 Maudit soit ce jour-là parmi les jours passés
Et futurs, où m'ont pris ces désirs insensés !
Maudit soit-il, de l'aube au soir, dans sa lumière
Et son ombre, dans sa chaleur et sa poussière,
Et dans tous les vivants qui virent son éveil
360 Et le lugubre éclat de son morne soleil
Et sa fin ! Oui, maudit soit-il, et qu'il n'en reste
Qu'un souvenir plus sombre encore et plus funeste,
Qui soit, ainsi que lui, septante fois maudit ! –

Le Corbeau, hérissant ses plumes, ayant dit
365 Cet anathème avec beaucoup de violence,
Garda quelques instants un sinistre silence,
Comme accablé d'un lourd désespoir et d'effroi.

– Donc, le bras du Très-Haut s'est abattu sur toi,
Dit le Moine, et vengeant d'innombrables victimes,
370 Corbeau hideux, il t'a flagellé de tes crimes ?
– Rabbi, dit le Corbeau, n'est-il point d'équité
De ne punir jamais qu'un dessein médité,
L'intention mauvaise, et non le fait unique ?
Certes, mon châtiment fut une chose inique,
375 Car je ne savais point, Maître, et j'obéissais
À ma nature, sans colère et sans excès.
– Qu'as-tu fait ? dit le Moine. Achève ? la nuit passe
Et les astres déjà s'inclinent dans l'espace.
– Seigneur, dit l'Oiseau noir agité de terreur,
380 Ceci m'advint du temps de Tibère, empereur.
Un jour que je cherchais ma proie accoutumée
En planant au-dessus des villes d'Idumée,
Un grand vent m'emporta. C'était un vendredi,
Autant qu'il m'en souvienne, et dans l'après-midi.
385 Et je vis trois gibets sur la colline haute,
Et trois supliciés qui pendaient côte à côte.
– Miséricorde ! dit le Moine tout en pleurs,
C'était le Roi Jésus entre les deux voleurs !
– Cette colline, dit l'Oiseau, très âpre et nue,
390 Silencieusement se dressait dans la nue.
Un nuage rougi par le soleil couchant,
Immobile dans l'air poudreux et desséchant,
Pesait de tout son poids sur ce morne ossuaire,
Comme sur un sépulcre un granit mortuaire.
395 Et la hauteur était déserte autour des croix
Où deux des condamnés hurlaient à pleines voix
Par un râle plus sourd souvent interrompues,
Et se tordaient, ayant les deux cuisses rompues.
Mais le troisième, Maître, une ouverture au flanc,
400 Attaché par trois clous à son gibet sanglant,
Ceint de ronces, meurtri par les coups de lanières,
Reposait au sortir des angoisses dernières,
Allongeant ses bras morts et ployant les genoux.
Il était jeune et beau, sa tête aux cheveux roux
405 Dormait paisiblement sur l'épaule inclinée ;
Et, d'un mystérieux sourire illuminée,
Sans regrets, sans orgueil, sans trouble et sans effort,

Semblait se réjouir dans l'opprobre et la mort.
Certes, de quelque nom que la terre le nomme,
410 Celui-là n'était point uniquement un homme,
Car de sa chevelure et de toute sa chair
Rayonnait un feu doux, disséminé dans l'air,
Et qui baignait parfois des lueurs de l'opale
Ce cadavre si beau, si muet et si pâle.
415 Et je le contemplais, n'ayant rien vu de tel
Parmi les Rois au trône et les Dieux sur l'autel.
— Ô Jésus ! dit l'Abbé, levant ses mains unies,
Ô source et réservoir des grâces infinies,
Verbe de Dieu, vrai Dieu, vrai Soleil du vrai ciel,
420 Vrai Rédempteur, qui bus l'hysope avec le fiel,
Et qui voulus, du sang de tes chères blessures,
De l'antique péché laver les flétrissures,
Ô Christ, c'était toi ! Christ ! c'était ton corps sacré,
Pain des Anges, par qui tout sera réparé,
425 Ton corps, Seigneur, substance et nourriture vraies,
Avec l'intarissable eau vive de tes plaies !
C'était ta chair, ô roi Jésus ! qui pendait là,
Sur ce bois devant qui l'univers chancela,
Sur cet arbre que Dieu de sa rosée inonde,
430 Et dont le fruit vivant est le salut du monde !
Mon Seigneur ! par ce prix que nous t'avons coûté,
Gloire au plus haut des cieux et dans l'éternité
Des temps, où pour jamais ta grâce nous convie,
Gloire à toi, Christ-Jésus, force, lumière et vie !

435 — Amen ! dit le Corbeau. Rabbi, vous parlez bien ;
Mais de ceci, pour mon malheur, ne sachant rien,
Je pris très follement mon vol pour satisfaire
Ma faim, comme j'avais coutume de le faire.
— Maudit ! cria l'Abbé, les cheveux hérissés
440 D'épouvante, d'horreur et de colère ; assez !
Saints Anges ! as-tu donc, ô bête sacrilège,
Osé toucher la chair trois fois sainte ? Puissé-je
Expier, par mes pleurs et par mon sang, ce fait
D'avoir ouï parler, Jésus, d'un tel forfait !
445 Ce vil mangeur des morts, sur la Croix éternelle
Poser sa griffe immonde et refermer son aile !

Ô profanation horrible ! Seigneur Dieu !
L'inextinguible Enfer a-t-il assez de feu
Pour brûler ce corbeau monstrueux et vorace ?

450 — Maître, dit l'Oiseau noir, apaisez-vous, de grâce !
Et daignez m'écouter, s'il vous plaît, jusqu'au bout.
Je volai vers la croix ; mais, hélas ! ce fut tout.
Un spectre éblouissant, pareil à ce grand Ange
Qui du monde jadis purifiait la fange,
455 Et dont l'éclat me fit tomber inanimé,
Abrita le Dieu mort de son bras enflammé ;
Et comme je gisais sur la pierre brûlante,
Je l'entendis parler d'une voix grave et lente.
Et cette voix toujours m'enveloppe, ô Rabbi :
460 — Puisque l'Agneau divin désormais a subi,
Plus amers que le fiel et la mort elle-même,
Et l'ineffable outrage et l'opprobre suprême
D'exciter ton désir en horreur au tombeau ;
Puisque tout est fini par ton œuvre, Corbeau !
465 Tu ne mangeras plus, ô bête inassouvie,
Qu'après trois cent soixante et dix-sept ans de vie. —
Et son souffle me prit, comme un grand tourbillon
Fait d'une feuille morte au revers du sillon,
Et me jeta, le corps sanglant, l'aile meurtrie,
470 Du morne Golgotha par delà Samarie.
— Cet Ange, dit le Moine, était assurément,
En ceci, beaucoup moins sévère que clément.

———

— C'est un supplice étrange et sans nom que de vivre
De ce qui fait mourir ! quand la faim vous enivre
475 Et vous mord, furieuse, au ventre, que de voir
Quelque festin royal où l'on ne peut s'asseoir,
Et d'errer sans repos entre mille pâtures,
Pour y multiplier sans trêve ses tortures !
Depuis ce jour fatal, mon Maître, j'ai jeûné ;
480 J'ai vainement mordu de mon bec acharné
L'homme sur la poussière et le fruit mûr sur l'arbre ;
L'un devenait de roc et l'autre était de marbre ;

Et, toujours consumé d'angoisse et de désir,
Convoitant une proie impossible à saisir,
485 Portant de ciel en ciel ma faim inexorable,
J'ai vécu, maigre, vieux, haletant, misérable !
Ce fut là mon supplice, et, certe, immérité.
– Le châtiment fut bon, dit le Moine irrité.
Repens-toi, sans nier ton infaillible Juge.
490 Quoi ! n'as-tu point, depuis l'universel Déluge,
Dans ta faim effroyable à tant d'hommes gisants,
Assez mangé, Corbeau, pour jeûner trois cents ans ?
– On ne se défait point d'une vieille habitude
Sans que l'épreuve, dit le Corbeau, ne soit rude ;
495 Et si vous ne mangiez de sept jours seulement
Vous verriez ce que vaut votre raisonnement,
Eussiez-vous, subissant vos brèves destinées,
Dévoré le festin de mes trois mille années !
Or voici, grâce à vous, seigneur Sérapion,
500 Que j'ai fini le temps de l'expiation.
Votre pain était dur, vos figues étaient sèches,
Mais, hier, le Danube était plein de chairs fraîches,
Et portait à la mer, en un lit de roseaux,
Les Romains égorgés qui rougissaient les eaux.
505 Vivez, Rabbi, dans la prière et le silence :
Un roi goth a cloué l'Édit d'un coup de lance
Droit au cœur de Valens, et César est fait Dieu.
Absolvez-moi, Seigneur, que je vous dise adieu !
J'ai hâte de revoir le vieux fleuve et ses hôtes.
510 Vous m'avez écouté, vous connaissez mes fautes ;
Absolvez-moi, mon Maître, afin que sans retard
De ce festin guerrier je réclame ma part,
Et m'abreuve du sang des braves, et renaisse
Aussi robuste et fier qu'aux jours de ma jeunesse !
515 – Seigneur Dieu, qui régnez dans les hauteurs du ciel,
Donnez-lui, dit l'Abbé, le repos éternel ! –

Le Corbeau battit l'air de ses ailes étiques,
Et tomba mort le long des dalles monastiques.

UN ACTE DE CHARITÉ

Certes, en ce temps-là, le bon pays de France
Par le fait de Satan fut très fort éprouvé,
Pas un grêle fétu du sol n'ayant levé
Et le maigre bétail étant mort de souffrance.

5 Trois ans passés, un vrai déluge, nuit et jour,
Ruisselait par les champs où débordaient les fleuves.
Or, chacun subissait les communes épreuves,
Le bourgeois dans sa ville et le sire en sa tour.

Mais les Jacques, Seigneur ! Dévorés de famine,
10 Ils vaguaient au hasard le long des grands chemins,
Haillonneux et geignant et se tordant les mains,
Et faisant rebrousser les loups, rien qu'à la mine !

L'été durant, tout mal est moindre, quoique amer ;
On se pouvait encor nourrir, malgré le Diable ;
15 Mais où la chose en soi devenait effroyable,
Sainte Vierge ! c'était par les froids de l'hiver.

De vrais spectres, s'il est un nom dont on les nomme,
Par milliers, sur la neige, étiques, aux abois,
Râlaient. On entendait se mêler dans les bois
20 Les cris rauques des chiens aux hurlements de l'homme.

C'étaient d'horribles nuits après des jours affreux ;
Et les plus forts tendaient aux plus faibles des pièges ;
Et le Maudit put voir des repas sacrilèges
Où les enfants d'Adam se dévoraient entre eux.

25 Donc, en ces temps damnés, une très noble Dame
Vivait en son terroir, près la cité de Meaux.
Quand le pauvre pays fut en proie à ces maux,
Une grande pitié s'éveilla dans son âme.

Elle ouvrit ses greniers aux gens saisis de faim,
30 Sacrifia ses bœufs, ses vaches, par centaines,
Fondit ses plats d'argent, vendit l'or de ses chaînes,
Donna tant, que tout vint à lui manquer enfin.

Alors, par bonté pure, elle se fit errante ;
Elle allait conduisant son monde exténué,
35 Long troupeau qui n'était jamais diminué,
Car, pour dix qui mouraient, il en survenait trente.

Mais les villes baissaient les herses, dans la peur
Que la horde affamée engloutît leur réserve.
En ce siècle, – que Dieu du pareil nous préserve ! –
40 Les bourgeois avaient plus d'angelots que de cœur.

Les campagnes étant désertes, tout en friche,
Il fallait en finir. La Dame résolut
De délivrer les siens en faisant leur salut ;
Car en charité vraie elle était toujours riche.

45 Une nuit que six cents mendiants s'étaient mis
À l'abri du grand froid en une vaste grange,
Pleine de dévoûment et d'une force étrange,
Elle barricada tous ses pauvres amis.

Aux angles du réduit de sapin et de chaume,
50 Versant des pleurs amers, elle alluma du feu :
– J'ai fait ce que j'ai pu, je vous remets à Dieu,
Cria-t-elle, et Jésus vous ouvre son royaume ! –

Tous passèrent ainsi dans leur éternité ;
Prompte mort, d'une paix bienheureuse suivie.
55 Pour la Dame, en un cloître elle acheva sa vie.
Que Dieu la juge en son infaillible équité !

LA TÊTE DU COMTE

Les chandeliers de fer flambent jusqu'au plafond
Où, massive, reluit la poutre transversale.
On entend crépiter la résine qui fond.

Hormis cela, nul bruit. Toute la gent vassale,
5 Écuyers, échansons, pages, Maures lippus,
Se tient debout et roide autour de la grand'salle.

Entre les escabeaux et les coffres trapus
Pendent au mur, dépouille aux Sarrazins ravie,
Cottes, pavois, cimiers que les coups ont rompus.

10 Don Diego, sur la table abondamment servie,
Songe, accoudé, muet, le front contre le poing,
Pleurant sa flétrissure et l'honneur de sa vie.

Au travers de sa barbe et le long du pourpoint
Silencieusement vont ses larmes amères,
15 Et le vieux Cavalier ne mange et ne boit point.

Son âme, sans repos, roule mille chimères :
Hauts faits anciens, désir de vengeance, remords
De tant vivre au delà des forces éphémères.

Il mâche sa fureur comme un cheval son mors ;
20 Il pense, se voyant séché par l'âge aride,
Que dans leurs tombeaux froids bienheureux sont les morts.

Tous ses fils ont besoin d'éperon, non de bride,
Hors Rui Diaz, pour laver la joue où saigne, là,
Sous l'offense impunie une suprême ride.

25 Ô jour, jour détestable où l'honneur s'envola !
Ô vertu des aïeux par cet affront souillée !
Ô face que la honte avec deux mains voila !

Don Diego rêve ainsi, prolongeant la veillée,
Sans ouïr, dans sa peine enseveli, crier
30 De l'huis aux deux battants la charnière rouillée.

Don Rui Diaz entre. Il tient de son poing meurtrier
Par les cheveux la tête à prunelle hagarde,
Et la pose en un plat devant le vieux guerrier.

Le sang coule, et la nappe en est rouge. – Regarde !
35 Hausse la face, père ! Ouvre les yeux et vois !
Je ramène l'honneur sous ton toit que Dieu garde.

Père ! j'ai relustré ton nom et ton pavois,
Coupé la male langue et bien fauché l'ivraie. –
Le vieux dresse son front pâle et reste sans voix.

40 Puis il crie : – Ô mon Rui, dis si la chose est vraie !
Cache la tête sous la nappe, ô mon enfant !
Elle me change en pierre avec ses yeux d'orfraie.

Couvre ! car mon vieux cœur se romprait, étouffant
De joie, et ne pourrait, ô fils, te rendre grâce,
45 À toi, vengeur d'un droit que ton bras sûr défend.

À mon haut bout sieds-toi, cher astre de ma race !
Par cette tête, sois tête et cœur de céans,
Aussi bien que je t'aime et t'honore et t'embrasse.

Vierge et Saints ! mieux que l'eau de tous les océans
50 Ce sang noir a lavé ma vieille joue en flamme.
Plus de jeûnes, d'ennuis, ni de pleurs malséants !

C'est bien lui ! Je le hais, certe, à me damner l'âme ! –
Rui dit : – L'honneur est sauf, et sauve la maison,
Et j'ai crié ton nom en enfonçant ma lame.

55 Mange, père ! – Diego murmure une oraison ;
Et tous deux, s'asseyant côte à côte à la table,
Graves et satisfaits, mangent la venaison,

En regardant saigner la Tête lamentable.

L'ACCIDENT DE DON IÑIGO

Quatre-vingts fidalgos à chevelures rousses,
Sur mulets harnachés de cuir fauve et de housses
Écarlates, s'en vont, fort richement vêtus :
Gants parfumés, pourpoints soyeux, souliers pointus,
5 Triples colliers d'or fin, toques à plumes blanches,
Les vergettes en main et l'escarcelle aux hanches.
Seul, Rui Diaz de Vivar enfourche, roide et fier,
Son cheval de bataille enchemisé de fer.
Il a l'estoc, la lance, et la cotte maillée
10 Qui de la nuque aux reins reluit ensoleillée,
Et, pour garer le casque aux reflets aveuglants,
Un épais capuchon de drap rouge à trois glands.

Le guêpe au vol strident vibre, la sauterelle
Bondit dans l'herbe sèche et rase, le bruit grêle
15 Des clochettes d'argent tinte, et les cavaliers
Mêlent le rire allègre aux devis familiers :
Ruses de guerre et rapts d'amour, et pilleries
Nocturnes par la ville et dans les Juiveries,
Querelles, coups de langue et coups de merci-Dieu ;
20 Mais, immobile en selle et plus ferme qu'un pieu,
Le Rui Diaz ne dit rien, étant d'une humeur sombre.

Donc, à travers les champs pierreux qui n'ont point
Comme il est convenu, tous cheminent ainsi   [d'ombre,
Pour rendre grâce au Roi qui leur a fait merci
25 Et vient au-devant d'eux avec ses feudataires,

Son Alferez-Mayor et ses quatre notaires
Chargés de libeller allégeance et serment,
Et trois cents compagnons armés solidement.

Vers midi, dans la plaine où l'air poussiéreux brûle,
30 Don Hernando s'arrête et siège sur sa mule,
Toque en tête, le gant de la main droite ôté,
Et l'autre, du revers, appuyée au côté.
Chacun, après l'hommage et la mercuriale,
Va mettre un prompt baiser sur la dextre royale ;
35 Mais, lenteur ou dédain, le grave aventurier,
Rui Diaz ne descend point de son haut destrier.
Alors don Iñigo Lopez, porte-bannière
De Castille, d'humeur rogue et fort rancunière,
Dont les rudes aïeux soutinrent sur les monts
40 Les assauts de Thâriq et de ses noirs démons,
Très fier, conséquemment, de sa vieille lignée,
Voyant un tel orgueil, en a l'âme indignée.
Or, il pique des deux, et, dressé sur l'arçon,
Fait à·Rui de Vivar âprement la leçon,
45 D'un geste violent et bref, à pleine gorge,
Et l'œil plus allumé qu'un charbon dans la forge :

– À bas ! à bas, don Rui ! C'est votre tour. Vrai Dieu !
Ce cadet se croit-il issu de trop bon lieu
Pour faire ce que fait, sans regret ni grimace,
50 Tout Riche-homme portant bannière, épée et masse,
Possédant vassaux, terre, honneurs et droits entiers ?
Sait-il, ce détrousseur de gens, fils de routiers,
Si n'était notre Sire et sa miséricorde,
Qu'on ne lui doit, en toute équité, qu'une corde,
55 Ou qu'un vil couperet pour lui scier le cou ?
À bas ! Ne tranchez pas du hautain et du fou,
Parce qu'impunément, soit dit à notre honte,
Vous avez, d'aventure, occis le vaillant Comte
Lozano, qui fut, certe, un des meilleurs soutiens
60 De Castille et de Dieu parmi les Vieux chrétiens.
Pour vous, êtes-vous pas More ou Juif, ou peut-être
Hérétique ? À Coup sûr, du moins, menteur et traître.

C'est assez d'arrogance et trop d'actes félons :
Faites qu'on vous dédaigne et vous oublie. Allons !
65 Il est grand temps. Sinon, par la Vierge et le Pape !
Aussi vrai qu'on me nomme Iñigo, je vous happe
À la jambe, et vous traîne à travers les cailloux
Pour supplier Sa Grâce et baiser ses genoux. –

Ainsi parle Iñigo. Don Rui tire sa lame
70 Et lui fend la cervelle en deux jusques à l'âme.
L'autre s'abat à la renverse, éclaboussant
Sa mule et le chemin des flaques de son sang.
Et chacun s'émerveille, et crie, et s'évertue :
– Holà ! – Jésus ! – Tombons sur l'homme ! Alerte ! Tue !
75 – Haut les dagues ! – Par Dieu ! toque et crâne, du coup,
Sont fendus jusqu'aux dents. – En avant ! sus au loup !

– Saint Jacques ! dit le Roi tout surpris, cette épée,
Si lourd que soit le poing, est rudement trempée !
Mais ceci m'est fâcheux et j'en suis affligé.
80 Don Iñigo, ce semble, est fort endommagé ;
Il gît, blême et muet, et sans doute il expire.
Rengaine ton estoc, don Rui, si tu n'es pire
Que le Diable et Mahom, très féroces tous deux.

– Voilà ce que l'on gagne aux propos hasardeux,
85 Dit Rui Diaz. Ce seigneur eut la langue un peu vive. –

Puis, sans s'inquiéter qu'on le blâme ou poursuive,
Avec ses fidalgos, devers Calatrava,
Le bon Campeador tourne bride et s'en va.

LA XIMENA

En Castille, à Burgos, Hernan, le Justicier,
Assis, les reins cambrés, dans sa chaise à dossier,
Juge équitablement démêlés et tueries,
Foi gardée en Léon, traîtrise en Asturies,
5 Riches-hommes, chauffés d'avarice, arrachant
Son escarcelle au Juif et sa laine au marchand,
Et ceux qui, rendant gorge après leur équipée,
Ont sauvé le chaudron, la bannière et l'épée.

Or, les arrêts transmis par les scribes, selon
10 Les formes, au féal aussi bien qu'au félon,
Les massiers dépêchés, les sentences rendues,
Les délinquants ayant payé les sommes dues,
Pour tout clore, il advient que trente fidalgos
Entrent, de deuil vêtus, et par deux rangs égaux.
15 La Ximena Gomez marche au centre. Elle pleure
Son père mort pour qui la vengeance est un leurre.

La sombre cape enclôt de plis roides et longs
Son beau corps alangui, de l'épaule aux talons ;
Et, de l'ombre que fait la coiffe et qu'il éclaire,
20 Sort comme un feu d'amour, d'angoisse et de colère.
Devant la chaise haute, en son chagrin cuisant,
Elle heurte aux carreaux ses deux genoux, disant :

– Seigneur ! donc, c'est d'avoir vécu sans peur ni blâme,
Que, six mois bien passés, mon père a rendu l'âme
25 Par les mains de celui qui, hardi cavalier,

S'en vient, pour engraisser son faucon familier,
Meurtrir au colombier mes colombes fidèles
Et me teindre la cotte au sang qui coule d'elles !
Don Rui Diaz de Vivar, cet orgueilleux garçon,
30 Méprise grandement, et de claire façon,
De tous tes sénéchaux la vaine chevauchée,
Cette meute sans nez sur la piste lâchée,
Et qu'il raille, sachant, par flagrantes raisons,
Que tu ne le veux point forcer en ses maisons.
35 Suis-je d'un sang si vil, de race tant obscure,
Roi, que du châtiment il n'ait souci ni cure ?
Je te le dis, c'est faire affront à ton honneur
Que de celer le traître à ma haine, Seigneur !
Il n'est point roi, celui qui défaille en justice,
40 Afin qu'il plaise au fort et que l'humble pâtisse
Sous l'insolente main chaude du sang versé !
Et toi, plus ne devrais combattre, cuirassé
Ni casqué, manger, boire, et te gaudir en somme
Avec la Reine, et dans son lit dormir ton somme,
45 Puisque ayant quatre fois tes promesses reçu,
L'espoir de ma vengeance est quatre fois déçu,
Et que d'un homme, ô Roi, haut et puissant naguère,
Le plus sage aux Cortès, le meilleur dans la guerre,
Tu ne prends point la race orpheline en merci ! –

50 La Ximena se tait quand elle a dit ceci.

Hernan répond :

                    – Par Dieu qui juge ! damoiselle,
Ta douloureuse amour explique assez ton zèle,
Et c'est parler fort bien. Fille, tes yeux si beaux
Luiraient aux trépassés roidis dans leurs tombeaux,
55 Et tes pleurs aux vivants mouilleraient la paupière,
Eussent-ils sous l'acier des cœurs durs comme pierre.
Apaise néanmoins le chagrin qui te mord.
Si Lozano Gomez, le vaillant Comte, est mort,
Songe qu'il offensa d'une atteinte très grave
60 L'honneur d'un cavalier de souche honnête et brave,

Plus riche qu'Iñigo, plus noble qu'Abarca,
Du vieux Diego Lainez à qui force manqua.
Le Comte est mort d'un coup loyal, et, tout l'atteste,
Dieu dans son paradis l'a reçu sans conteste.
Si je garde Don Rui, fille, c'est qu'il est tien.
Certes, un temps viendra qu'il sera ton soutien,
Changeant détresse en joie et gloire triomphante. –

Puis, cela dit, tous deux entrèrent chez l'Infante.

LA TRISTESSE DU DIABLE

Silencieux, les poings aux dents, le dos ployé,
Enveloppé du noir manteau de ses deux ailes,
Sur un pic hérissé de neiges éternelles,
Une nuit, s'arrêta l'antique Foudroyé.

5 La terre prolongeait en bas, immense et sombre,
Les continents battus par la houle des mers ;
Au-dessus flamboyait le ciel plein d'univers ;
Mais Lui ne regardait que l'abîme de l'ombre.

Il était là, dardant ses yeux ensanglantés
10 Dans ce gouffre où la vie amasse ses tempêtes,
Où le fourmillement des hommes et des bêtes
Pullule sous le vol des siècles irrités.

Il entendait monter les hosannas serviles,
Le cri des égorgeurs, les *Te Deum* des rois,
15 L'appel désespéré des nations en croix
Et des justes râlant sur le fumier des villes.

Ce lugubre concert du mal universel,
Aussi vieux que le monde et que la race humaine,
Plus fort, plus acharné, plus ardent que sa haine,
20 Tourbillonnait autour du sinistre Immortel.

Il remonta d'un bond vers les temps insondables
Où sa gloire allumait le céleste matin,
Et, devant la stupide horreur de son destin,
Un grand frisson courut dans ses reins formidables.

5 Et se tordant les bras, et crispant ses orteils,
  Lui, le premier rêveur, la plus vieille victime,
  Il cria par delà l'immensité sublime
  Où déferle en brûlant l'écume des soleils :

  – Les monotones jours, comme une horrible pluie,
10 S'amassent, sans l'emplir, dans mon éternité ;
  Force, orgueil, désespoir, tout n'est que vanité ;
  Et la fureur me pèse, et le combat m'ennuie.

  Presque autant que l'amour la haine m'a menti :
  J'ai bu toute la mer des larmes infécondes.
15 Tombez, écrasez-moi, foudres, monceaux des mondes !
  Dans le sommeil sacré que je sois englouti !

  Et les lâches heureux, et les races damnées,
  Par l'espace éclatant qui n'a ni fond ni bord,
  Entendront une Voix disant : Satan est mort !
20 Et ce sera ta fin, Œuvre des six Journées !

LES ASCÈTES

I

Depuis qu'au joug de fer blanche esclave enchaînée,
Hellas avait fini sa belle destinée,
Et qu'un dernier soupir, un souffle harmonieux
Avait mêlé son ombre aux ombres de ses Dieux,
5 Le César, dévoré d'une soif éternelle,
Tarissait le lait pur de l'antique Cybèle.
Pâle, la main sanglante et le cœur plein d'ennuis,
D'une vague terreur troublant ses longues nuits,
Il écoutait, couché sur la pourpre romaine,
10 Dans un sombre concert gémir la race humaine ;
Et, tandis que la Louve aux mamelles d'airain
Dormait, le dos ployé sous son pied souverain,
Il affamait, hâtant les jours expiatoires,
Les lions de l'Atlas au fond des vomitoires.
15 Inépuisable mer, du sommet des sept monts,
Couvrant l'empire entier de ses impurs limons,
Nue, horrible, traînant ses voluptés banales,
La débauche menait les grandes saturnales ;
Car c'était l'heure sombre où le vieil univers,
20 Ne pouvant oublier son opprobre et ses fers,
Gisait sans Dieu, sans force, et fatigué de vivre,
Comme un lâche qui craint de mourir et s'enivre.
Et c'est alors, plus haut que l'orgie aux bruits sourds,
Qu'on entendit monter l'appel des nouveaux jours,
25 Cri d'allégresse et cri d'angoisse, voix terrible
D'amour désespéré vers le monde invisible :

II

– Les bruits du siècle ont-ils étouffé votre voix,
Seigneur ? Jusques à quand resterez-vous en croix ?
En vain vous avez bu l'amertume et la lie :
30 Le monde se complaît dans sa vieille folie
Et s'attarde en chantant aux pieds de ses Dieux morts.
Au désert, au désert, les sages et les forts !
Au désert, au désert, ceux que l'Esprit convie,
Ceux qu'a longtemps battus l'orage de la vie,
35 Ceux que l'impie enivre à ses coupes de feu,
Ceux qui dormaient hier dans le sein de leur Dieu !
Au désert, au désert, les hommes et les femmes !
Étouffons dans nos cœurs les voluptés infâmes ;
Vers la gloire des cieux éternels déployons
40 L'extase aux ailes d'or sous la dent des lions.
Multipliez en nous vos douleurs adorables,
Seigneur ! Que nous soyons errants et misérables,
Qu'un soleil dévorant consume notre chair !
Le mépris nous est doux, l'outrage nous est cher,
45 Pourvu que, gravissant la cime du supplice,
Nous puissions jusqu'au bout tarir votre calice,
Et, tout chargés d'opprobre et couronnés d'affronts,
D'une épine sanglante auréoler nos fronts !
Ô morne solitude, ô grande mer de sables,
50 Assouvis nos regards de choses périssables ;
Balaye à tous les vents les vieilles vanités,
La poussière sans nom des Dieux et des cités ;
Et pour nous arracher à la matière immonde,
Ouvre ton sein de flamme aux transfuges du monde !
55 Fuyons ! voici venir le Jour mystérieux
Où, comme un peu de cendre aux quatre vents des cieux,
La terre s'en ira par l'espace sublime.
Oh ! combien rouleront dans le brûlant abîme !
Mais l'Ange par nos noms nous appellera tous,
60 Et la face de Dieu resplendira pour nous ! –

III

Ô rêveurs, ô martyrs, vaillantes créatures,
Qui, dans l'effort sacré de vos nobles natures,
Poussiez vers l'idéal un sanglot éternel,
Je vous salue, amants désespérés du ciel !
65 Vous disiez vrai : le cœur de l'homme est mort et vide,
Et la terre maudite est comme un champ aride
Où la ronce inféconde, et qu'on arrache en vain,
Dans le sillon qui brûle étouffe le bon grain.
Vous disiez vrai : la vie est un mal éphémère,
70 Et la femme bien plus que la tombe est amère !
Aussi, loin des cités aux bruits tumultueux,
Avec le crucifix et le bâton noueux,
Et du nimbe promis illuminant vos têtes,
Vous fuyiez vers la mort, pâles anachorètes !
75 Pour que nul œil humain ne vous revît jamais,
Vous montiez çà et là sur d'inféconds sommets,
Et, confiant votre âme aux souffles des orages,
Laissiez dormir vos os dans les antres sauvages ;
Ou parfois, en songeant, sur le sable embrasé,
80 Que tout lien charnel ne s'était pas brisé,
Que le siècle quitté recevait vos hommages,
Qu'un tourbillon lointain de vivantes images
D'un monde trop aimé repeuplait votre cœur,
Que le ciel reculait, que l'homme était vainqueur ;
85 Troublant de vos sanglots l'implacable étendue,
Vous déchiriez vos flancs d'une main éperdue,
Vous rougissiez le sol du sang des repentirs ;
Et le désert, blanchi d'ossements de martyrs,
Écoutant ses lions remuer vos reliques,
90 S'emplissait dans la nuit de visions bibliques.

LE NAZARÉEN

Quand le Nazaréen, en croix, les mains clouées,
Sentit venir son heure et but le vin amer,
Plein d'angoisse, il cria vers les sourdes nuées,
Et la sueur de sang ruissela de sa chair.

5 Mais dans le ciel muet de l'infâme colline
Nul n'ayant entendu ce lamentable cri,
Comme un dernier sanglot soulevait sa poitrine,
L'homme désespéré courba son front meurtri.

Toi qui mourais ainsi dans ces jours implacables,
10 Plus tremblant mille fois et plus épouvanté,
Ô vivante Vertu ! que les deux misérables
Qui, sans penser à rien, râlaient à ton côté ;

Que pleurais-tu, grande âme, avec tant d'agonie ?
Ce n'était pas ton corps sur la croix desséché,
15 La jeunesse et l'amour, ta force et ton génie,
Ni l'empire du siècle à tes mains arraché.

Non ! Une voix parlait dans ton rêve, ô Victime !
La voix d'un monde entier, immense désaveu,
Qui te disait : – Descends de ton gibet sublime,
20 Pâle crucifié, tu n'étais pas un Dieu !

Tu n'étais ni le pain céleste, ni l'eau vive !
Inhabile pasteur, ton joug est délié !
Dans nos cœurs épuisés, sans que rien lui survive,
Le Dieu s'est refait homme, et l'homme est oublié !

25 Cadavre suspendu vingt siècles sur nos têtes,
   Dans ton sépulcre vide il faut enfin rentrer.
   Ta tristesse et ton sang assombrissent nos fêtes ;
   L'humanité virile est lasse de pleurer. –

   Voilà ce que disait, à ton heure suprême,
30 L'écho des temps futurs, de l'abîme sorti ;
   Mais tu sais aujourd'hui ce que vaut ce blasphème ;
   Ô fils du charpentier, tu n'avais pas menti !

   Tu n'avais pas menti ! Ton Église et ta gloire
   Peuvent, ô Rédempteur, sombrer aux flots mouvants ;
35 L'homme peut sans frémir rejeter ta mémoire,
   Comme on livre une cendre inerte aux quatre vents ;

   Tu peux, sur les débris des saintes cathédrales,
   Entendre et voir, livide et le front ceint de fleurs,
   Se ruer le troupeau des folles saturnales,
40 Et son rire insulter tes divines douleurs !

   Car tu sièges auprès de tes Égaux antiques,
   Sous tes longs cheveux roux, dans ton ciel chaste et bleu ;
   Les âmes, en essaims de colombes mystiques,
   Vont boire la rosée à tes lèvres de Dieu !

45 Et comme aux jours altiers de la force romaine,
   Comme au déclin d'un siècle aveugle et révolté,
   Tu n'auras pas menti, tant que la race humaine,
   Pleurera dans le temps et dans l'éternité.

LES DEUX GLAIVES

I

L'ABSOLUTION

Un vieux moine à l'œil cave, aux lèvres ascétiques,
Muet, et tel qu'un spectre en ce monde oublié,
Vêtu de laine blanche, en sa stalle ployé,
Tient sa croix pectorale entre ses doigts étiques.

5 Sur la face amaigrie et sur le front blafard
De ce corps épuisé que la tombe réclame,
Éclate la vigueur immortelle de l'âme ;
Un indomptable orgueil dort dans ce froid regard.

Le souci d'un pouvoir immense et légitime
10 L'enveloppe. Il se sent rigide, dur, haï.
Il est tel que Moïse, après le Sinaï,
Triste jusqu'à la mort de sa tâche sublime.

Rongé du même feu, sombre du même ennui,
Il savoure à la fois sa gloire et son supplice,
15 Et couvre l'univers d'un pan de son cilice.
Ce moine croit. Il sait que le monde est à lui.

Son siècle étant féroce et violent, mais lâche,
Ayant moins de souci du ciel que de l'enfer,
Il ne le mène point par la corde et le fer :
20 Sa malédiction frappe mieux que la hache.

Seul, outragé, proscrıt, errant au fond des bois,
Il parle, et tout se tait. Les fronts deviennent pâles.
Il sèche avec un mot les sources baptismales
Et fait hors du tombeau blanchir les os des rois.

25 La salle est large et basse ; un jour terne l'éclaire.
Au dehors neige et vent heurtent les durs vitraux.
Le silence au dedans, où, sur onze escabeaux,
Des prélats sont assis en rang mi-circulaire.

Ceux-ci, sous un étroit capuchon rouge et noir,
30 Et leurs robes couvrant leurs souliers jusqu'aux pointes,
Immobiles, les yeux fixes et les mains jointes,
Semblent ne rien entendre et semblent ne rien voir.

Avec ses longs cheveux où l'épine est mêlée,
De l'arbre de la Croix, la plaie ouverte au flanc,
35 Fantôme douloureux, tout roide et tout sanglant,
Jésus étend les bras sur la morne assemblée.

Tête et pieds nus, un homme est là, sur les genoux,
Transi, le dos courbé, pâle d'ignominie.
Ce serf est un César venu de Germanie,
40 L'Empereur dont les rois très chrétiens sont jaloux.

Sans dague et sans haubert, la chevelure rase,
Avilissant sa race autant que ses aïeux,
Ce chef des braves gît, les larmes dans les yeux,
Sous le pied monacal qu'il baise et qui l'écrase.

45 Et César porte envie au pâtre obscur des monts
Qui, de haillons vêtu, sent battre son cœur libre
Et l'air du vaste ciel où son chant monte et vibre
Retremper sa vigueur et gonfler ses poumons.

— Saint Père, j'ai péché, dit-il d'une voix haute ;
50 J'ai pris une lueur de l'Enfer pour flambeau ;
J'ai profané la crosse et j'ai souillé l'anneau ;
Saint Père ! j'ai péché par ma très grande faute.

J'ai cru, l'épée au poing et le globe en ma main,
Et d'un geste réglant les nations soumises,
55 Que les choses de Dieu m'étaient aussi permises ;
Le Diable pour me perdre a frayé mon chemin.

J'eusse mieux fait, n'était mon attache charnelle
Et le mauvais orgueil d'envahir mes voisins,
D'aller vers l'Orient chasser les Sarrasins
60 Qui font trôner Mahom sur la Tombe éternelle.

J'ai parjuré ma foi, j'ai menti grandement
Quand j'en donnai parole au Siège apostolique ;
Mais, par l'incorruptible et céleste relique,
Par le vrai bois de Christ, je tiendrai mon serment.

65 Saint Père ! me voici comme je vins au monde,
Faible et nu, devant toi, mon juge et mon recours.
J'ai prié sans relâche et jeûné quatre jours,
Je me suis repenti : guéris ma lèpre immonde.

Roi des âmes, Vicaire infaillible de Dieu,
70 Toi qui gardes les clefs de la Béatitude,
Si l'expiation soufferte est assez rude,
Grâce ! sauve ma chair et mon âme du feu ! –

Et le César, heurtant les dalles de la tête,
Baise les pieds du moine et reste prosterné.
75 L'autre le laisse faire et dit : – Sois pardonné !
La majesté du Siège unique est satisfaite.

Ce n'est point devant l'homme impuissant, faible et vieux,
Que l'Empereur armé du glaive s'humilie ;
C'est aux pieds de Celui qui lie et qui délie,
80 Tant que vivra la terre et que luiront les cieux.

Va donc ! et souviens-toi de l'heure où, dans sa force,
Ta haute nef heurta l'inébranlable écueil ;
Souviens-toi, chêne altier, tranché dans ton orgueil,
Qu'une cendre inféconde emplissait ton écorce.

85 Va ! Je t'absous au nom du Père, au nom du Fils
    Et de l'Esprit ! – César se relève et salue ;
    Il sort. Un flot de honte à son front pâle afflue,
    Et le moine humblement baise son crucifix.

II

CHŒUR DES ÉVÊQUES

    – Le Seigneur a maudit le fleuve dans la source,
90 La moisson dans le grain, l'homme dans le berceau ;
    Et toute chair gémit sans trêve et sans ressource,
    Le Foudroyé l'ayant marquée avec son sceau !

    Dans le plus innocent dort le germe d'un crime ;
    Toute joie est un piège où trébuche le cœur ;
95 Toute Babel ne croît qu'au penchant de l'abîme
    Où le vaincu sanglant entraîne le vainqueur.

    Mais, ô Phare allumé dans notre nuit immense,
    Ô Siège de l'Apôtre, ô magnifique Autel,
    Si tout languit et meurt, renaît et recommence,
100 Toi seul es immuable et toi seul immortel !

    Comme les sombres flots contre un haut promontoire,
    Cap céleste, tu vois les siècles furieux
    S'écrouler en écume au gouffre expiatoire,
    Sitôt qu'ils ont touché tes pieds mystérieux !

105 Car tu germais au fond des temps que Dieu domine,
    Aux entrailles de l'âme humaine enraciné !
    Et, pour jaillir un jour, la Volonté divine
    Te conçut bien avant que le monde fût né !

    Que te font, Roc sacré, vers qui volent les âmes,
110 Les aveugles assauts des peuples et des rois ?
    Plus épaisse est leur nuit, plus vives sont tes flammes !
    Leurs ongles et leurs dents s'usent à tes parois.

Et quand, plein de fureurs, de stupides huées,
Tout l'Enfer t'escalade en légions de feu,
15 S'il monte, tu grandis par delà les nuées,
Jusqu'aux astres, jusqu'aux Anges, jusques à Dieu !

Du sang des Bienheureux mille fois arrosée,
Cime accessible à l'humble et terrible au pervers,
La fleur des trois Vertus éclôt sous ta rosée,
20 Et d'un triple parfum embaume l'univers !

Ô Saint-Siège romain, maître unique et seul juge,
Tel qui croit t'outrager avec impunité,
Serf ou César, n'a plus, mort ou vif, de refuge :
Dieu le frappe en ce monde et dans l'éternité ! –

III

CHŒUR DES CÉSARS

25 – Ô Rome, qu'un vil moine, en ta chaise curule,
Étrangle avec l'étole et marque avec la croix,
Nous nous sommes levés en entendant ta voix,
Vieille reine du monde, épouse du grand Jule !

Toi qui faisais gronder l'essaim des légions,
30 En secouant un pli de ta robe guerrière,
Mains jointes, le dos bas, le front dans la poussière,
Tu t'es accoutumée aux génuflexions !

Ta pourpre s'est changée en blêmes scapulaires ;
Et, livrant son échine au bâton du berger,
35 Du harnais de l'ânon tu laisses outrager
La Louve qu'entouraient les faisceaux consulaires.

Ô Ville des héros, pleine de mendiants,
Tu prends les os des morts pour dépouilles opimes,
Les macérations sont tes hauts faits sublimes
40 Sous le fouet orgueilleux des clercs psalmodiants !

Mais, aux donjons du Rhin et de la Franconie,
Tes hurlements d'angoisse, à travers nos créneaux
Pénétrant notre cœur irrité de tes maux,
Nous ont fait une part dans ton ignominie.

145 Le sol impérial tressaille sous nos chars,
Et voici qu'attestant les feuilles sibyllines,
L'aigle crie et tournoie au front des sept collines.
Rome, Rome, debout ! Reconnais tes Césars !

Reprends le globe, ô Rome, et le sceptre et le glaive,
150 Afin qu'à notre face, après la longue nuit,
Dans son orgueil, sa force et sa gloire et son bruit,
L'éternelle Cité sur le monde se lève !

Et nous, que conviaient tes cris désespérés,
L'épée en une main et l'olivier dans l'autre,
155 Rachetant à jamais ton opprobre et le nôtre,
Nous veillerons, assis sur tes sommets sacrés ! –

IV

L'AGONIE

Vingt-neuf ans ont passé sur l'homme et sur l'Empire,
Pleins du flux et reflux des sombres nations,
De combats, de douleurs, de malédictions.
160 Le siècle onzième est mort, et l'autre est déjà pire.

Le grand Moine qui vit la force à ses genoux
Et se taire les rois devant sa face auguste,
Dans Salerne a rendu l'âme ferme du juste,
En attestant Celui qui s'immola pour nous.

165 Mais son esprit flamboie et brûle de sa lave
Le vieux Victor, Urbain, qui pousse l'Occident
Par tourbillons armés contre l'Islam ardent,
Et Pascal, le nouvel élu du saint Conclave.

Dans un noir carrefour d'une antique cité,
170 Au fond d'une masure où souffle une âpre bise,
Sur la paille mouillée un vieillard agonise,
Sans un être vivant qui veille à son côté.

Des larmes lentement brûlent sa blême joue.
Étendu sur le dos, l'œil terne, haletant,
175 Il tressaille et roidit les bras, et par instant
Il parle d'une voix qu'un râle affreux enroue :

– À moi, mes chevaliers, mes Saxons, mes Lombards !
Haut la lance et le glaive ! Allemagne, Italie,
En avant ! Que le cri de César vous rallie !
180 Faites flotter au vent les royaux étendards !

J'ai froid, Seigneur Jésus ! Seigneur, je vous conjure,
Épargnez cette angoisse effroyable à ma fin...
Ô Seigneur Christ ! Le chef du Saint Empire a faim !
Son fils est parricide, et son peuple est parjure.

185 Qui m'appelle ? Est-ce toi, mauvais moine, qui viens
Insulter ton César qui meurt sans funérailles ?
Va-t'en ! J'ai combattu dans soixante batailles !
Mes Évêques trois fois ont démenti les tiens.

Mes Évêques ! Ils ont élu, sous mon épée,
190 Le vrai Pape, Guibert de Ravenne, Clément !
Les lâches m'ont trahi depuis impudemment,
Et, ma puissance morte, ils l'ont dite usurpée.

Ô honte ! Et j'ai ployé sous ta verge de fer !
Et me voici, vieux, pauvre, affamé, misérable,
195 Râlant sur ce fumier d'angoisse inénarrable !
Pourquoi ne viens-tu pas, si c'est ici l'Enfer ?

Ah ! tu frappais les Oints du Seigneur sur leur trône,
Antéchrist ! Moi, j'ai pris ta ville et t'ai chassé
Comme un loup par la meute en son antre forcé...
200 Jésus ! la faim me ronge et l'horreur m'environne ! –

La voix baisse et s'éteint. On entend au dehors
Les maigres chiens, vaguant par la nuit en tourmente,
Qui flairent tous les seuils de la cité dormante
Et hurlent, comme ils font à la piste des morts.

205 La voix reprend : – Ah ! ah ! les démons sont en quête,
Les bons limiers que nul n'a surpris en défaut !
Holà, chiens ! C'est la chair de César qu'il vous faut.
Venez, l'heure est propice et la curée est prête !

Meurs donc, ô mendiant ! Meurs, excommunié,
210 Qui tenais dans ta main la Germanie et Rome !
Deux fois sacré, devant le ciel et devant l'homme,
Et que l'homme et le ciel et la terre ont nié !

Meurs, ô toi qui jadis m'emportais sur ton aile,
Aigle des fiers Ottons, puissant, libre et joyeux !
215 Le hibou clérical t'a crevé les deux yeux ;
Rentre avec ton vieux maître en la nuit éternelle ! –

Et le vent, déchaîné dans l'ombre des chemins,
Accroît ses tourbillons qu'un sanglot accompagne ;
Et voici qu'il est mort, l'Empereur d'Allemagne,
220 Le vaincu d'Hildebrand, Henry, roi des Romains.

L'AGONIE D'UN SAINT

Les moines, à pas lents, derrière le Prieur
Qui portait le ciboire et les huiles mystiques,
Rentrèrent, deux à deux, au cloître intérieur,
Troupeau d'ombres, le long des arcades gothiques.

5 Comme en un chámp de meurtre, après l'ardent combat,
Le silence se fit dans la morne cellule,
Autour du vieil Abbé couché sur son grabat,
Rigide, à la lueur de la cire qui brûle.

Un Christ d'argent luisait entre ses maigres doigts,
10 Les yeux, fixes et creux, s'ouvraient sous le front lisse,
Et le sang, tiède encor, s'égouttait par endroits
De la poitrine osseuse où mordit le cilice.

Avec des mots confus que le râle achevait,
Le moribond, faisant frémir ses lèvres blêmes,
15 Contemplait sur la table, auprès de son chevet,
Une tête et deux os d'homme, hideux emblèmes.

Contre ce drap de mort d'eau bénite mouillé,
La face ensevelie en une cape noire,
Seul, immobile, et sur la dalle agenouillé,
20 Un moine grommelait son chapelet d'ivoire.

Minuit sonna, lugubre, et jeta dans le vent
Ses douze tintements à travers les ogives ;
Le bruit sourd de la foudre ébranla le couvent,
Et l'éclair fit blanchir les tourelles massives.

25 Or, relevant la face, après s'être signé,
    Le moine dit, les bras étendus vers le faîte :
    – *De profundis, ad te, clamavi, Domine !*
    Mais, s'il le faut, *Amen !* Ta volonté soit faite !

    Du ciel inaccessible abaisse la hauteur,
30 Ouvre donc en entier les portes éternelles,
    Ô maître ! Et dans ton sein reçois le serviteur
    Que l'Ange de la mort t'apporte sur ses ailes.

    Dévoré de la soif de ton unique amour,
    Le cœur plein de ta grâce, et marqué de ton signe,
35 Comme un bon ouvrier, dès le lever du jour,
    Tout en sueur, il a travaillé dans ta vigne.

    Ton calice de fiel n'était point épuisé,
    Pour que sa bouche austère en savourât la lie ;
    Et maintenant, Seigneur, le voici vieux, brisé,
40 Haletant de fatigue après l'œuvre accomplie.

    Vers le divin Royaume il tourne enfin les yeux ;
    La mort va dénouer les chaînes de son âme :
    Reçois-le donc, ô Christ, dans la paix de tes cieux,
    Avec la palme d'or et l'auréole en flamme ! –

45 La cellule s'emplit d'un livide reflet ;
    L'Abbé dressa son front humide du saint chrême,
    Et le moine effrayé l'entendit qui parlait
    Comme en face du Juge infaillible et suprême :

    – Seigneur, vous le savez, mon cœur est devant vous,
50 Sourd aux appels du monde et scellé pour la joie ;
    Je l'ai percé, vivant, de la lance et des clous,
    Je l'ai traîné, meurtri, le long de votre Voie.

    Plein de jeunesse, en proie aux sombres passions,
    Sous la règle de fer j'ai ployé ma superbe ;
55 Les richesses du monde et ses tentations,
    J'ai tout foulé du pied comme la fange et l'herbe ;

Paul m'a commis le glaive, et Pierre les deux clés ;
Pieds nus, ceint d'une corde, en ma robe de laine,
J'ai flagellé les forts à mon joug attelés ;
60 Le clairon de l'Archange a reçu mon haleine.

Ils se sont tous rués du Nord sur le Midi,
Bandits et chevaliers, princes sans patrimoine ;
Mais le plus orgueilleux comme le plus hardi
A touché de son front la sandale du moine !

65 Et le monde n'étant, ô Christ, qu'un mauvais lieu
D'où montait le blasphème autour de votre Église,
J'ai voué toute chair en holocauste à Dieu,
Et j'ai purifié l'âme à Satan promise.

Seigneur, Seigneur ! parlez, êtes-vous satisfait ?
70 La sueur de l'angoisse à mon front glacé fume.
Ô Maître, tendez-moi la main si j'ai bien fait,
Car une mer de sang m'entoure et me consume.

Elle roule et rugit, elle monte, elle bout.
J'enfonce ! Elle m'aveugle et me remplit la bouche ;
75 Et sur les flots, Jésus ! des spectres sont debout,
Et chacun d'eux m'appelle avec un cri farouche.

Ah ! je les reconnais, les damnés ! Les voilà,
Ceux d'Alby, de Béziers, de Foix et de Toulouse,
Que le fer pourfendit, que la flamme brûla,
80 Parce qu'ils outrageaient l'Église, votre épouse !

Sus, à l'assaut ! l'épée aux dents, la hache au poing !
Des excommuniés éventrez les murailles !
Tuez ! à vous le ciel s'ils n'en réchappent point !
Arrachez tous ces cœurs maudits et ces entrailles !

85 Tuez, tuez ! Jésus reconnaîtra les siens.
Écrasez les enfants sur la pierre, et les femmes !
Je vous livre, ô guerriers, ces pourceaux et ces chiens,
Pour que vous dépeciez leurs cadavres infâmes !

Gloire au Christ ! les bûchers luisent, flambeaux hurlants ;
90 La chair se fend, s'embrase aux os des hérétiques,
Et de rouges ruisseaux sur les charbons brûlants
Fument dans les cieux noirs au bruit des saints cantiques !

Dieu de miséricorde, ô justice, ô bonté,
C'est vous qui m'échauffez du feu de votre zèle ;
95 Et voici que mon cœur en est épouvanté,
Voici qu'un autre feu dans mes veines ruisselle !

Alleluia ! L'Église a terrassé Satan...
Mais j'entends une Voix terrible qui me nomme
Et me dit : — Loin de moi, fou furieux ! Va-t'en,
100 Ô moine tout gorgé de chair et de sang d'homme ! —

— À l'aide, sainte Vierge ! Écoutez-moi, Seigneur !
Cette cause, Jésus, n'était-ce point la vôtre ?
Si j'ai frappé, c'était au nom de votre honneur ;
J'ai combattu devant le siège de l'Apôtre.

105 J'ai vaincu, mais pour vous ! Regardez-moi mourir ;
Voyez couler encor de mes chairs condamnées
Ce sang versé toujours et que n'ont pu tarir
Les macérations de mes soixante années.

Voyez mes yeux creusés du torrent de mes pleurs ;
110 Maître, avant que Satan l'emporte en sa géhenne,
Voyez mon cœur criant de toutes vos douleurs,
Plus enflammé de foi qu'il n'a brûlé de haine !

— Tu mens ! C'était l'orgueil implacable et jaloux
De commander aux rois dans tes haillons de bure,
115 Et d'écraser du pied les peuples à genoux,
Qui faisait tressaillir ton âme altière et dure.

Tu jeûnais, tu priais, tu macérais ton corps
En te réjouissant de tes vertus sublimes !
Eh bien, sombre boucher des vivants et des morts,
120 Regarde ! mon royaume est plein de tes victimes.

Qui t'a dit de tuer en mon nom, assassin ?
Loup féroce, toujours affamé de morsures,
Tes ongles et tes dents ont lacéré mon sein,
Et ta bave a souillé mes divines blessures.

125 Arrière ! Va hurler dans l'abîme éternel !
Qaïn, en te voyant, reconnaîtra sa race.
Va ! car tu souillerais l'innocence du ciel,
Et mes Anges mourraient d'horreur devant ta face !

– Grâce, Seigneur Jésus ! Arrière ! il est trop tard.
130 Je vois flamber l'Enfer, j'entends rire le Diable,
Et je meurs ! – Ce disant, convulsif et hagard,
L'Abbé se renversa dans un rire effroyable.

Le moine épouvanté, tout baigné de sueur,
S'évanouit, pressant son front de ses mains froides ;
135 Et le cierge éclaira de sa fauve lueur
Le mort et le vivant silencieux et roides.

LES PARABOLES DE DOM GUY

En l'An mil quatre cent onzième de l'Hostie
Éternelle, de qui la lumière est sortie,
Du Roi Christ, mort, cloué par les pieds et les mains,
Sigismund de Hongrie étant chef des Romains,
5 Manoel, d'Orient, Charles, que Dieu soutienne,
Des trois fleurs de lys d'or de la Gaule chrétienne,
Et Balthazar Cossa, pirate sur la mer,
Étant diacre du Diable et légat de l'Enfer,
Moi, Guy, prieur claustral en la bonne abbaye
10 De Clairvaux, où la règle étroite est obéie,
J'inscris, Dieu le voulant, ceci, pour être su
Du siècle très pervers, dans le péché conçu.

Clairs flambeaux, qu'en chemin l'œil de l'âme regarde,
Saints Martyrs, prenez-moi d'en haut sous votre garde ;
15 De la Béatitude auguste où je vous vois,
Mettez votre candeur héroïque en ma voix ;
De l'éblouissement de vos joyeux domaines
Penchez-vous au plus noir des ténèbres humaines,
Voyageurs du beau ciel, Anges et Séraphins,
20 Qui nagez richement dans vos gloires d'ors fins,
Et faites sur ma langue, au vent frais de vos ailes,
Pétiller et flamber le feu des meilleurs zèles.
Puis, veuille m'assister le divin Paraclet
Par qui l'humble ignorant mieux qu'un docte parlait !

25 Ô mon Seigneur Jésus et Madame la Vierge,
Plus d'huile dans la lampe et plus de mèche au cierge !
La moisissure mord le vélin du missel,

Et tout soleil mûrit le mal universel,
Depuis que, divisant la Chaire principale,
30 Trois cornes ont poussé sur la mitre papale :
Trois rameaux fort malsains, de malice nourris,
Florissants au dehors, mais au dedans pourris ;
De sorte que, voyant, par le temps et l'espace,
Sous cette ombre, la fleur de la foi qui trépasse,
35 La charité décroître et l'espoir s'engloutir,
Le rocher du salut, Pierre, prince et martyr,
Pleure. La route est vide où s'en venaient les âmes ;
Toutes cuisent, sitôt la mort, aux grandes flammes ;
Et le Portier divin, tant harcelé jadis,
40 Laisse pendre les clefs aux gonds du Paradis !
Certes, sa peine est forte, et rude est sa navrure,
De n'ouïr plus chanter la céleste Serrure,
Ce, pendant qu'Astaroth et Mammon, très contents,
Ouvrent la flamboyante issue à deux battants,
45 Et que, la crosse au poing, dans les Obédiences,
Le Prince des damnés donne ses audiences !

Or, Caïphe et Pilate ont tant rivé tes clous,
Jésus ! que tes agneaux sont mangés par les loups.
L'Église est moribonde en son chef et ses membres ;
50 Les moutiers sont, du Feu sans fin, les antichambres ;
Les rois sont fort mauvais, les gens d'armes pillards,
Sans pitié des enfants, sans respect des vieillards,
Luxurieux, mettant à mal toutes les femmes,
Et dans les vases saints buvant les vins infâmes !
55 Puisque aussi bien, Jésus, ta terrestre maison
Est un lieu de blasphème et non plus d'oraison,
Puisqu'en cet âge sombre et tenace où nous sommes,
Ton ineffable sang est perdu pour les hommes,
Ô mon Seigneur, m'ayant de ta grâce pourvu,
60 Tu m'as dit : Vois ! et dis ce que tes yeux ont vu.

I

L'Esprit a délié mon entrave charnelle :
J'ai franchi les hauteurs du monde sur son aile ;

Par les noirs tourbillons de l'ombre j'ai gravi
Les trois sphères du ciel où saint Paul fut ravi ;
65 Et, de là, regardant, au travers des nuées,
Les cimes de la terre en bas diminuées,
J'ai vu, par l'œil perçant de cette vision,
L'empire d'Augustus et l'antique Sion ;
Et, dans l'immense nuit de ces temps, nuit épaisse
70 Où s'ensevelissait toute l'humaine espèce
Comme un agonisant qui hurle en son linceul,
J'ai vu luire un rayon éblouissant, un seul !
Et c'était, entre l'âne et le bœuf à leur crèche,
Un Enfant nouveau-né sur de la paille fraîche :
75 Chair neuve, âme sans tache, et, dans leur pureté,
Étant comme un arome et comme une clarté !

Le Père à barbe grise et la Mère joyeuse
Saluaient dans leur cœur cette aube radieuse,
Ce matin d'innocence après la vieille nuit,
80 Apaisant ce qui gronde et charmant ce qui nuit ;
Cette lumière à peine éclose et d'où ruisselle
L'impérissable Vie avec chaque étincelle !
Et les Bergers tendaient la tête pour mieux voir ;
Et j'ai soudainement ouï par le ciel noir,
85 Tandis que les rumeurs d'en bas semblaient se taire,
Une voix dont le son s'épandit sur la terre,
Mais douce et calme, et qui disait : Emmanoël !
Et l'espace et le temps chantaient : Noël ! Noël !
Puis, comme les trois Rois survenus de Palmyre
90 Offraient au bel Enfant l'encens, l'or et la myrrhe,
J'ai vu, toute ma chair étant blême d'effroi,
Plus sombre que la nuit et plus haut qu'un beffroi,
Un Esprit, un Démon formidable apparaître
En face du petit Jésus venant de naître ;
95 Et ses yeux reluisaient fixement dans son chef.
Les Bergers, ni les Rois, ni le bon saint Joseph,
Ni Madame Marie en son amour bercée,
Ne voyaient cette forme au milieu d'eux dressée.

Cet Esprit était beau comme un grand mont chenu ;
100 Une foudre grondait autour de son front nu ;

Il était impassible et dur, et sur sa bouche
Siégeaient l'amer mépris et le vouloir farouche.
Il secoua sa tête où crépita le feu,
Et parla comme suit, sans vergogne, à son Dieu :

5 – Les siècles ont tenu les vieilles prophéties.
Donc, te voici vivant entre tous les Messies,
Toi qui mettras Juda sur Ninive et Sidon !
C'est pitié de te voir en si piètre abandon :
Ton trône est de fumier, ton palais est de chaume,
10 Et le roi, certe, est trop chétif pour le royaume !
Écoute ! j'ai nom Force, et j'ai nom Volonté ;
Ma main tient le licou de l'univers dompté ;
Je suis très grand, très fier, et plein d'intelligence,
Et tout est devant moi comme une vile engeance.
15 Or, je te plains, étant plus grêle qu'un roseau,
Sans défense et tout nu comme un petit oiseau ;
Et je pourrais, du pied t'écrasant, forme vaine,
Épuiser brusquement tout le sang de ta veine.
Adore-moi, fétu de paille ! et tu seras
20 Comme un cèdre immobile avec de larges bras,
Dans leur germe étouffant les arbres et les plantes
Et versant l'ombre immense aux nations tremblantes. –
Et le petit enfant Emmanoël lui dit :

– Tu ne tenteras point le Seigneur Dieu, Maudit !
25 Ta puissance est fumée, et ta force est mensonge ;
Et j'ai mieux : les trois Clous et la Lance et l'Éponge ! –

Le Spectre ceint de flamme, en entendant cela,
Comme une haute tour dans l'ombre s'écroula.

Je vous le dis, Benoît, Grégoire et Jean, vicaires
De l'Antéchrist, gardiens des damnés reliquaires,
Mulets mitrés, crossés, malheur à vous, malheur,
Qui navrez le bercail très chrétien de douleur,
Triple déchirement de la Foi, triple plaie
Dont le troupeau dolent des saints Anges s'effraie !
Triple spectre d'Orgueil, gare aux gouffres ardents
Où sont les pleurs avec les grincements de dents !

II

En Esprit, j'ai plané du haut des cieux sans bornes,
Oyant les nations en tumultes ou mornes,
Bruit lugubre parfois et tantôt irrité,
140 Mais qui, des profondeurs de cette obscurité,
Avait, plainte sinistre ou clameur meurtrière,
Un vrai son de blasphème et jamais de prière.
Et voici que j'ai vu la Ville où fut occis
Le tyran Julius en son orgueil assis,
145 La grand'Rome, hormis l'antique populace
Des idoles, dont Christ en croix tenait la place.
J'ai vu, blême, en haillons, par la pluie et le vent,
Tout un peuple affamé, maigre, à peine vivant,
D'où sortait un sanglot désespéré, sauvage,
150 Comme en pousse la mer qui se rue au rivage ;
Et ce peuple assiégeait l'abord silencieux
D'un palais hérissé d'un triple rang de pieux,
De grilles et de crocs aigus et de murailles
Massives, qu'enlaçait un réseau de ferrailles.
155 Or, la foule, parfois se taisant, écoutait
Comme un sourd cliquetis qui de l'antre sortait.

Sous le dôme, à travers la voûte colossale,
J'ai vu, chose effroyable ! au centre d'une salle
Éclatante, où brûlaient sept lampes au plafond,
160 Sur le pavé de marbre accroupi, comme font
Les bêtes, râlant d'aise, un fils d'Adam, un homme,
Ou, quel que soit le nom dont Belzébuth le nomme,
Un être abominable et rapace, acharné,
Ivre de sa débauche, et l'œil illuminé,
165 Avec rage plongeant ses longues mains flétries
En des monceaux d'argent, d'or et de pierreries,
Qui sonnaient et luisaient, pleins de flamboyements,
En tombant de sa bouche et de ses vêtements.

Cet argent était chaud de vos larmes amères,
170 Pauvres enfants tout nus et lamentables mères !
Il se nommait Traîtrise et Spoliation ;

Et c'était, nuit et jour, une exécration
Qui montait au Vengeur des faits illégitimes !
Cet or fumait du sang d'innombrables victimes :
175 Il se nommait Larcin à la pointe du fer,
Meurtre qui va battant l'écume de la mer,
Et Guet-apens du Diable à l'Équité suprême !

Mais, – ô fange mêlée à l'huile du saint chrême ! –
Ces anneaux, ces colliers, ces nœuds de diamants
180 Avaient nom Simonie infâme et Faux serments ;
Et c'était pis que pleurs et sang des misérables,
Car c'était le trafic des deux Clefs adorables,
Ô Seigneur Christ, qui bus l'hysope avec le fiel !
C'était ta chair divine à l'encan, et ton ciel,
185 Jésus ! Et, tout autour de ce palais immonde,
Ceux qui souffraient étaient les chrétiens de ce monde :
C'était le troupeau maigre et sept fois l'an tondu
Dont le Berger rapace au Maître a répondu,
Et que lui-même, hélas ! étant un loup féroce,
190 Sans relâche exténue, assomme avec la crosse,
Étrangle avec l'étole, et suspend au plancher,
Le ventre tout béant, comme fait un boucher !
Et l'immense troupeau, par la nuit lamentable,
En attendant, Jésus, bêlait vers ton étable !

195 Et voici que j'ai vu, s'allongeant hors du mur,
Comme une main qui va détacher un fruit mûr,
Une griffe, rougie à l'infernale forge,
Saisir le Grippe-sou monstrueux à la gorge
Et l'emporter, grouillant, sifflant, serrant encor
200 D'un poing crispé du feu qu'il prenait pour de l'or,
Afin d'être à son tour dépecé, mis en vente
Sur l'Étal éternel d'horreur et d'épouvante,
Débité membre à membre, et quartier par quartier,
Et toujours aussi vif que s'il était entier !

205 À toi qui tiens le Siège avec la Pentapole,
Vêtu du pallium, et la chappe à l'épaule,
Bandit de terre et d'eau, que le Diable a sacré
Pour être au grand soleil un blasphème mitré !

Puisqu'il faut pour ta soif que l'Océan tarisse,
210 Je dis que l'Océan est à sec, Avarice !
Et qu'au milieu de l'or sanglant qu'il entassa,
La Griffe est sur le cou de Balthazar Cossa !

III

L'Esprit m'a dit : Regarde ! – Un vol d'oiseaux funèbres,
Silencieux, battait le flot lourd des ténèbres :
215 Chauves-souris, hiboux, guivres, dragons volants,
Ayant la face humaine avec les yeux dolents,
Tels que Virgilius le disait des Harpies.
Ils tournoyaient du fond des villes assoupies,
Sortant par noirs essaims, démons lâches et laids,
220 De la sainte abbaye autant que du palais.
Ils avaient nom la Peur, la Honte et la Sottise,
Appétits empêchés que l'impuissance attise,
Ambition inepte et blême Vanité,
Attrait de faire mal avec impunité,
225 Rancune inexorable et Parole mentie,
Poison dans l'eau bénite et poison dans l'hostie,
Haine sans but, Fureurs sans brides et sans mors,
Bave sur les vivants et bave sur les morts !

Et voici que j'ai vu, par les ombres nocturnes,
230 S'amasser en un bloc les Oiseaux taciturnes,
Se fondre étroitement comme s'ils n'étaient qu'un :
Bête hideuse ayant la laideur de chacun,
Araignée avec dents et griffes, toute verte
Comme un Dragon du Nil, et d'écume couverte,
235 Écume de fureur muette et du plaisir
De souiller pour autrui ce qu'on ne peut saisir.
Sa bouche en était pleine, et pleine sa paupière ;
Et ce venin mordait l'or et creusait la pierre,
Et, quand il atteignait l'homme juste et puissant,
240 Il n'en restait qu'un peu de fange avec du sang.
Donc, remuant la nuit de ses ailes sans nombre,
Cette Bête rôdait lugubrement dans l'ombre.
Or, j'ai vu, du couchant, venir le Foudroyé
Qui devant le Seigneur son Dieu n'a point ployé,

45 L'Archange porte-flamme où s'allumaient les astres,
Dont les cieux autrefois ont pleuré les désastres,
Et qui, vil et méchant, lâche, impur et menteur
De la race maudite horrible tourmenteur
Dont la poix et le soufre enseignent les approches,
50 Règne piteusement sur les pals et les broches.
Il venait d'Aragon, de Rome et d'Avignon,
Le noir Sire, ayant pris Judas pour compagnon
Et, tenant par la peau du ventre Ischariote,
S'en retournait avec ce vieux compatriote.
55 Et la Bête au-devant du Maître s'envola.

Et j'ai vu l'Orient s'entr'ouvrir, et voilà
Que trois Formes d'azur, de lumière et de grâce,
Laissant trois fleuves d'or ruisseler sur leur trace,
Montaient d'un même trait dans le ciel réjoui,
60 Sans voir le monstre terne et Satan ébloui ;
Et j'ai vu que c'étaient, en pure gloire égales,
Les trois Roses, les trois Vertus théologales.

La Bête dit, sifflant de rage : – Par malheur,
Si haut, je ne les puis atteindre ! Arrache-leur
5 Une aile, Maître, et prends les miennes en échange.
– Aucune, dit Satan, n'en a, n'étant point Ange,
Mais impalpable idée et divin sentiment.
– Leurs yeux ! arrache-les. Un œil, un seulement !
Et tu crèveras, Maître, après, mes deux prunelles.
10 – Nulle, dit Satan, n'a de visions charnelles.
Point d'ailes et point d'yeux : ce sont pures clartés.
Va ! Laisse-les monter par les immensités
De lumière où leur Dieu se rit de ma défaite
Et de la destinée horrible qu'il m'a faite.
15 Aussi bien, qui pourrait les suivre au fond du ciel ?
Mais le monde est à nous ; noyons-le dans le fiel :
C'est un gouffre plus sûr que l'antique Déluge ;
Et que l'homme n'ait plus que l'Enfer pour refuge !
Va ! Jean est chair du Diable, et Grégoire est mauvais,
20 Et Benoît fort têtu. Donc, rejoins-les. – J'y vais,
Dit la Chauve-souris énorme, j'y vais, Maître. –
Et je l'ai vue au fond de la nuit disparaître.

Or l'Envie est en vous, Pierre, Ange et Balthazar !
Cramponnés aux haillons de pourpre où fut César,
285 Chacun rit d'être nu, s'il a dépouillé l'autre ;
Et sur les trois morceaux du siège de l'Apôtre,
Près de rôtir, avec un goupil infecté,
Intrus, vous aspergez le monde et la cité !

IV

L'Esprit, par ses chemins, m'a mené d'une haleine
290 Sur une masse noire et bourdonnante, pleine
De vapeurs, où dormait un fleuve entre des joncs,
D'aiguilles hérissée et de tours, de donjons,
D'enclos tout crénelés comme des citadelles,
Et de vols carnassiers faisant un grand bruit d'ailes
295 Autour de hauts gibets où flottaient, morfondus,
Sous la pluie et le vent des amas de pendus.
Et j'ai vu que c'était Paris, la bonne Ville :
Masures et palais, princes et plèbe vile,
Et non loin, le coteau des trois martyrs bénis,
300 Eleuthère, Rustique et Monsieur saint Denys.
Et j'ai vu la maison des Lys, muette et haute,
Géhenne dont le roi Charles sixième est l'hôte ;
Et les murs en montaient dans la brume, tout droits,
Mornes, si ce n'était que, par rares endroits,
305 Une rouge lueur, du fond des embrasures,
Sortait, comme du sang qui jaillit des blessures.
Et l'une des clartés de ce royal tombeau
Était la lampe d'or de Madame Isabeau.

Certe, au pays d'Égypte, où brandit l'oriflamme
310 Loys, le chevalier dont le Seigneur a l'âme,
Jadis régna, du temps des mille dieux païens,
Sur Thèbes et Memphis et les Éthiopiens,
Cléopâtre avec qui le Démon fit ses œuvres,
Et qui portait, dit-on, un collier de couleuvres.
315 C'était une damnée effroyable, en effet.
N'ayant peur de l'enfer ni honte, elle avait fait
De son lit une auberge où s'en venait la terre

Se soûler à pleins brocs du vin de l'adultère.
Rois d'Asie et consuls de Rome, jours et nuits,
20 Y coudoyaient, tout pleins d'imbéciles ennuis,
L'esclave et l'homme noir à la face abêtie
Que, dès l'aube, la mort happait à la sortie.
Mais tous étaient frappés du même aveuglement,
Cette larve et le peuple antique son amant ;
25 Tous péchaient et mouraient sous la loi d'anathème,
Ignorant la Parole et les fonts du baptême ;
Car ton soleil, Jésus, ne s'était point levé
Sur la femme, chair vile, et sur l'homme énervé.
Or j'ai vu, comme aux temps de cette Égyptienne,
30 Seigneur Christ ! en Paris, la Ville très chrétienne,
L'oratoire royal étant un mauvais lieu,
La débauche s'ébattre à la face de Dieu ;
Et, l'Époux étant fol, l'Épouse déchaînée
Meurtrir la bonne France aux quatre bouts saignée,
35 La vendre par quartiers à l'inceste éhonté,
Au parjure damnable, au meurtre ensanglanté,
Aux limiers d'Armagnac, aux bouchers de Bourgogne ;
Pourvu que, secouant sa dernière vergogne,
La Ribaude, en horreur même aux plus avilis,
40 Prostituât sa chair sur la couche des Lys !
Et voici que j'ai vu, dans la vapeur malsaine
Épandue aux deux bords marécageux de Seine,
Force maisons de Dieu, silencieusement,
Monter comme des bras au sombre firmament ;
45 Et j'ai vu, tout navrés durant ces infamies,
Au fond des saintes nefs à cette heure endormies,
Les Anges qui pleuraient du haut des pendentifs ;
Et leurs lèvres de pierre avaient des sons plaintifs ;
Et saint Michel-Archange, en sa cotte de mailles,
50 Foulait plus rudement le Diable ceint d'écailles ;
Et Madame la Vierge, un pied sur le croissant,
Dans sa robe d'azur étoilé, gémisssant,
Suppliante, tournait sa face maternelle
Vers le Supplicié de la Croix éternelle !

55 Ah ! Madame Isabeau, tristes étaient les cieux !
Mais j'ai vu clairement s'en venir, fort joyeux,

Par milliers, les démons hurler à votre porte,
Demandant si votre âme est à point qu'on l'emporte.
Et voici qu'au milieu du sabbat rugissant,
360 J'ai vu, prise aux cheveux, livide, l'œil en sang,
Louve qui, de ses dents, retroussait sa babine,
De l'intrus Jean vingt-trois la vieille concubine
Qui, devant Balthazar et Madame Isabeau,
Frayait le grand chemin du flamboyant tombeau !

V

365 L'Esprit, en cette nuit impassible et sans trêve,
A soufflé dans mes yeux la forme de mon rêve ;
Et j'ai vu, de mon ombre, émerger au levant
Le soleil, nef de feu que flagellait le vent,
Qui voguait, haut et rude, et, crevant les nuées,
370 Rejetait en plein ciel leurs masses refluées.
Les monts resplendissaient comme de grands falots
Allumés par d'épais brouillards ; et, sur les flots
De la mer, une rouge et furieuse écume
Sautait avec le bruit de l'eau qui bout et fume ;
375 Et les plaines, où sont les villes, les hameaux,
Fleuves et lacs, et l'homme et tous les animaux,
Avec la multitude innombrable des plantes,
S'épandaient sous mes yeux, humides et sanglantes ;
Et j'ai cru voir le jour, dès longtemps résolu,
380 Où viendra de l'abîme un astre chevelu,
Horrible, qui fera de la terre une braise,
Et puis un peu de cendre au fond de la fournaise !

Seigneur ! ce n'était pas la suprême clarté
Qui doit flamber au seuil de notre éternité ;
385 Ce n'était pas le jour des tardives détresses,
Ni le clairon d'appel aux âmes pécheresses,
Ni Josaphat ployant sous la foule des morts,
Effroyable moisson d'inutiles remords ;
C'était, grâce à Satan qui l'allume et l'amène,
390 L'ordinaire soleil dont luit la race humaine !

Or, voici que j'ai vu le monde, comme un pré
Immense, qui grouillait sous ce soleil pourpré,
Plein d'hommes portant heaume et cotte d'acier, lance,
Masse d'armes et glaive, engins de violence
95 Avec loques d'orgueil, bannières et pennons
Où le Diable inscrivait leur lignée et leurs noms.
Et c'était un amas de nations diverses :
Sarrasins de Syrie, Arméniens et Perses,
Et ceux d'Égypte et ceux de Tartarie avec
100 Le More grenadin, le Sarmate et le Grec.
Et ces troupes de pied et ces cavaleries,
Hurlant, les yeux hagards, haletantes, meurtries,
Se ruant pêle-mêle en tourbillons, rendant
L'écume de la rage à chaque coup de dent,
105 Sur la terre, Jésus, que ta croix illumine,
S'entre-mangeaient, ainsi qu'en un temps de famine.
Et les plus furieux, Seigneur, quels étaient-ils ?
Était-ce donc la horde aveugle des Gentils,
Ou ceux qui, pour nier à l'aise ta lumière,
110 Du fil de la malice ont cousu leur paupière ?

Non ! les plus égorgeurs, hélas ! c'étaient tes fils,
Les rois, oints du saint chrême aux pieds du Crucifix,
Les peuples baptisés de ton sang adorable,
Tels que des chiens hurlant sur un os misérable,
115 Qui faisaient de la terre et de la Chrétienté
Un lieu de boucherie et de rapacité !
Et les trois Échappés de leur triple conclave
Soufflaient cet incendie et chauffaient cette lave !

Ah ! s'il faut que toujours le terrestre troupeau
120 Donne une issue à l'âme au travers de la peau,
Et que le sang toujours, par les monts et les plaines,
Emplissant le ciel bleu de ses âcres haleines,
Fume dans l'holocauste éternel d'ici-bas,
Rends-nous la Foi vivante et les sacrés combats,
125 Ton amour, ô Jésus, avec ton espérance,
Comme aux jours des Philippe et des Loys de France,
Alors qu'un monde entier, plein de joie et priant,
Ta pure image au cœur fluait vers l'Orient !

Où les âmes, du corps périssable échappées,
430 Et ceintes de l'éclair sans tache des épées,
Montaient, laissant les fronts tranquilles et hardis,
Par leur chemin sanglant, au divin Paradis !
Car en ce temps, Jésus ! la mort, c'était la vie,
La gloire bienheureuse où ta grâce convie
435 Les héros trépassés autant que les martyrs,
Et toutes les vertus et tous les repentirs.

Mais en ce pré, champ clos immense de la haine,
La Colère broyait les morts pour la Géhenne,
Et, triomphant dans sa hideuse déraison,
440 D'un râle de damnés emplissait l'horizon !

VI

L'Esprit m'a descendu sur les grasses vallées
Tourangelles, durant les heures étoilées
Où l'alouette dort dans les blés, où les bœufs
Ruminent en songeant aux pacages herbeux,
445 Où le Jacque, épuisé de son labeur, oublie
Sa grand'misère avec la chaîne qui le lie.
Et j'ai vu que la nuit était muette autour
Du chaume pitoyable et de la noble tour,
Hormis le noir moutier, qui, de la Loire claire,
450 Dressait hautainement sa masse séculaire,
Et d'où sortaient des voix et de larges clartés
Comme aux saintes Noëls dans les solennités.
Or, ce n'était, selon les règles accomplies,
Ni matines, Jésus ! ni laudes, ni complies,
455 Ni les neuf psaumes, ni les pieuses leçons ;
À vrai dire, c'étaient d'effroyables chansons,
Et, par entier mépris du divin monitoire,
Les torches de l'orgie autour du réfectoire !
Et voici que j'ai vu, par ces rouges éclats,
460 La table, aux ais massifs, qui ployait sous les plats,
Les cruches, les hanaps, les brocs, les écuelles ;
Et, jetant leurs odeurs brutes et sensuelles,
Les viandes qui fumaient : chair de porc à foison,

Chair de bœuf, jars et paons rôtis, et venaison ;
55 Chair d'agneau, moutons gras qui grésillaient encore,
Et bons coqs que leur crête écarlate décore.
Et les vapeurs montaient, épaisses, au plafond.
Le sire Abbé trônait sur son banc-d'œuvre, au fond ;
Et, tout le long de cette énorme goinfrerie,
70 Cent moines très joyeux, à la trogne fleurie,
Entonnant les bons jus de Touraine, plongeant
Les dix doigts dans la viande écharpée, aspergeant
De sauces et de vin leurs faces et leurs ventres,
Semblaient autant de loups sanglants au fond des antres.
75 Derrière ces goulus, non moins empressés qu'eux,
Convers et marmitons, avec les maîtres queux,
Les caves où cuisaient les choses étant proches,
Comblaient les plats vidés, dégarnissaient les broches,
Allant, venant, courant, suant, vrai tourbillon
80 De diables tout mouillés des eaux du goupillon.
Quelque moine alourdi tombait par intervalle
À la renverse, avec la cruche qu'il avale,
Et les autres riaient de ses gémissements,
Et l'ensevelissaient sous les reliefs fumants.

5 Mais j'ai vu que le sire Abbé, droit sur son siège,
Bouche close, au milieu du fracas qui l'assiège,
Sous son capuchon noir, ainsi qu'un étranger,
Oyait et regardait, sans boire ni manger.
Or, prenant en souci ce jeûne et ce silence,
10 J'ai vu ses yeux, aigus comme des fers de lance,
Qui tantôt reluisaient à travers ses cils roux,
Et s'emplissaient tantôt d'ombre comme deux trous.
De sorte que, la bande étant à bout de forces,
Les uns, tels que des troncs qui crèvent leurs écorces,
15 Faisant craquer la peau trop pleine de leur flancs ;
Les autres, à demi noyés, les bras ballants,
La tête sur la table, et la langue tirée,
Pareils à des pourceaux repus de leur curée ;
J'ai vu le sire Abbé se lever lentement
20 Au bout du réfectoire infect et tout fumant ;
Et sa tête toucha les poutres enflammées ;
Et j'ai vu les deux mains d'ongles crochus armées,

La face où le regard divin a flamboyé,
Et j'ai vu que c'était Satan, le Foudroyé !

505 Un silencieux rire ouvrit ses blêmes lèvres
Que dessèche la soif des ineffables fièvres.
De son œil rouge et creux comme un gouffre, soudain
Jaillit un morne éclair de joie et de dédain ;
Il dit : – Holà ! c'est l'heure ! – Et voici qu'à cet ordre,
510 Tandis que les repus commençaient de se tordre
Et de geindre, voilà que, par milliers surgis,
Marmitons, queux, servants, avec des pals rougis,
Des fourches, des tridents et des pieux et des piques,
À la file embrochaient les moines hydropiques,
515 Et jetaient, toute chaude et vive, dans l'enfer,
La Goinfrerie, ayant pour abbé Lucifer !

VII

L'Esprit m'a flagellé rudement en arrière
Des temps, et j'ai revu, sous Rome la guerrière,
Et le tétrarque Hérode et le vieux sanhédrin,
520 La cité de David liée au joug d'airain,
Josaphat, le Cédron et les saintes piscines,
Et le bois d'oliviers aux antiques racines.
Et voici que j'ai vu, par le soleil levant,
Le Temple où résidait l'arche du Dieu vivant.
525 Une foule, semblable à des essaims d'abeilles,
Entrait, sortait. Ceux-ci ployés sous des corbeilles
De légumes, de fruits ou de chairs en quartiers ;
Ceux-là traînant des bœufs. Gens de mille métiers,
Vendeurs de lin d'Égypte et vendeurs de ramées,
530 Vendeurs de graisse brute ou d'huiles parfumées,
D'étoffes et de vins de la Perse, et d'amas
De glaives et de dards fabriqués à Damas,
De piques, de cuissards, de casques et de dagues ;
Orfèvres, débitant les colliers et les bagues ;
535 Changeurs d'or et d'argent bien munis de faux poids,
Marchands de sel, marchands de résine et de poix ;
Marchands de grains, donnant la mauvaise mesure,

Et force grippe-sous prêtant à grande usure
Autour des Chérubins et des sept Chandeliers.
540 Donc, du parvis profond au bas des escaliers,
Le Temple n'était plus qu'une halle effroyable
Dont les Anges pleuraient et dont riait le Diable.
Or, voici que j'ai vu, sous ses beaux cheveux roux,
Jésus, Notre-Seigneur, très pâle de courroux,
545 Qui passait à travers toutes ces industries
Et ces gens par la soif d'un lucre vil flétries,
Infectant de fumier, de graisses et de vin,
De clameurs et de vols impurs, le lieu divin !
Le Roi Christ était doux, plein de miséricorde ;
550 Mais j'ai vu qu'il tirait de sa robe une corde
Noueuse, mise en trois et dure comme il faut,
Et qu'à grands coups de fouet il les chassait d'en haut
Par les rampes, crevant les sacs, les escarcelles
Pleines d'argent, poussant les bœufs sur les vaisselles,
555 Et les outres de vin sur les riches tissus,
Et l'âne sur l'ânier et le tout par-dessus ;
Parce que cette engeance, ainsi qu'au temps moderne,
Faisait de la maison divine une caverne !

Et tandis que Jésus rendait ce jugement
560 Et fouettait ces voleurs très véhémentement,
Les disciples, non loin, assis sous les portiques,
Méditaient, le cœur plein de visions mystiques,
Et de l'âme cherchaient, comme d'autres des yeux,
Le Royaume du Maître au delà des sept cieux.
565 Nul ne se souciait, plongé dans sa pensée,
De la foule en rumeur hors du Temple chassée,
Croyant que tout est bien sur terre, quand on croit,
Et que le mieux, après, arrive par surcroît.
Et le Roi Christ survint, disant : — Ce n'est point l'heure
570 De prier, quand le feu dévore la demeure.
Bienheureux qui se lève, et, luttant, irrité,
Pour la justice en peine et pour la charité,
Applique sur le mal l'efficace remède !
Et malheur à qui n'est ni chaud ni froid, mais tiède !
575 Or, que faites-vous là ? Rien. Moi, je vous le dis,
L'inactif n'aura point de place au Paradis ! —

Et moi, je vous le dis, après Christ, la Lumière
Qui s'en vint dissiper l'obscurité première,
L'Eau vive qui circule au sillon desséché ;
580 Je vous le dis à vous qui fuyez le Péché,
Et les fanges du siècle, âmes encor sans tache
Parmi ceux qu'en enfer Satan mène à l'attache ;
Ô princes ! – s'il en est ! – moines, prieurs, abbés,
Qui n'êtes point encor dans ses pièges tombés,
585 Mais qui, les bras croisés et les yeux pleins de larmes,
Pour le combat de Dieu n'endossez point vos armes,
Je vous le dis : Malheur ! Et quand le jour luira
Du dernier jugement, le Roi Christ vous dira :
– Arrière, paresseux ! cœurs tremblants, cœurs d'esclaves,
590 Je ne suis pas le Dieu des lâches, mais des braves !
Qui de vous a souffert ? qui de vous a lutté ?
Allez ! Je vous renie, et pour l'éternité ! –

Voilà ce que j'ai vu par le nocturne espace,
En ce monde où l'Agneau divin bêle et trépasse
595 Pour l'âme et pour la chair d'Adam dur et têtu ;
Où le Sang qui nous lave a perdu sa vertu ;
Où la barque de Pierre, aux trois courants livrée,
Heurte les rocs aigus, et s'en va, démembrée,
En haute mer, portant, sous les cieux assombris,
600 La pauvre Chrétienté qui charge ses débris.
Voilà ce que j'ai vu, par la grâce très sainte
De l'Esprit : la Foi morte et la Vérité ceinte
D'épines, comme Christ, après Gethsémani ;
Le Siège unique à bas et son éclat terni ;
605 Le bon grain pourrissant dans les sillons arides ;
Royautés sans lumière, et nations sans brides ;
Et, par grande misère, au milieu de cela,
En liesse, sonnant ses trompes de gala,
Par-devant Sigismund qui souffre ce blasphème,
610 La nouvelle hérésie au pays de Bohême.

Or le Roi Jésus-Christ, parlant, comme il lui plaît,
Par la bouche de l'aigle ou bien de l'oiselet,

M'a dit : – Lève-toi, Guy de Clairvaux, pauvre moine,
Car voici que Satan détruit mon patrimoine,
615 Et le temps est venu d'agir de haute main
Et promptement, de peur qu'il soit trop tard demain. –
Moi, je l'ai supplié, d'une oraison fervente,
De m'épargner, chétif que le siècle épouvante ;
Mais Jésus, derechef, m'a pris par les cheveux,
620 Disant : – Parle tout haut, moine Guy ! je le veux. –
Donc, Monsieur saint Bernard qui siège au lieu céleste,
Hausse ma voix ! l'Esprit divin fera le reste.

Sus ! sus ! La coupe est pleine et déborde. Debout,
Les forts, les purs, les bons, car le monde est à bout !
625 Et voici que tantôt la vieille idolâtrie
S'en va noyer la terre et sa race flétrie,
Mieux qu'au déluge où Dieu jadis se résolut,
Moins la colombe, avec le rameau du salut !
Sus ! Empereurs et Rois, chefs du Centre et des Marches,
630 Cardinaux et Primats, Évêques, Patriarches,
Abbés, Généraux d'ordre et Docteurs très chrétiens,
Vous tous, les boucliers, les flambeaux, les soutiens
De la très vénérable Église, notre mère,
Qui languit et qui pleure en son angoisse amère !
635 Je vous adjure, au nom des Âmes en danger
Qui sont pâture aux loups et n'ont plus de Berger,
Par la sanglante Croix où pend le Fils unique,
Sus ! Debout ! Au très saint Concile œcuménique !

Au Concile ! Sitôt que vous y siégerez,
640 À vos fronts comme à ceux des apôtres sacrés,
Luira le Paraclet en flamboyantes langues,
Qui mettra la sagesse en vos bonnes harangues ;
Et le sens infaillible et la droite équité
Seront fruits mûrs de votre impeccabilité !
645 Sus ! triez le froment des pailles de l'ivraie !
Par Décrets et Canons qui sont la Règle vraie
Que tout soit apaisé, que tout soit rétabli ;
Qu'en son gouffre Satan retombe enseveli ;
Que le Siège, étant Un comme Dieu qui le fonde,
650 Soit Parole et Lumière aux quatre bouts du monde,

Source vive au Fidèle, espérance au Gentil,
Et joie en terre comme au ciel ! Ainsi soit-il !

L'ANATHÈME

Si nous vivions au siècle où les Dieux éphémères
Se couchaient pour mourir avec le monde ancien,
Et, de l'homme et du ciel détachant le lien,
Rentraient dans l'ombre auguste où résident les Mères ;

5 Les regrets, les désirs, comme un vent furieux,
Ne courberaient encor que les âmes communes ;
Il serait beau d'être homme en de telles fortunes,
Et d'offrir le combat au sort injurieux.

Mais nos jours valent-ils le déclin du vieux monde ?
10 Le temps, Nazaréen, a tenu ton défi ;
Et pour user un Dieu deux mille ans ont suffi,
Et rien n'a palpité dans sa cendre inféconde.

Heureux les morts ! L'écho lointain des chœurs sacrés
Flottait à l'horizon de l'antique sagesse ;
15 La suprême lueur des soleils de la Grèce
Luttait avec la nuit sur des fronts inspirés :

Dans le pressentiment de forces inconnues,
Déjà plein de Celui qui ne se montrait pas,
Ô Paul, tu rencontrais, au chemin de Damas,
20 L'éclair inespéré qui jaillissait des nues !

Notre nuit est plus noire et le jour est plus loin.
Que de sanglots perdus sous le ciel solitaire !
Que de flots d'un sang pur sont versés sur la terre
Et fument ignorés d'un éternel témoin !

25 Comme l'Essénien, au bout de son supplice,
   Désespéré d'être homme et doutant d'être un dieu,
   Las d'attendre l'Archange et les langues de feu,
   Les peuples flagellés ont tari leur calice.

   Ce n'est pas que, le fer et la torche à la main,
30 Le Gépide ou le Hun les foule et les dévore,
   Qu'un empire agonise, et qu'on entende encore
   Les chevaux d'Alarik hennir dans l'air romain.

   Non ! le poids est plus lourd qui les courbe et les lie ;
   Et, corrodant leur cœur d'avarice enflammé,
35 L'idole au ventre d'or, le Moloch affamé
   S'assied, la pourpre au dos, sur la terre avilie.

   Un air impur étreint le globe dépouillé
   Des bois qui l'abritaient de leur manteau sublime ;
   Les monts sous des pieds vils ont abaissé leur cime ;
40 Le sein mystérieux de la mer est souillé.

   Les Ennuis énervés, spectres mélancoliques,
   Planent d'un vol pesant sur un monde aux abois ;
   Et voici qu'on entend gémir comme autrefois
   L'Ecclésiaste assis sous les cèdres bibliques.

45 Plus de transports sans frein vers un ciel inconnu,
   Plus de regrets sacrés, plus d'immortelle envie !
   Hélas ! des coupes d'or où nous buvions la vie
   Nos lèvres ni nos cœurs n'auront rien retenu !

   Ô mortelles langueurs, ô jeunesse en ruine,
50 Vous ne contenez plus que cendre et vanité !
   L'amour, l'amour est mort avec la volupté ;
   Nous avons renié la passion divine !

   Pour quel dieu désormais brûler l'orge et le sel ?
   Sur quel autel détruit verser les vins mystiques ?
55 Pour qui faire chanter les lyres prophétiques
   Et battre un même cœur dans l'homme universel ?

Quel fleuve lavera nos souillures stériles ?
Quel soleil, échauffant le monde déjà vieux,
Fera mûrir encor les labeurs glorieux
60 Qui rayonnaient aux mains des nations viriles ?

Ô liberté, justice, ô passion du beau,
Dites-nous que votre heure est au bout de l'épreuve,
Et que l'Amant divin promis à l'âme veuve
Après trois jours aussi sortira du tombeau !

65 Éveillez, secouez vos forces enchaînées,
Faites courir la sève en nos sillons taris ;
Faites étinceler, sous les myrtes fleuris,
Un glaive inattendu, comme aux Panathénées !

Sinon, terre épuisée, où ne germe plus rien
70 Qui puisse alimenter l'espérance infinie,
Meurs ! Ne prolonge pas ta muette agonie,
Rentre pour y dormir au flot diluvien.

Et toi, qui gis encor sur le fumier des âges,
Homme, héritier de l'homme et de ses maux accrus,
75 Avec ton globe mort et tes Dieux disparus,
Vole, poussière vile, au gré des vents sauvages !

AUX MODERNES

Vous vivez lâchement, sans rêve, sans dessein,
Plus vieux, plus décrépits que la terre inféconde,
Châtrés dès le berceau par le siècle assassin
De toute passion vigoureuse et profonde.

5 Votre cervelle est vide autant que votre sein,
Et vous avez souillé ce misérable monde
D'un sang si corrompu, d'un souffle si malsain,
Que la mort germe seule en cette boue immonde.

Hommes, tueurs de Dieux, les temps ne sont pas loin
10 Où, sur un grand tas d'or vautrés dans quelque coin,
Ayant rongé le sol nourricier jusqu'aux roches,

Ne sachant faire rien ni des jours ni des nuits,
Noyés dans le néant des suprêmes ennuis,
Vous mourrez bêtement en emplissant vos poches.

LA FIN DE L'HOMME

Voici. Qaïn errait sur la face du monde.
Dans la terre muette Ève dormait, et Seth,
Celui qui naquit tard, en Hébron grandissait.
Comme un arbre feuillu, mais que le temps émonde,
5 Adam, sous le fardeau des siècles, languissait.

Or, ce n'était plus l'Homme en sa gloire première,
Tel qu'Iahvèh le fit pour la félicité,
Calme et puissant, vêtu d'une mâle beauté,
Chair neuve où l'âme vierge éclatait en lumière
10 Devant la vision de l'immortalité.

L'irréparable chute et la misère et l'âge
Avaient courbé son dos, rompu ses bras nerveux,
Et sur sa tête basse argenté ses cheveux.
Tel était l'Homme, triste et douloureuse image
15 De cet Adam pareil aux Esprits lumineux.

Depuis bien des étés, bien des hivers arides,
Assis au seuil de l'antre et comme enseveli
Dans le silencieux abîme de l'oubli,
La neige et le soleil multipliaient ses rides :
20 L'ennui coupait son front d'un immuable pli.

Parfois Seth lui disait : – Fils du Très-Haut, mon père,
Le cèdre creux est plein du lait de nos troupeaux,
Et dans l'antre j'ai fait ton lit d'herbe et de peaux.
Viens ! Le lion lui-même a gagné son repaire. –
25 Adam restait plongé dans son morne repos.

Un soir, il se leva. Le soleil et les ombres
Luttaient à l'horizon rayé d'ardents éclairs,
Les feuillages géants murmuraient dans les airs,
Et les bêtes grondaient aux solitudes sombres.
30 Il gravit des coteaux d'Hébron les rocs déserts.

Là, plus haut que les bruits flottants de la nuit large,
L'Hôte antique d'Éden, sur la pierre couché,
Vers le noir Orient le regard attaché,
Sentit des maux soufferts croître la lourde charge :
35 Ève, Abel et Qaïn, et l'éternel péché !

Ève, l'inexprimable amour de sa jeunesse,
Par qui, hors cet amour, tout changea sous le ciel !
Et le farouche enfant, chaud du sang fraternel !...
L'Homme fit un grand cri sous la nuée épaisse,
40 Et désira mourir comme Ève et comme Abel !

Il ouvrit les deux bras vers l'immense étendue
Où se leva le jour lointain de son bonheur,
Alors qu'il t'ignorait, ô fruit empoisonneur !
Et d'une voix puissante au fond des cieux perdue,
45 Depuis cent ans muet, il dit : – Grâce, Seigneur !

Grâce ! J'ai tant souffert, j'ai pleuré tant de larmes,
Seigneur ! J'ai tant meurtri mes pieds et mes genoux...
Élohim ! Élohim ! de moi souvenez-vous !
J'ai tant saigné de l'âme et du corps sous vos armes,
50 Que me voici bientôt insensible à vos coups !

Ô jardin d'Iahvèh, Éden, lieu de délices,
Où sur l'herbe divine Ève aimait à s'asseoir ;
Toi qui jetais vers elle, ô vivant encensoir,
L'arome vierge et frais de tes mille calices,
55 Quand le soleil nageait dans la vapeur du soir !

Beaux lions qui dormiez, innocents, sous les palmes,
Aigles et passereaux qui jouiez dans les bois,
Fleuves sacrés, et vous, Anges aux douces voix,

Qui descendiez vers nous, à travers les cieux calmes,
60 Salut ! Je vous salue une dernière fois !

Salut, ô noirs rochers, cavernes où sommeille
Dans l'immobile nuit tout ce qui me fut cher...
Hébron ! muet témoin de mon exil amer,
Lieu sinistre où, veillant l'inexprimable veille,
65 La femme a pleuré mort le meilleur de sa chair !

Et maintenant, Seigneur, vous par qui j'ai dû naître,
Grâce ! Je me repens du crime d'être né...
Seigneur, je suis vaincu, que je sois pardonné !
Vous m'avez tant repris ! Achevez, ô mon Maître !
70 Prenez aussi le jour que vous m'avez donné. —

L'Homme ayant dit cela, voici, par la nuée,
Qu'un grand vent se leva de tous les horizons
Qui courba l'arbre altier au niveau des gazons,
Et, comme une poussière au hasard secouée,
75 Déracina les rocs de la cime des monts.

Et sur le désert sombre, et dans le noir espace,
Un sanglot effroyable et multiple courut,
Chœur immense et sans fin, disant : — Père, salut !
Nous sommes ton péché, ton supplice et ta race...
80 Meurs, nous vivrons ! — Et l'Homme épouvanté mourut.

SOLVET SECLUM

Tu te tairas, ô voix sinistre des vivants !

Blasphèmes furieux qui roulez par les vents,
Cris d'épouvante, cris de haine, cris de rage,
Effroyables clameurs de l'éternel naufrage,
5 Tourments, crimes, remords, sanglots désespérés,
Esprit et chair de l'homme, un jour vous vous tairez !
Tout se taira, dieux, rois, forçats et foules viles,
Le rauque grondement des bagnes et des villes,
Les bêtes des forêts, des monts et de la mer,
10 Ce qui vole et bondit et rampe en cet enfer,
Tout ce qui tremble et fuit, tout ce qui tue et mange,
Depuis le ver de terre écrasé dans la fange
Jusqu'à la foudre errant dans l'épaisseur des nuits !
D'un seul coup la nature interrompra ses bruits.
15 Et ce ne sera point, sous les cieux magnifiques,
Le bonheur reconquis des paradis antiques
Ni l'entretien d'Adam et d'Ève sur les fleurs,
Ni le divin sommeil après tant de douleurs ;
Ce sera quand le Globe et tout ce qui l'habite,
20 Bloc stérile arraché de son immense orbite,
Stupide, aveugle, plein d'un dernier hurlement,
Plus lourd, plus éperdu de moment en moment,
Contre quelque univers immobile en sa force
Défoncera sa vieille et misérable écorce,
25 Et, laissant ruisseler, par mille trous béants,
Sa flamme intérieure avec ses océans,
Ira fertiliser de ses restes immondes
Les sillons de l'espace où fermentent les mondes.

DOSSIER

VIE DE LECONTE DE LISLE
(1818-1894)

1818 22 octobre : naissance à l'île Bourbon (actuellement : La Réunion) de Charles Leconte de Lisle. Son père est un ancien chirurgien militaire devenu planteur. Sa mère, Suzanne de Riscourt de Lanux, appartient à l'aristocratie de l'île ; elle est apparentée au poète Parny. Charles aura deux frères (Alfred et Paul) et trois sœurs (Élysée, Anaïs et Emma).

[1822]-[1832] Séjour à Nantes avec sa famille : « Venu en France à trois ans ; retourné à Bourbon avec ma famille à dix ans », a-t-il noté, ce qui ne correspond pas tout à fait aux dates fournies dans les chronologies les plus récentes.

[1832]-1837 Retour à l'île Bourbon. L. de L. est sans doute médiocre écolier, mais grand liseur. Une découverte : *Les Orientales* de Victor Hugo. Un premier amour peut-être : Élixenne de Lanux, sa cousine éloignée. Un ami : Adamolle, avec lequel il fréquente un petit groupe où l'on est démocrate et libre penseur. Un début littéraire : les *Essais poétiques*.

11 mars 1837 Départ pour la France dans le but d'y faire des études de droit. Escale au Cap et à Sainte-Hélène. L. de L. est attendu chez son « oncle », Louis Leconte, cousin de son père, avoué, adjoint au maire de Dinan. Il est très vite envoyé à Rennes, où il apprend qu'il lui faut, pour s'inscrire à la faculté de droit, être bachelier ès lettres.

1838-1839 De retour à Dinan, se lie avec Julien Rouffet, poète et futur clerc de notaire. S'éprend successivement de Caroline et de Marie Beamish, deux sœurs anglaises. Est reçu au baccalauréat le 14 novembre 1838. Il s'inscrit en droit, et suit aussi les cours de la faculté des lettres de Rennes pendant l'hiver 1838-1839 ; mais, dès juillet 1839, il a « abandonné le Droit ». Sa famille lui coupe les vivres.

1840-1843 Premières publications dans *La Variété*, revue fondée par un groupe d'étudiants de Rennes : trois essais littéraires, un conte, quelques poèmes. À bout de ressources, il se rapproche quelque peu de sa famille, et passe le baccalauréat en droit en janvier 1841. En 1842, il tente, en vain, de lancer une nouvelle publication : *Le Scorpion*.

12 juin 1843 L. de L. repart pour l'île Bourbon. Il y reste deux ans, sans faire grand-chose, semble-t-il.

1845-1847 Retour en France, où son compatriote Laverdant lui a trouvé une collaboration à *La Démocratie pacifique*, quotidien fouriériste ; il y publiera surtout des contes en prose et quelques articles politiques. Il publie aussi dans *La Phalange*, mensuel de même tendance, une série de poèmes, dont certains seront parmi les plus importants des *Poèmes antiques*. Il fréquente les fouriéristes, ainsi qu'un groupe d'écrivains et d'artistes (Ménard, Lacaussade, Thalès Bernard, Jobbé-Duval...).

1848 Lors de la Révolution, il présente, au nom d'un groupe de jeunes créoles, un manifeste demandant l'abolition de l'esclavage. Son club l'envoie en mission à Dinan pour préparer les élections, mais il s'y montre assez piteux. En juin, il aurait été vu sur les barricades, soutenant les insurgés. Il est certain en tout cas qu'il fut incarcéré pendant quarante-huit heures.

1849-1851 Il a cessé de collaborer à *La Démocratie pacifique*. Collaboration éphémère à *La Réforme* de Lamennais. S'éprend – croit-on – de Mme Jobbé-Duval, dont il deviendra l'amant.

1852 Publication des *Poëmes antiques* chez Ducloux.

1853-1856 Très pauvre, L. de L. vit de leçons particulières, de travaux non signés, d'emprunts, de quelques prix et subsides, notamment une pension du Conseil général de la Réunion, qui lui sera versée de 1853 à 1868. Fréquente Laprade, Lacaussade, Louise Colet et les amis de celle-ci : Flaubert, Cousin, etc. Commence à publier dans la *Revue de Paris* (*Le Runoïa*), dans la *Revue des Deux Mondes* et dans la *Revue française*. En 1855 : *Poëmes et Poésies* chez Dentu.

1857 Mariage le 10 septembre avec Anne-Adélaïde Perray. Début des publications dans la *Revue contemporaine*.

1858 *Poésies complètes*, chez Poulet-Malassis et de Broise.

1860 L. de L. commence à faire figure de chef d'école. Ses disciples : Villiers de l'Isle-Adam, Mallarmé, Sully Prudhomme, Heredia...

1861 Traduction des *Idylles* de Théocrite et des *Odes anacréontiques*, chez Poulet-Malassis. Échange d'articles élogieux avec Baudelaire. Nombreux poèmes dans la *Revue européenne*.

1862 *Poésies barbares*, chez Poulet-Malassis.

1863 L. de L. tombe sans doute amoureux, à cette époque, de la femme de son cousin Hippolyte Foucque (s'il est exact que c'est à elle qu'il pense en écrivant *Les Roses d'Ispahan* et *Le Parfum impérissable*). Cet amour paraît laisser insensible celle qui en est l'objet, et le poète s'assombrit.

1864 Série d'articles sur *Les Poëtes contemporains* dans *Le Nain jaune*. L. de L. accepte une pension sur la cassette impériale. Il se justifiera lorsque la chose lui sera reprochée en alléguant ses difficultés financières, aggravées par le fait que sa mère et deux de ses sœurs sont à Paris sans ressources (le père est mort sans rien laisser en 1856).

1866 Premier volume du *Parnasse contemporain*, paru en 18 livraisons hebdomadaires chez Lemerre.

1867 Traduction de l'*Iliade*, chez Lemerre.

1868 Traduction de l'*Odyssée*, chez Lemerre.

1869 Traduction d'Hésiode, chez Lemerre. Mise en train du second *Parnasse contemporain* : c'est sur *Kaïn* que s'ouvre le volume, et le poème soulèvera un grand intérêt.

1870 Décoré de la Légion d'honneur. À la chute de l'Empire, la révélation de sa pension lui vaut une certaine hostilité de la part même de ses amis. Pendant le siège il est garde national. Il publie anonymement le *Catéchisme populaire républicain*, chez Lemerre. L'ouvrage connaîtra beaucoup de succès.

1871 *Histoire populaire de la Révolution française* et *Histoire populaire du christianisme* chez Lemerre La Commune déclenche chez L de L une violente réaction d'hostilité.

1872 À l'Assemblee nationale, un M de Gavardie interpelle le garde des Sceaux pour obtenir que l'on poursuive l'auteur du *Catéchisme* Publication des *Poëmes barbares* chez Lemerre. Rédaction des *Érinnyes*.

1873 Création des *Érinnyes* à l'Odéon ; le texte en est publie chez Lemerre Traduction d'Horace, chez Lemerre également.

1874 Se lie avec Victor Hugo.

1876 L. de L. devient sous-bibliothécaire au Sénat, sinécure lui assurant de modestes rentrées régulières (certains biographes situent cette nomination en 1872-1873, nous suivons ici E. Pich, qui a consulté notamment la correspondance de l'écrivain). Troisième *Parnasse contemporain*. Collaboration à une *Histoire du Moyen Âge* qui paraît sous la seule signature de Pierre Gosset.

1877 Traduction de Sophocle, chez Lemerre. Première candidature à l'Académie française ; seuls Hugo et Auguste Barbier lui donnent leur voix.

1880 Jules Lemaitre publie un important article sur L. de L. dans la *Revue bleue*.

1882 Deuxième candidature à l'Académie française. Il n'a que la voix de Hugo.

1883 Officier de la Légion d'honneur.

1884 Traduction d'Euripide et *Poèmes tragiques*, le tout chez Lemerre. Les *Poèmes tragiques* reçoivent un prix de l'Académie française. Hugo vote une nouvelle fois pour lui.

1885 Étude de Bourget sur L. de L. dans la *Nouvelle Revue*. L. de L. s'éprend d'Émilie Leforestier, dont il avait aimé la mère, Émilie Foucque, vingt ans plus tôt.

1886 11 février : L. de L. est élu à l'Académie française au fauteuil de Victor Hugo, par 21 voix contre 6.

1887 Réception à l'Académie française le 31 mars. Le discours d'Alexandre Dumas fils n'est guère élogieux.

1888 Publication de *L'Apollonide*, drame lyrique, chez Lemerre. L. de L. fréquente l'artistocratie (la reine Carmen Sylva, la princesse Vacaresco, Robert de Montesquiou).

1891 Dans sa réponse à l'enquête de Jules Huret sur *L'Évolution littéraire*, L. de L. critique les poètes symbolistes, et aussi Anatole France (avec qui il est en froid depuis longtemps).

1893 Le 17 mai : leçon de Brunetière sur L. de L., à la Sorbonne.

1894 Mort de L. de L. le 17 juillet, à Louveciennes, dans la propriété de « Jean Dornis » (Mme Guillaume Beer), qui fut « sa dernière Muse ».

(Sources principales : Edmond Estève, *L. de L., l'homme et l'œuvre*, Paris, Boivin, s.d. Pierre Flottes, *L. de L., l'homme et l'œuvre*, Paris, Hatier-Boivin, 1954. Jules-Marie Priou, *L. de L.*, Paris, Seghers, 1966. Hippolyte Foucque, « Contribution à la biographie de L. de L. : la vierge au Manchy », *Revue d'histoire littéraire de la France*, 1928, p. 369-381. Jean Mistler, Allocution prononcée à l'inauguration de l'exposition L. de L., *Bulletin de la Bibliothèque nationale*, décembre 1977, p. 159-166. Edgard Pich, Chronologie, édition des Belles Lettres, t. IV, 1978, p. XI-XXV).

NOTICE

La Forêt vierge : *L'Art,* 23 novembre 1865.

Le Manchy : *Revue française,* 1ᵉʳ août 1857.

Le Sommeil du condor : *Revue française,* 1ᵉʳ août 1857.

Un Coucher de soleil : *Revue contemporaine,* 15 avril 1860.

La Panthère noire : *Revue contemporaine,* 15 mai 1859, à la suite du *Jaguar,* sous le titre général : *Les Chasseurs.*

L'Aurore : *Poëmes et Poésies* (1855), sans titre, avec la dédicace : *À Madame A.S.M.*

Les Jungles : *Revue des Deux Mondes,* 15 février 1855, sous le titre : *La Jungle.*

Le Bernica : *Revue contemporaine,* 15 mai 1858.

Le Jaguar : *Revue contemporaine,* 15 mai 1859, avec *La Panthère noire,* sous le titre : *Les Chasseurs.*

Effet de lune : *Revue contemporaine,* 15 avril 1860.

Les Taureaux : *Poëmes barbares* (1872).

Le Rêve du jaguar : *Parnasse contemporain* (1866).

Ultra cœlos : *Revue contemporaine,* 30 avril 1863.

Le Colibri : *Poëmes et Poésies* (1855).

Les Montreurs : *Revue contemporaine,* 30 juin 1862.

La Chute des étoiles : *Revue contemporaine,* 15 avril 1860.

La Mort d'un lion : *Revue contemporaine,* 30 juin 1862.

Mille ans après : *L'Artiste,* 1ᵉʳ janvier 1868.

Le Vœu suprême : *Revue européenne,* 1ᵉʳ décembre 1861.

Le Soir d'une bataille : *Revue contemporaine,* 15 janvier 1860.

Aux Morts : *Revue européenne,* 15 novembre 1861, sous le titre : *Le Deux Novembre. Aux Morts.*

Le dernier souvenir : *L'Artiste,* 1ᵉʳ janvier 1868.

Les Damnés : *Revue des Deux Mondes,* 15 février 1855, sous le titre : *Les Damnés de l'amour.*

Fiat nox : *Revue contemporaine,* 30 juin 1864.

In excelsis : *Poëmes barbares* (1872).

La Mort du soleil : *Revue européenne,* 15 octobre 1861.

Les Spectres : *Revue française,* 1ᵉʳ mai 1864.

Le vent froid de la nuit : *Poëmes et Poésies* (1855).

La dernière vision : *Parnasse contemporain* (1866).

Les Rêves morts : *Revue contemporaine,* 30 juin 1864.

La Vipère : *Poëmes antiques* (1852), sans titre.

À l'Italie : *Revue contemporaine,* 15 avril 1859.

Requies : *Poëmes et Poésies* (1855). Le poème est présenté en tercets.

Paysage polaire : *Le Siècle littéraire,* 15 novembre 1875.

Le Corbeau : *Revue contemporaine,* 31 mai 1860.

Un acte de charité : *Revue contemporaine,* 15 janvier 1860.

La Tête du Comte : *Revue du Monde nouveau,* 1ᵉʳ mars 1874.

L'Accident de Don Iñigo : *La République des Lettres,* 30 juillet 1876 (graphie : *Inigo*).

La Ximena : *La Renaissance,* 5 octobre 1872.

La Tristesse du Diable : *Revue française,* 1ᵉʳ décembre 1864.

Les Ascètes : *Revue indépendante,* 10 octobre 1846 (première version, beaucoup plus longue que les suivantes et fort différente).

Le Nazaréen : *Poëmes et Poésies* (1855).

Les deux Glaives : *Revue européenne*, 1ᵉʳ mars 1861.

L'Agonie d'un saint : *Revue européenne*, 1ᵉʳ février 1861, à la suite de *L'Épée d'Angantyr*, sous le titre général : *Poésies barbares*.

Les Paraboles de dom Guy : *Revue contemporaine*, 15 novembre 1859.

L'Anathème : *Poëmes et Poésies* (1855).

Aux modernes : *Le Nain Jaune*, 30 novembre 1864.

La Fin de l'Homme : *Revue contemporaine*, 31 décembre 1858.

Solvet seclum : *Revue européenne*, 15 mai 1861, sous le titre : *Solvet Saeclum*.

LES « POÈMES BARBARES » DANS LES DIFFÉRENTS RECUEILS DE LECONTE DE LISLE

Poëmes antiques, Paris, Marc Ducloux, 1852. Ce recueil comprend 31 pièces, dont *La Fontaine aux lianes* et, sans titre, le poème qui s'intitulera plus tard *La Vipère*.

Poëmes et Poésies, Paris, Dentu, 1855. Recueil composé de 28 pièces, parmi lesquelles : *A Madame A.S.M.* (qui deviendra *L'Aurore*), *Les Ascètes*, *Les Jungles*, *Les Hurleurs*, *Les Éléphants*, *Le Désert*, *Le Runoïa*, *Le Nazaréen*, *Christine*, *Les Elfes*, *Le Colibri*, *Les Damnés*, *Le vent froid de la nuit*, *L'Anathème* et *Requies*.

Tous les « poèmes barbares » déjà publiés figurent dans ce recueil.

Poëmes et Poésies, Paris, Taride, 1857. Même liste qu'en 1855 pour ce qui regarde les « poèmes barbares ».

Poésies complètes de Leconte de Lisle. *Poëmes antiques*. *Poëmes et Poésies*. *Poésies nouvelles*, Paris, Poulet-Malassis et de Broise, 1858. On trouve toujours, dans les *Poëmes antiques*, *La Fontaine aux lianes* et la pièce qui s'intitulera en 1872 *La Vipère* (celle-ci imprimée sans séparation ni titre à la suite d'un autre poème, *Çurya*) ; dans *Poëmes et Poésies*, la liste de l'édition Dentu. Enfin parmi les *Poésies nouvelles* figurent *La Ravine Saint-Gilles*, *Le Manchy*, *L'Oasis*, *La Genèse polynésienne* et *Le Sommeil du condor*.

Tous les « poèmes barbares » publiés avant 1858 figurent donc dans ce recueil. Trois pièces publiées dans la *Revue contemporaine* en février et en mai 1858 (*Nurmahal*, *La Légende des Nornes*, *Le Bernica*) ne sont pas reprises, alors que l'édition des *Poésies complètes* doit leur être postérieure : elle est signalée dans le *Journal de la librairie* du 28 août (E. Pich, *Leconte de Lisle et sa création poétique*, p. 519).

Poésies barbares, Paris, Poulet-Malassis, 1862. Ce recueil comprend 36 pièces, dont 32 feront partie des *Poèmes barbares* : *La Fin de l'Homme*, *La Vigne de Naboth*, *Le Corbeau*, *La Vision de Snorr*, *La Mort de Sigurd*, *La Légende des Nornes*, *Le Jugement de Komor*, *Djihan-Arâ*, *Le Barde de Temrah*, *Nurmahal*, *La Panthère noire*, *L'Épée d'Angantyr*, *Le Jaguar*, *Le Massacre de Mona*, *La Mort du soleil*, *Effet de lune*, *Le Conseil du Fakir*, *La Chute des étoiles*, *A l'Italie*, *Le Soir d'une bataille*, *Un Coucher de soleil*, *Un acte de charité*, *Néférou-Ra*, *Les deux Glaives*, *Le Bernica*, *Les Paraboles de dom Guy*, *Aux Morts*, *Les Clairs de lune*, *Le Vœu suprême*, *La Fille de l'Émyr*, *L'Agonie d'un saint*, *Solvet seclum*.

On notera que les *Poésies barbares* ne comportent que des pièces qui ne figurent pas dans les recueils précédents.

Poèmes barbares. Paris. Lemerre. 1872. Recueil de 77 pièces. Liste identique à celle de l'édition de 1889. sauf *Paysage polaire, La Tête du Comte, L'Accident de Don Iñigo* et *La Ximena.*

Poèmes barbares. Paris. Lemerre. 1878. Recueil de 81 pièces. Liste identique à celle de l'édition de 1889.

Œuvres de Leconte de Lisle. Poèmes barbares, Paris, Lemerre, 1882. Recueil de 81 pièces. Liste identique à celle de l'édition de 1889.

Poèmes tragiques. Paris. Lemerre. 1884. Dans ce recueil figurent les trois poèmes « espagnols » qui sont déjà inclus dans les *Poèmes barbares* de 1878 et de 1882 : *La Tête du Comte, L'Accident de Don Iñigo* et *La Ximena.*

Poèmes barbares. Paris. Lemerre. s.d. [1889].

NOTE SUR LA PRÉSENTE ÉDITION

Si quelques-uns des *Poèmes barbares* ont été republiés séparément, dans des revues ou des anthologies, entre 1889 et la mort de Leconte de Lisle, le recueil de 1889 est la dernière édition d'ensemble des quatre-vingt-une pièces parues du vivant de l'auteur. C'est donc ce texte que nous reproduisons. Il est extrêmement soigné, et nous n'avons eu à corriger que de très rares coquilles, qui concernent presque toujours la ponctuation ; le texte correct a été rétabli en recourant à l'édition précédente (1882).

D'autre part, nous avons rétabli en nous fondant sur l'édition de 1882 quelques blancs escamotés dans celle de 1889 par le fait qu'ils tombent en bas de page. Ce sont ceux qui figurent après le v. 332 du *Runoïa*. après les v. 97, 182 et 292 du *Massacre de Mona*. après le v. 72 du *Corbeau*. et après les v. 382 et 410 des *Paraboles de dom Guy.*

Signalons que, dans la présente édition, la mise en page rend aussi quelques blancs difficiles à déceler : après le v. 151 du *Runoïa* (bas de la p. 92), les v. 212 et 282 du *Massacre de Mona* (bas des p. 117 et 119), les v. 282, 390 et 576 des *Paraboles de dom Guy* (bas des p. 275, 278 et 283).

Nous n'avons pas tenté d'unifier l'orthographe des noms propres (dont on connaît l'importance pour Leconte de Lisle). On trouvera donc *Carmel* à côté de *Karmel* dans *La Vigne de Naboth, Cambrie* et *Kambrie* dans *Le Massacre de Mona*. De la même façon, Leconte de Lisle écrit *djungles* dans *Le Conseil du Fakir*, mais *Les Jungles.*

Nous avons aussi respecté strictement l'emploi de la capitale. Pour ce qui concerne les titres de poèmes, nous avons adopté sur ce point la forme qu'ils revêtent dans le corps du recueil plutôt que celle de la table des matières, manifestement moins soignée (on y trouve deux titres erronés : *Effets de lune, Le Paysage polaire*).

Nous ne pouvions envisager, dans le cadre de cette collection, un relevé complet des variantes (d'ailleurs de peu d'intérêt). Nous nous bornerons à donner les strophes supprimées et les passages de quelque ampleur qui se présentent, à l'origine, dans une version nettement différente de celle de 1889.

Pour ces variantes, ainsi que pour les dates de publication des poèmes et la composition des recueils, nous avons utilisé l'édition critique de Jacques Madeleine et Eugène Vallée, celle d'Edgard Pich, et le travail important de ce dernier sur *Leconte de Lisle et sa création poétique*. Pour les sources des poèmes, les études fondamentales sont celles de Joseph Vianey et d'Alison Fairlie. On trouvera les références de ces ouvrages dans notre bibliographie.

BIBLIOGRAPHIE

ÉDITIONS MODERNES DE LECONTE DE LISLE

Poésies complètes, texte définitif avec notes et variantes. Eaux-fortes de Maurice de Becque, Paris, Lemerre, 4 volumes :
Poèmes antiques, 1927.
Poèmes barbares, 1927.
Poèmes tragiques, 1928.
Derniers Poèmes. La Passion. Pièces diverses. Notes et variantes, 1928 (la préface des Notes et variantes est signée de Jacques Madeleine et Eugène Vallée).
Réédité en 1974 dans la collection des Slatkine Reprints.
Œuvres de Leconte de Lisle, édition critique par Edgard Pich, Paris, Les Belles Lettres, 4 volumes :
  I. *Poèmes antiques*, 1977.
  II. *Poèmes barbares*, 1976.
  III. *Poèmes tragiques. Derniers poèmes*, 1977.
  IV. *Œuvres diverses*, 1978.
Leconte de Lisle. *Articles — Préfaces — Discours*, Textes recueillis, présentés et annotés par Edgard Pich, Paris, Les Belles Lettres, 1971.

ÉTUDES CRITIQUES SUR LES *POÈMES BARBARES*

JOSEPH VIANEY, *Les Sources de Leconte de Lisle*, Montpellier, Coulet, 1907.
— *Les Poèmes barbares de Leconte de Lisle*, Paris, Malfère, 1933 (réédition : Sfelt, 1946, « Les grands événements littéraires » ; autre réédition : Nizet, 1955, même collection ; nos références sont à l'édition Nizet).
ÉMILE REVEL, *Leconte de Lisle animalier et le goût de la zoologie au XIXe siècle*, Marseille, Imprimerie du Sémaphore, 1942.
ALISON FAIRLIE, *Leconte de Lisle's poems on the barbarian races*, Cambridge, University Press, 1947.
PIERRE MOREAU, « A propos du centenaire des *Poèmes barbares* », *Symposium*, Fall, 1964, p. 197-214.
EDGARD PICH, *Leconte de Lisle et sa création poétique. Poèmes antiques et*

Poèmes barbares. 1852-1874, Publications de l'Université Lyon II, Imprimerie Chirat, 1975.

Signalons en outre que Jean-Paul Sartre a consacré une longue analyse à la vie et à la personne de Leconte de Lisle dans *L'Idiot de la famille. Gustave Flaubert de 1821 à 1857*, Paris, Gallimard, « Bibliothèque de philosophie », t. III, 1972, p. 341-443 (*Névrose et prophétie*).

LECONTE DE LISLE VU PAR BAUDELAIRE
ET FLAUBERT

I

Baudelaire rédigea ce portrait en vue de l'anthologie des Poètes français *publiée par Eugène Crépet en 1862. Insérées dès l'été 1861 dans la* Revue fantaisiste, *ces pages furent écrites avant la publication en recueil des* Poésies barbares. *Après la mort de Baudelaire, Banville et Asselineau les reprirent, en 1868-1869, dans* L'Art romantique, *dont nous suivons le texte.*

Rappelons que Baudelaire écrivait à Ancelle, le 18 février 1866 : « À propos du sentiment, du cœur, et autres saloperies féminines, souvenez-vous du mot profond de Leconte de Lisle : "Tous les Élégiaques sont des canailles¹."»

Je me suis souvent demandé, sans pouvoir me répondre, pourquoi les créoles n'apportaient, en général, dans les travaux littéraires, aucune originalité, aucune force de conception ou d'expression. On dirait des âmes de femmes, faites uniquement pour contempler et pour jouir. La fragilité même, la gracilité de leurs formes physiques, leurs yeux de velours qui regardent sans examiner, l'étroitesse singulière de leurs fronts, emphatiquement hauts, tout ce qu'il y a souvent en eux de charmant les dénonce comme des ennemis du travail et de la pensée. De la langueur, de la gentillesse, une faculté naturelle d'imitation qu'ils partagent d'ailleurs avec les nègres, et qui donne presque toujours à un poète créole, quelle que soit sa distinction, un certain air provincial, voilà ce que nous avons pu observer généralement dans les meilleurs d'entre eux.

M. Leconte de Lisle est la première et l'unique exception que j'aie rencontrée. En supposant qu'on en puisse trouver d'autres, il restera, à coup sûr, la plus étonnante et la plus vigoureuse. Si des descriptions, trop bien faites, trop enivrantes pour n'avoir pas été moulées sur des souvenirs d'enfance, ne révélaient pas de temps en temps à l'œil du critique l'origine du poète, il serait impossible de découvrir qu'il a reçu le jour dans une de ces îles volcaniques et parfumées, où l'âme humaine, mollement bercée par toutes les voluptés de l'atmosphère, désapprend chaque jour l'exercice de la pensée. Sa personnalité physique même est un démenti donné à l'idée habituelle que

1. Nous citons le texte établi par Claude Pichois dans la Bibliothèque de la Pléiade : *Œuvres complètes*, t. II, 1976, p. 175-179 : *Correspondance*, t. II, 1973, p. 611.

l'esprit se fait d'un créole. Un front puissant, une tête ample et large, des yeux clairs et froids, fournissent tout d'abord l'image de la force. Au-dessous de ces traits dominants, les premiers qui se laissent apercevoir, badine une bouche souriante animée d'une incessante ironie. Enfin, pour compléter le démenti au spirituel comme au physique, sa conversation, solide et sérieuse, est toujours, à chaque instant, assaisonnée par cette raillerie qui confirme la force. Ainsi non seulement il est érudit, non seulement il a médité, non seulement il a cet œil poétique qui sait extraire le caractère poétique de toutes choses, mais encore il a de l'esprit, qualité rare chez les poètes ; de l'esprit dans le sens populaire et dans le sens le plus élevé du mot. Si cette faculté de raillerie et de bouffonnerie n'apparaît pas (distinctement, veux-je dire) dans ses ouvrages poétiques, c'est parce qu'elle veut se cacher, parce qu'elle a compris que c'était son devoir de se cacher. Leconte de Lisle étant un vrai poète, sérieux et méditatif, a horreur de la confusion des genres, et il sait que l'art n'obtient ses effets les plus puissants que par des sacrifices proportionnés à la rareté de son but.

Je cherche à définir la place que tient dans notre siècle ce poète tranquille et vigoureux, l'un de nos plus chers et de nos plus précieux. Le caractère distinctif de sa poésie est un sentiment d'aristocratie intellectuelle, qui suffirait, à lui seul, pour expliquer l'impopularité de l'auteur, si, d'un autre côté, nous ne savions pas que l'impopularité, en France, s'attache à tout ce qui tend vers n'importe quel genre de perfection. Par son goût inné pour la philosophie et par sa faculté de description pittoresque, il s'élève bien au-dessus de ces mélancoliques de salon, de ces fabricants d'albums et de keepsakes où tout, philosophie et poésie, est ajusté au sentiment des demoiselles. Autant vaudrait mettre les fadeurs d'Ary Scheffer ou les banales images de nos missels en parallèle avec les robustes figures de Cornelius. Le seul poète auquel on pourrait, sans absurdité, comparer Leconte de Lisle, est Théophile Gautier. Ces deux esprits se plaisent également dans le voyage ; ces deux imaginations sont naturellement cosmopolites. Tous deux ils aiment à changer d'atmosphère et à habiller leur pensée des modes variables que le temps éparpille dans l'éternité. Mais Théophile Gautier donne au détail un relief plus vif et une couleur plus allumée, tandis que Leconte de Lisle s'attache surtout à l'armature philosophique. Tous deux ils aiment l'Orient et le désert ; tous deux ils admirent le repos comme un principe de beauté. Tous deux ils inondent leur poésie d'une lumière passionnée, plus pétillante chez Théophile Gautier, plus reposée chez Leconte de Lisle. Tous deux sont également indifférents à toutes les piperies humaines et savent, sans effort, n'être jamais dupes. Il y a encore un autre homme, mais dans un ordre différent, que l'on peut nommer à côté de Leconte de Lisle, c'est Ernest Renan. Malgré la diversité qui les sépare, tous les esprits clairvoyants sentiront cette comparaison. Dans le poète comme dans le philosophe, je trouve cette ardente, mais impartiale curiosité des religions et ce même esprit d'amour universel, non pour l'humanité prise en elle-même, mais pour les différentes formes dont l'homme a, suivant les âges et les climats, revêtu la beauté et la vérité. Chez l'un non plus que chez l'autre, jamais d'absurde impiété. Peindre en beaux vers, d'une nature lumineuse et tranquille, les manières diverses suivant lesquelles l'homme a, jusqu'à présent, adoré Dieu et cherché le beau, tel a été, autant qu'on en peut juger par son recueil le plus complet, le but que Leconte de Lisle a assigné à sa poésie.

Son premier pelerinage fut pour la Grèce , et tout d'abord ses poèmes, echo de la beauté classique, furent remarqués par les connaisseurs Plus tard il montra une série d'imitations latines, dont, pour ma part, je fais infiniment plus de cas. Mais pour être tout à fait juste, je dois avouer que peut-être bien le goût du sujet emporte ici mon jugement, et que ma prédilection naturelle pour Rome m'empêche de sentir tout ce que je devrais goûter dans la lecture de ses poésies grecques.

Peu à peu, son humeur voyageuse l'entraîna vers des mondes de beauté plus mystérieux. La part qu'il a faite aux religions asiatiques est énorme, et c'est là qu'il a versé à flots majestueux son dégoût naturel pour les choses transitoires, pour le badinage de la vie, et son amour infini pour l'immuable, pour l'éternel, pour le *divin Néant*. D'autres fois, avec une soudaineté de caprice apparent, il émigrait vers les neiges de la Scandinavie et nous racontait les divinités boréales, culbutées et dissipées comme des brumes par le rayonnant enfant de la Judée. Mais quelles que soient la majesté d'allures et la solidité de raison que Leconte de Lisle a développées dans ces sujets si divers, ce que je préfère parmi ses œuvres, c'est un certain filon tout nouveau qui est bien à lui et qui n'est qu'à lui. Les pièces de cette classe sont rares, et c'est peut-être parce que ce genre était son genre le plus naturel, qu'il l'a plus négligé. Je veux parler des poèmes, où, sans préoccupation de la religion et des formes successives de la pensée humaine, le poète a décrit la beauté, telle qu'elle posait pour son œil original et individuel ; les forces imposantes, écrasantes de la nature ; la majesté de l'animal dans sa course ou dans son repos ; la grâce de la femme dans les climats favorisés du soleil, enfin la divine sérénité du désert ou la redoutable magnificence de l'Océan. Là, Leconte de Lisle est un maître et un grand maître. Là, la poésie triomphante n'a plus d'autre but qu'elle-même. Les vrais amateurs savent que je veux parler de pièces telles que *Les Hurleurs, Les Éléphants, Le Sommeil du condor,* etc., telles surtout que *Le Manchy,* qui est un chef-d'œuvre hors ligne, une véritable évocation, où brillent, avec toutes leurs grâces mystérieuses, la beauté et la magie tropicales, dont aucune beauté méridionale, grecque, italienne ou espagnole, ne peut donner l'analogue.

J'ai peu de choses à ajouter. Leconte de Lisle possède le gouvernement de son idée ; mais ce ne serait presque rien s'il ne possédait aussi le maniement de son outil. Sa langue est toujours noble, décidée, forte, sans notes criardes, sans fausses pudeurs ; son vocabulaire, très étendu ; ses accouplements de mots sont toujours distingués et cadrent nettement avec la nature de son esprit. Il joue du rythme avec ampleur et certitude, et son instrument a le ton doux mais large et profond de l'alto. Ses rimes, exactes sans trop de coquetterie, remplissent la condition de beauté voulue et répondent régulièrement à cet amour contradictoire et mystérieux de l'esprit humain pour la surprise et la symétrie.

Quant à cette impopularité dont je parlais au commencement, je crois être l'écho de la pensée du poète lui-même en affirmant qu'elle ne lui cause aucune tristesse, et que le contraire n'ajouterait rien à son contentement. Il lui suffit d'être populaire parmi ceux qui sont dignes eux-mêmes de lui plaire. Il appartient d'ailleurs à cette famille d'esprits qui ont pour tout ce qui n'est pas supérieur un mépris si tranquille qu'il ne daigne même pas s'exprimer.

II

Flaubert a connu L. de L. par l'intermédiaire de Louise Colet. La rencontre eut lieu chez elle le 31 juillet 1853[1] ; mais Flaubert s'intéressait au poète depuis plusieurs mois déjà.

14 mars 1853

J'ai lu hier dans l'*Athenaeum* le compte rendu d'un livre *Poèmes antiques* d'un M. Leconte de Lisle, qui me paraît avoir du talent à un fragment cité.

27 mars

Tu serais bien aimable de nous envoyer pour samedi prochain le vol[ume] de Leconte, nous le lirions dimanche prochain. J'ai de la sympathie pour ce garçon. Il y a donc encore des honnêtes gens ! des cœurs convaincus ! Et tout part de là, la conviction. Si la littérature moderne était seulement morale, elle deviendrait forte. Avec de la moralité disparaîtraient le plagiat, le pastiche, l'ignorance, les prétentions exorbitantes. La critique serait utile et l'art naïf, puisque ce serait alors un besoin et non une spéculation.

31 mars

Le sieur Delisle me plaît, d'après ce que tu m'en dis. J'aime les gens tranchants et énergumènes. On ne fait rien de grand sans le fanatisme. *Le fanatisme est la religion ;* et les philosophes du XVIIIᵉ siècle, en criant après l'un, renversaient l'autre. Le fanatisme est la foi, la foi même, la foi ardente, celle qui fait des œuvres et agit. La religion est une conception variable, une affaire d'invention humaine, une idée enfin ; l'autre un sentiment. Ce qui a changé sur la terre, ce sont les dogmes, les *histoires* des Vischnou, Ormuzd, Jupiter, Jésus-Christ. Mais ce qui n'a pas changé, ce sont les amulettes, les fontaines sacrées, les ex-voto, etc., les brahmanes, les santons, les ermites, la croyance enfin à quelque chose de supérieur à la vie et le besoin de se mettre sous la protection de cette force. Dans l'Art aussi, c'est le fanatisme de l'Art qui est le sentiment artistique.

6 avril

J'ai lu Leconte[2]. Eh bien, j'aime beaucoup ce gars-là : il a un grand souffle, *c'est un pur.* Sa préface aurait demandé cent pages de développement, et je la

---

1. Voir Flaubert, *Correspondance*, Bibliothèque de la Pléiade, t. II, 1980, p. 1190 (note de Jean Bruneau). Les lettres de 1853 et 1854 sont citées d'après cette édition, celles de 1877 et 1879 d'après l'édition du Club de l'Honnête Homme. Sauf indication contraire, elles sont adressées à Louise Colet.

2. *Poèmes antiques*.

crois fausse d'intention. Il ne faut pas revenir à l'antiquité, mais prendre ses procédés. Que nous soyons tous des sauvages tatoués depuis Sophocle, cela se peut. Mais il y a autre chose dans l'Art que la rectitude des lignes et le poli des surfaces. La plastique du style n'est pas si large que l'idée entière, je le sais bien. Mais à qui la faute ? À la langue. Nous avons trop de choses et pas assez de formes. De là vient la torture des consciencieux. Il faut pourtant tout accepter et tout imprimer, et prendre surtout son point d'appui dans le présent. [...]

Il y a une belle engueulade aux artistes modernes, dans cette préface et, dans le volume, deux magnifiques pièces (à part des taches) : *Dies irae* et *Midi*. Il sait ce que c'est qu'un bon vers ; mais le bon vers est disséminé, le tissu généralement lâche, la composition des pièces peu serrée. Il y a plus d'élévation dans l'esprit que de suite et de profondeur. Il est plus *idéaliste* que philosophe, plus poète qu'artiste. Mais c'est un vrai poète et de noble race. Ce qui lui manque, c'est d'avoir bien étudié le français, j'entends de connaître à fond les dimensions de son outil et toutes ses ressources. Il n'a pas assez lu de classiques en sa langue. Pas de rapidité ni de netteté, et il lui manque la faculté de *faire voir* ; le relief est absent, la couleur même a une sorte de teinte grise. Mais de la grandeur ! de la grandeur ! et ce qui vaut mieux que tout, de l'aspiration ! Son hymne védique à Sourya est bien belle. Quel âge a-t-il ?

Lamartine se crève, dit-on. Je ne le pleure pas (je ne connais rien chez lui qui vaille le *Midi* de Leconte).

21 mai

J'aime beaucoup Delisle pour son volume, pour son talent et aussi pour sa préface, pour ses aspirations. Car c'est par là que nous valons quelque chose, l'*aspiration*. Une âme se mesure à la dimension de son désir, comme l'on juge d'avance des cathédrales à la hauteur de leurs clochers. Et c'est pour cela que je hais la poésie bourgeoise, l'art domestique, quoique j'en fasse[3]. Mais c'est bien la dernière fois ; au fond cela me dégoûte.

6 juin

La pièce de Leconte à M^e C***[4] est la redite, et moins bonne, de *Dies irae*[5]. Ce que j'en aime, c'est le commencement et la fin. Le milieu est noyé. Ses plans généralement sont trop *ensellés*, comme on dirait en termes de maquignons : l'échine de l'idée fléchit au milieu, ce qui fait que la tête porte au vent. Il donne aussi, je trouve, un peu trop dans l'*idée forte*, dans la grande pensée. Pour un homme qui aime les Grecs, je le trouve peu humain, au sens psychologique. Voilà pour le moral. Quant au plastique, pas assez de relief. Mais en somme je l'aime beaucoup ; ça m'a l'air d'une haute nature. Je ne pense pas du reste que nous [nous] liions beaucoup ensemble, j'entends B[ouilhet] et moi. Il nous trouvera *trop canailles*, c'est-à-dire pas assez

---

3. *Madame Bovary.*
4. Probablement *L'Anathème*, qui paraîtra dans *Poëmes et Poésies* (E. Pich, *L. de L. et sa création poétique*, p. 179).
5. *Poèmes antiques.*

en quête de l'*idée*, et nous lâchera là, comme mon jeune Crépet qui n'est pas revenu nous voir. Je l'avais du reste reçu franchement, d'une façon déboutonnée et entière, afin de ne pas le tromper.

Il y a une chose que j'aime beaucoup en M. Leconte, c'est son indifférence du succès. Cela est fort et prouve en sa faveur plus que bien des triomphes.

12 juin

Imite ce bon Delisle qui m'a l'air d'un stoïque. Ce garçon-là me va tout à fait par ce que je sais de son caractère, de sa conduite, de ses intentions, de ses aspirations – et de ses œuvres.

7 juillet

Je n'approuve pas Delisle de n'avoir pas voulu entrer[6] et ne m'en étonne [pas]. L'homme qui n'a jamais été au bordel doit avoir peur de l'hôpital. Ce sont poésies de même ordre. L'élément romantique lui manque, à ce bon Delisle. Il doit goûter médiocrement Shakespeare. Il ne voit pas la *densité morale* qu'il y a dans certaines laideurs. Aussi la vie lui défaille et même, quoiqu'il ait de la couleur, *le relief*. Le relief vient d'une vue profonde, d'une *pénétration, de l'objectif* ; car il faut que la réalité extérieure entre en nous, à nous en faire presque crier, pour le bien reproduire. Quand on a son modèle net, devant les yeux, on écrit toujours bien, et où donc le vrai est-il plus clairement visible que dans ces belles expositions de la misère humaine ? Elles ont quelque chose de si cru que cela donne à l'esprit des appétits de cannibale. Il se précipite dessus pour les dévorer, se les assimiler. Avec quelles rêveries je suis resté souvent dans un lit de putain, regardant les éraillures de sa couche !

15 juillet

Les Grecs [...] étaient, comme *plastique*, dans des conditions que rien ne redonnera. Mais vouloir se chausser de leurs bottes est démence. Ce ne sont pas des chlamydes qu'il faut au Nord, mais des pelisses de fourrures. La forme antique est insuffisante à nos besoins et notre voix n'est pas faite pour chanter ces airs simples. Soyons aussi artistes qu'eux, si nous le pouvons, mais autrement qu'eux. La conscience du genre humain s'est élargie depuis Homère. Le ventre de Sancho Pança fait craquer la ceinture de Vénus. Au lieu de nous acharner à reproduire de vieux chics, il faut s'évertuer à en inventer de nouveaux. Je crois que Delisle est peu dans ces idées. Il n'a pas l'instinct de la vie moderne, le *cœur* lui manque ; je ne veux pas dire par là la sensibilité individuelle ou même humanitaire, non, mais le cœur, au sens presque médical du mot. Son encre est pâle. C'est une muse qui n'a pas assez pris l'air. Les chevaux et les styles de race ont du sang plein les veines, et on le voit battre sous la peau et les mots, depuis l'oreille jusqu'aux sabots. La vie ! la vie ! bander, tout est là ! C'est pour cela que j'aime tant le lyrisme.

---

6. Dans l'hôpital de la Salpêtrière, où il devait accompagner Louise Colet.

Il me semble la forme la plus naturelle de la poésie. Elle est là toute nue et en liberté. Toute la force d'une œuvre gît dans ce mystère, et c'est cette qualité primordiale, ce *motus animi continuus* (vibration, mouvement continuel de l'esprit, définition de l'éloquence par Cicéron) qui donne la concision, le relief, les tournures, les élans, le rythme, la diversité.

14 août

Oui, l'humanité tourne au bête. Leconte a raison ; il nous a formulé cela d'une façon que je n'oublierai jamais[7]. Les *rêveurs* du moyen âge étaient d'autres hommes que les *actifs* des temps modernes.

[...]

Je me suis rué sur ce bon Leconte avec soif. Au bout de trois paroles que je lui ai entendu dire, je l'aimais d'une affection toute fraternelle. Amants du Beau, nous sommes tous des bannis. Et quelle joie quand on rencontre un compatriote sur cette terre d'exil ! Voilà une phrase qui sent un peu le Lamartine, chère Madame. Mais, vous savez, ce que je sens le mieux est ce que je dis le plus mal (que de *que !*). Dites-lui donc, à l'ami Leconte, que je l'aime beaucoup, que j'ai déjà pensé à lui mille fois. J'attends son grand poème celtique avec impatience[8]. La sympathie d'hommes comme lui est bonne à se rappeler dans les jours de découragement. Si la mienne lui a causé le même bien-être, je suis content. Je lui écrirais volontiers, mais je n'ai rien du tout à lui dire. Une fois revenu à Croisset, je vais creuser la *Bovary* tête baissée. Donnez-lui donc de ma part la meilleure poignée de main possible.

21 août

Tu t'es étrangement méprise sur ce que je disais relativement à Leconte. – [...] J'avais dit que Leconte me paraissait avoir besoin de *l'élément gai* dans sa vie. Je n'avais pas entendu qu'il lui fallait une grisette. Me prends-tu pour un partisan des amours légères, comme J.-P. de Béranger ? La chasteté absolue me semble, comme à toi, préférable (moralement) à la débauche. Mais la débauche pourtant (si elle n'était un mensonge) serait une chose belle. Et il est bon, sinon de la pratiquer, du moins de la rêver ? Qu'on s'en lasse vite, d'accord ! [...] Mais tout le monde n'a pas passé *par toi* (ne t'inquiète pas de l'avenir, va, tu resteras toujours la légitime), et je persiste à soutenir que si tu pouvais offrir à Leconte quelque chose *de beau et de violent*, charnellement parlant, cela lui ferait [du] bien. – Il faudrait qu'un vent chaud dissipât les brumes de son cœur. Ne vois-tu pas que ce pauvre poète est fatigué de passions, de rêves, de misères. Il a eu un grand excès de cœur. Un petit amour lui ferait pitié, les excessifs sont dangereux. Un *peu de farce* ne nuirait pas. Je lui souhaite une maîtresse simple de cœur et bornée de tête, très bonne fille, très lascive, très belle, qui l'aime peu et qu'il aime peu. – Il a besoin de prendre la vie par les moyens termes, afin que son idéal reste haut. Quand Gœthe épousa sa servante, il venait de passer par *Werther*. Et c'était un maître homme et qui raisonnait tout.

---

7. Lors de leur première rencontre, sans doute.
8. Probablement *Le Massacre de Mona*.

26 août

Homère, Rabelais, Michel-Ange, Shakespeare, Goethe m'apparaissent *impitoyables*. Cela est sans fond, infini, multiple. Par de petites ouvertures on aperçoit des précipices : il y a du noir en bas, du vertige. Et cependant quelque chose de singulièrement doux plane sur l'ensemble ! C'est l'éclat de la lumière, le sourire du soleil, et c'est calme ! c'est calme ! et c'est fort, ça a des fanons comme *le bœuf* de Leconte[9].

7 septembre

Que devient-il, ce bon Leconte ? Est-il avancé dans son poème celtique ? Voit-il une occasion quelconque de publier ses *Runoïas* ? J'ai une extrême envie de les relire.

22 septembre

Ce bon Leconte rêve les Indes ! aller là-bas et y mourir. – Oui, c'est un beau rêve. Mais c'est un rêve ! car on est si pitoyablement organisé qu'on en voudrait revenir. – On crèverait de langueur, on regretterait la patrie, la mine des maisons et les indifférents même.

26 septembre

Ah ! si j'étais riche ! quelles rentes je ferais à toi, à Bouilhet, à Leconte, et à ce bon père Babinet !

28 décembre

Que puis-je faire pour Delisle ? Lui prendre de ses exemplaires ? Cela est impossible. Il saura que c'est nous. – Si tu trouves quelqu'un de *sûr*, et d'un secret *inviolable*, dis-le-moi !

Je ne t'ai point parlé de son *Tigre*[10] ; j'ai oublié l'autre jour. – Eh bien, j'aime mieux *Le Bœuf*[11], et de beaucoup. Voici mes raisons. Je trouve la pièce inégale, et faite comme en deux parties. Toute la seconde, à partir de « Lui, baigné par la flamme... » est *superbe*. Mais il y a bien des choses dans ce qui précède que je n'aime pas. D'abord, la position de la bête qui s'endort *le ventre en l'air*, ne me semble pas naturelle. Jamais un quadrupède *ne s'endort* le ventre en l'air.

La langue rude et rose va pendant

dur, et *va pendant* est exagéré de tournure. Ce vers :

Toute rumeur s'éteint autour de son repos,

9. Dans *Fultus Hyacinto* (*Poëmes et Poésies*).
10. *Les Jungles*.
11. *Fultus Hyacinto*.

est disparate de ton avec tout ce qui précède et tout ce qui suit. Ces deux mots *rumeur* et *repos*, qui sont presque métaphysiques, qui sont non imaginés, me semblent d'un effet mou et lâche, ainsi intercalés dans une description très précise. Je vois bien qu'il a voulu mettre un vers de transition très calme et simple. Eh bien, alors, *s'éteint* est chargé, car c'est une métaphore, par soi-même. Ensuite, nous perdons trop le tigre de vue, avec la panthère, les pythons, la cantharide (ou bien alors il n'y en a *pas assez*, le plan secondaire n'étant pas assez long, se mêle un peu au principal et l'encombre). *Musculeux*, à pythons, ne me semble pas heureux ? sur les serpents, voit-on *saillir* les muscles ? *le roi rayé*, voilà un accolement de mots disparates : le *roi* (métaphore) *rayé* (technique). Si c'est *roi* qui est l'idée principale, il faut une épithète *dérivant de l'idée de roi*. Si c'est *rayé*, au contraire, sur qui doit se porter l'attention, il faut un substantif en rapport avec *rayé*, et il faut appeler le tigre d'un nom qui, dans la *nature*, ait des *raies*. Or un roi n'est pas rayé.

À partir de là, la pièce me semble fort belle.

> *Mais l'ombre en nappe noire à l'horizon descend*

est bien ample, bien calme.

> *Le vent passe au sommet des bambous, il s'éveille*
> *Et* ....

Superbe. Je n'aime pas à cette place, dans un milieu si raide, les *nocturnes gazelles*, pour dire : qui viennent pendant la nuit. C'est une expression latine ; n'importe, c'est trop pohétique à côté d'un vers aussi *vrai* que celui-ci :

> *Le frisson de la* faim *fait palpiter son* flanc.

Quant aux quatre derniers, ils sont sublimes.

Je *te prie* de ne point lui faire part de mes impressions. Ce bon garçon est assez malheureux maintenant sans que mes critiques s'y joignent.

23 janvier 1854

Quant à Delisle, puisque le bossu[12] lui a fait de belles promesses qu'il n'a nullement tenues, je comprends sa répugnance à le revoir. Il est malheureux, ce pauvre Delisle ! Il faut pardonner beaucoup à l'orgueil souffrant. Et ce garçon m'en a l'air rongé, c'est pour cela qu'il me plaît. Mais je lui retire ma sympathie, s'il est envieux, comme tu le crois (et tu as peut-être raison. Leconte a passé par la démocratie *active*. – Or, c'est un sale passage !). Tu t'es un peu révoltée contre moi, il y a quelques mois, quand je t'ai dit qu'il faudrait à ce jeune homme-là (car c'est un jeune homme) une bonne bougresse, une gaillarde gaie, amusante, une femme à scintillements. J'en reviens à mon idée. Cela mettrait un peu de soleil dans sa vie. Ce qui manque à son talent, comme à son caractère, c'est le côté moderne, *la couleur en mouvement*. Avec son idéal de passions *nobles*, il ne s'aperçoit pas qu'il se dessèche, pratiquement, et qu'il se stérilise, littérairement. L'idéal n'est

---

12. Villemain.

fécond que lorsqu'on y fait *tout* rentrer C'est un travail d'amour et non d'exclusion – Voilà deux siècles que la France marche suffisamment dans cette voie de *négation* ascendante On a de plus en plus éliminé des lettres la nature, la franchise le caprice, la personnalité, et même l'érudition, comme étant grossière, immorale, bizarre, pédantesque. Et dans les mœurs, on a pourchassé, honni et presque anéanti la gaillardise et l'aménité, les grandes manières, et les genres de vie *libres*, lesquels sont les fécondes *(sic)*. On s'est guindé vers la Décence ! Pour cacher ses écrouelles, on a haussé sa cravate ! L'idéal jacobin et l'idéal marmontellien peuvent se donner la main. Notre délicieuse époque est encore encombrée par cette double poussière. Robespierre et M. de La Harpe nous régentent du fond de leur tombe. Mais je crois qu'il y a quelque chose au-dessus de tout cela, à savoir : l'acceptation ironique de l'existence, et sa *refonte* plastique et complète par l'art. Quant à nous, *vivre ne nous regarde pas*. Ce qu'il faut chercher, c'est ne point souffrir.

3 février

Ce que tu me dis de Delisle me fait pitié. Cela me paraît très médiocre d'avoir, à son âge, *des passions*, et embêtement pour embêtement, j'aime encore mieux m'arracher mon peu de cheveux en pensant à des phrases qu'à des regards.

2 mars

Tu me parles de la mine triste de Delisle et de la mine triomphante de Bouilhet. Effet différent de causes pareilles, à savoir : l'amour, le tendre amour, etc., comme dit Pangloss. – Si Delisle prenait la vie (ou pouvait la prendre) par le même bout que l'autre, il aurait ce teint frais et cet aimable aspect qui t'ébahit. Mais je lui crois l'esprit empêtré de graisse. Il est gêné par des superfluités sentimentales, bonnes ou mauvaises, *inutiles* à son métier. Je l'ai vu s'indigner contre les œuvres à cause des mœurs de l'auteur. Il en est encore à rêver l'amour, la Vertu, etc., ou tout au moins la Vengeance. Une chose lui manque : *le sens comique*. Je défie ce garçon de me faire rire. – Et c'est quelque chose, le rire : c'est le dédain et la compréhension mêlés, et en somme la plus haute manière de voir la vie, « le propre de l'homme », comme dit Rabelays.

7 avril

Non, je n'ai pas été trop loin à l'encontre de Delisle, car après tout je n'ai pas dit de *mal* de lui : mais j'ai dit et je maintiens que son *action* au piano m'a indigné. J'ai reconnu là un *poseur taciturne*. Ce garçon ne fait point de l'art exclusivement pour lui, sois-en sûre. Il voudrait que toutes ses pièces de vers pussent être mises en musique et chantées, et guculées, et roucoulées *dans les salons* (puis il se donnera pour excuse à lui-même que les poésies d'Homère étaient chantées, etc.). Cela m'exaspère : je ne lui ai pas pardonné cette prostitution. Tu n'as vu dans ma férocité qu'une lubie excentrique. Je t'assure qu'il m'a *blessé* en la poésie, en la musique et en *lui* que j'aimais, car, quoique tu me déclares : « n'avoir jamais eu un élan de cœur de ma vie », je suis au contraire un gobe-mouches qui n'admire jamais par parties. Quand je trouve la main belle, j'adore le bras. Si un homme a fait un bon sonnet, le voilà mon ami et puis, après, je lutte contre moi-même et je ne veux pas me croire encore lorsque j'ai découvert la vérité. Leconte peut être un excellent garçon, je n'en sais rien ; mais je lui ai vu faire une chose (insignifiante en soi, d'accord) qui m'a semblé, dans l'ordre artistique, être ce que la sueur des pieds est au physique. *Cela puait* et les trilles, gammes et octaves qui dominaient sa voix faisaient comme les mailles de cette sale chaussette harmonique, par où s'écoulait béatement ce flux de vanité nauséabonde. Et la pauvre poésie au milieu de tout cela ! Mais il y avait des dames ! Ne fallait-il pas *être aimable* ? L'esprit de société, saperlotte ! ! !

2 mars 1877[13]. À Madame Roger des Genettes.

Tout ce que je lis m'ennuie, et je me repasse le *Sophocle* de Leconte de Lisle. Un soir, dans le salon de la rue de Sèvres, vous avez lu les *Poèmes antiques* et j'entends encore votre voix « sonore » dire ces quatre vers :

> *La nature se rit des souffrances humaines ;*
> *Ne contemplant jamais que sa propre grandeur,*
> *Elle dispense à tous ses forces souveraines,*
> *Et garde pour sa part le calme et la splendeur.*

30 mai 1877. A Leconte de Lisle.

J'ai reçu ton *Sophocle*, mon cher ami. Je vais l'emporter et le lire dans ma cabane. Ça me fera du bien.

Avant d'admirer le livre, j'admire la publication. Quel homme pratique tu fais ! C'est bien ! On ne peut pas témoigner d'une façon plus grandiose le mépris qu'il sied d'avoir pour les agitations de la politique.

Merci encore une fois et tout à toi.

3 décembre 1879. À Guy de Maupassant.

Voilà bien les journaux ! Oh ! mon Dieu ! mon Dieu ! ! ! Déroulède assimilé à Leconte de Lisle, et Theuriet donné pour modèle ! La vie est lourde et ce n'est pas d'aujourd'hui que je m'en aperçois.

---

13. Cette lettre nous paraît mal datée : l'accusé de réception du *Sophocle* est du 30 mai (extrait suivant), et Flaubert écrit de nouveau à Mme Roger des Genettes, le 12 juillet, qu'il « repasse » le *Sophocle* et pense à sa lecture de jadis.

NOTES

Page 29.   QAÏN

Ce poème est un de ceux qui ont suscité le plus de commentaires, peut-être parce qu'il « possède ce qui manque à tous les autres poèmes antichrétiens [de Leconte de Lisle] : une grande idée centrale », le problème du libre arbitre et de la prédestination (H. Elsenberg, *Le Sentiment religieux chez L. de L.*, p. 226-227), et parce que le thème de l'oppression s'y laisse assez aisément interpréter en termes politiques. Également parce que les sources en sont aussi nombreuses que variées, comme on va le voir.

Qaïn a été publié en 1869. H. Bernès, considérant que L. de L. s'est intéressé, ou a pu s'intéresser, à deux de ses sources principales dès 1845-1846, date de cette période la conception du poème (« Le *Qaïn* de L. de L. et ses origines littéraires », *R.H.L.F.*, 1911, p. 499). E. Pich, quant à lui, avance la date de 1860, époque à laquelle L. de L. annonce un recueil essentiellement consacré au judaïsme et au christianisme (*L. de L. et sa création poétique*, p. 379). De toute façon, la composition de *Qaïn* prit plusieurs années.

En 1869, dans le *Parnasse contemporain*, le nom du héros éponyme est orthographié *Kaïn*. D'après F. Calmettes (*Un demi-siècle littéraire. L. de L. et ses amis*, Paris, Librairies-Imprimeries réunies, s.d. [1902], p. 328), Kaïn serait devenu Qaïn parce qu'on aurait fait remarquer à l'auteur que le premier-né d'Ève avait été nommé par sa mère « celui qui est acquis » – de *qoûn*, acquérir, en hébreu ; cf. Bible de Jérusalem, *Genèse*, IV, 1, note : « Un jeu de mots rapproche le nom de Caïn (*Qaïn*) du verbe *qânah* "acquérir". »

Le héros du poème incarne la révolte contre Dieu. Comme l'a montré P. Albouy (*Mythes et mythologies dans la littérature française*, p. 154 et suiv.), c'est Byron qui déplace l'intérêt d'Abel à Caïn, et fait de celui-ci l'accusateur d'un Dieu auteur du mal. Byron est, directement et indirectement, une des grandes sources de *Qaïn*. L. de L. connaissait son œuvre de longue date : il lui consacra un article, « Les Femmes de Byron », dans *La Phalange* en 1846 ; il y traite de *Ciel et Terre* et de *Caïn*, qui seront précisément ses sources, non seulement pour le thème général de la révolte contre Dieu, mais pour bien des détails : les géants fils d'anges et de mortelles, et descendants de Caïn (ceci vient en dernier ressort de la *Genèse*, VI, 2-4) ; l'Éden interdit ; le déluge vengeur (thèmes signalés dans « Les Femmes de Byron »)... Le Caïn de Byron n'a pas demandé à naître, lui non plus ; il songe à

« écraser contre les rochers » son propre fils, pour anéantir le germe des misères humaines – celui de L. de L. demande pourquoi son propre père ne l'a pas écrasé « faible et nu sur le roc » (v. 298-299) ; avant celui de L. de L., le Caïn de Byron témoigne de son amour pour son frère Abel, le favori de leur mère (J. Vianey, *Les Sources de L. de L.,* p. 295-296 ; H. Bernès, « Le *Qaïn* de L. de L. et ses origines littéraires », p. 488-489). Dans *Ciel et Terre,* le tableau du déluge s'achève déjà sur la vision de l'arche apparaissant dans le lointain (H. Bernès, *ibid.*) ; et l'on y voit déjà ces « sombres Esprits, balancés sur leurs ailes » (v. 481), qui contemplent la fin du monde (P. Flottes, *Le Poëte L. de L.,* p. 173).

L'influence de Vigny ne peut pas être négligée ; particulièrement, d'après P. Flottes, celle du *Journal d'un poète.* Flottes cite notamment ce passage : « Dans l'affaire de Caïn et d'Abel, il est évident que Dieu eut les premiers torts, car il refusa l'offrande du laborieux laboureur pour accepter celle du fainéant pasteur. Justement indigné, le premier-né se vengea » (*L'Influence d'Alfred de Vigny sur L. de L.,* Paris, Les Presses Modernes, 1926, p. 79) ; et cette phrase du *Jugement dernier :* « En ce moment, ce sera le genre humain ressuscité qui sera le juge, et l'Éternel, le Créateur sera jugé par les générations rendues à la vie » (*ibid.,* p. 83). Notons toutefois que le *Journal d'un poète* et *Le Jugement dernier* ne furent publiés qu'en 1867, à une époque, semble-t-il, où *Qaïn* était en cours d'élaboration depuis plusieurs années déjà (voir ci-dessus).

Le réquisitoire contre Dieu doit également beaucoup au *Système des contradictions économiques* de Proudhon, comme l'a signalé Bernès (« Le *Qaïn* de L. de L. et ses origines littéraires »), et démontré dans le détail E. Pich (*L. de L. et sa création poétique,* p. 472 et suiv.) : « Dieu, c'est sottise et lâcheté ; Dieu, c'est hypocrisie et mensonge ; Dieu, c'est tyrannie et misère ; Dieu, c'est le mal » ; « le vrai remède au fanatisme [...] c'est de prouver à l'humanité que Dieu, au cas où il y ait un Dieu, est son ennemi. » I. Putter (« Lamartine and the genesis of *Qaïn* », *Modern Language Quarterly,* décembre 1960, p. 362) cite également cette phrase de Proudhon : « Il creuse le fossé sous nos pieds, il nous fait aller en aveugles : et puis, à chaque chute, il nous punit en scélérats. » Bref, on pourrait dire avec A. Fairlie (*L. de L.'s poems on the barbarian races,* p. 262) que Proudhon fut bien l'influence décisive pour le développement de la pensée de *Qaïn.*

Quant à l'influence de Fourier, elle est fort discutée. Pour E. Pich, *Qaïn* est « le poème anti-fouriériste par excellence » : Fourier proclame en effet que Dieu est bon, et que c'est absurde de croire qu'il a donné à l'homme des penchants que celui-ci devrait ensuite réprimer (*op. cit.,* p. 470). D'autres – E. Zyromski (« L'inspiration fouriériste dans l'œuvre de L. de L. », *Mélanges Lanson,* Paris, Hachette, 1922, p. 472-475), E. Estève (*L. de L., l'homme et l'œuvre,* p. 75), P. Flottes (*Le Poëte L. de L.,* p. 46) – ont montré cependant que certains passages du poème sont d'un style nettement fouriériste : l'hymen de la terre et du ciel, l'harmonie universelle (v. 256-258), et surtout la prophétie d'une époque où l'homme cessera d'être asservi, où l'Éden sera devenu accessible, où régnera l'amour (v. 411-415, 441-443).

On ne peut manquer de s'interroger enfin sur le rapport de *Qaïn* avec le plus célèbre poème de l'époque qui mette en scène le premier meurtrier : *La Conscience* de Victor Hugo (*La Légende des Siècles,* première série). A. Fairlie observe avec finesse, de *La Conscience* à *Qaïn,* le retournement du

thème : chez L. de L., ce n'est pas Yahvé qui poursuit Caïn de sa vengeance,
mais l'inverse ; l'œil ouvert au fond de la tombe n'est pas celui de Dieu,
mais celui du réprouvé (*L. de L.'s poems on the barbarian races*, p. 266).

Lorsqu'on passe de l'idée à la mise en œuvre, deux sources importantes se
manifestent. Pour la description d'Hénokhia, *Le Monde antédiluvien* de
Ludovic de Cailleux, publié en 1845 ; une étude sur ce texte a paru la même
année dans *La Phalange*, et L. de L. l'a sans doute eue sous les yeux. D'après
Bernès (« Le *Qaïn* de L. de L. et ses origines littéraires », p. 493 et suiv.),
L. de L. a trouvé chez Cailleux : son tableau pastoral (nuit tombante, trou-
peaux qui rentrent, femmes qui vont au puits...) ; le personnage du « Cava-
lier de la Géhenne » (envoyé du ciel pour annoncer à Noé que l'âme de sa
fille sera sauvée ; les imprécations et prophéties que, chez L. de L., il lance
contre Hénokhia, étaient placées, chez Cailleux, dans la bouche de Noé) ; les
noms mêmes d'Hénochia, de Gelboé-Hor, de Thogorma – nom biblique,
mais que Cailleux attribue à un « voyant ».

Ce voyant, dont le rêve constituera le cadre de *Qaïn*, si donc L. de L. en
emprunte le nom à Cailleux, D. Mornet (« Une source négligée du *Qaïn* de
L. de L. », *Mélanges Baldensperger*, t. II, Paris, Champion, 1930) a démon-
tré qu'il avait pour modèle inattendu le prophète Ézéchiel. La première
phrase du *Livre d'Ézéchiel* est en effet celle-ci : « Or, il arriva, la trentième
année, au cinquième jour du quatrième mois, comme j'étais parmi ceux qui
avaient été transportés sur le fleuve de Kébar, que les cieux furent ouverts,
et je vis des visions de Dieu. »

Si, dans le détail, la description de paysage qui ouvre la vision a peut-être
quelque rapport avec les ouragans des tropiques, elle n'est pas non plus
sans rappeler la Bible : « Je vis donc, et voilà un tourbillon de vent qui
venait de l'aquilon, une grosse nuée, et un feu qui l'environnait, et une
splendeur tout autour, au milieu de laquelle on voyait comme un métal en
fusion » (*Ézéchiel*, I, 4, cité par Mornet). Une autre description, vers la fin
du poème, celle du Déluge, pourrait avoir été inspirée à l'auteur par un
séjour en Bretagne, juste au moment où il achevait *Qaïn* (L. Le Guillou, « L.
de L. et la Bretagne », *Les Cahiers de l'Iroise*, avril-juin 1970, p. 67-70).
P. Flottes suggère également que la peinture de la captivité de Babylone
pourrait s'inspirer des sculptures assyriennes que l'on venait d'installer au
musée du Louvre, et par exemple du bas-relief de la chasse d'Assurbanipal
(*Le Poëte L. de L.*, p. 177-178). Hypothèse que renforcerait peut-être la
remarque de Brunetière : dans *Qaïn*, L. de L. « a su comme enfermer dans le
contour définitif du bas-relief jusqu'à des scènes dont je ne sache pas qu'il y
eût avant lui de modèles » (*L'Évolution de la poésie lyrique en France au
XIXe siècle*, t. II, p. 183 ; mais Brunetière fait allusion aux v. 65 à 80, qui
font partie de l'évocation d'Hénokhia). Enfin, pour la description d'Héno-
khia, le poète a pu se souvenir de la cité des dieux dans *La Chute d'un ange*
de Lamartine (P. Flottes, *Le Poëte L. de L.*, p. 173).

Parmi les sources ponctuelles, on retiendra : pour Héva « Mourante, éche-
velée » (v. 283), la *Pasiphaé* de Chénier (*Bucoliques*) :

> *Tu gémis sur l'Ida, mourante, échevelée.*

Pour les v. 14-15 :

> *Et, comme aux crocs publics pendent les viandes crues,*
> *Leurs princes aux gibets...*

ces Iambes écrits par Chénier à Saint-Lazare :

> *Oubliés comme moi dans cet affreux repaire,*
> *Mille autres moutons, comme moi*
> *Pendus aux crocs sanglants du charnier populaire,*
> *Seront servis au peuple-roi.*

Pour l'apostrophe du v. 413 : « ô Pétrisseur de l'antique limon », les *Iambes* également (C. Kramer, *André Chénier et la poésie parnassienne. L. de L.*, Paris, Champion, 1925, p. 247-249). Pour :

> *Celle qui m'a conçu ne m'a jamais souri*

(v. 295), le « Cui non risere parentes » de Virgile (H. Bernès, « Le *Qaïn* de L. de L. et ses origines littéraires », p. 501, note 4). Et, pour les v. 369-370, ces invectives lancées contre Dieu par le *Saül* de Lamartine, v. 1756-1759 :

> *Je ne me repens pas des crimes de ma vie,*
> *C'est toi qui les commis et qui les justifie ;*
> *C'est toi qui de mes jours constant persécuteur,*
> *As semé sous mes pas les pièges du malheur.*

Notons encore, avec Vianey (*Les Sources de L. de L.*, p. 293), que Vigny avait aussi fait reprocher à Dieu par Samson la trahison de Dalila, dont il rendait le Créateur responsable.

Parmi les nombreuses autres sources d'inspiration proposées par la critique, on retiendra : Lucrèce (J. Lemaitre : « Kaïn est, si l'on veut, un Prométhée qui parle et sent comme Lucrèce », *Les Contemporains*, 2e série, p. 15) ; le *Prométhée* de Goethe, celui de Quinet et celui de Louis Ménard ; l'*Histoire de la Reine du Matin et de Soliman Prince des génies* de Nerval (*Voyage en Orient*) ; *Le Satyre* de Victor Hugo (*La Légende des Siècles*, première série). Beaucoup d'autres rapprochements encore ont été faits : Milton, Soumet, Le Poittevin, Bouilhet... Si chacun, pris à part, n'est pas toujours convaincant, l'ensemble paraît bien confirmer l'idée que *Qaïn* exprime, comme le dit J. Lemaitre (*ibid.*, p. 8), l'âme tout entière du XIXe siècle – et aussi, ajouterons-nous, toute sa culture.

Théodore de Banville (*Petit traité de poésie française*, p. 130) voyait dans *Qaïn* « le plus parfait modèle de ce que pourra être aujourd'hui le style épique ».

Signalons, sur ce poème, une importante étude en allemand : Almut Pohle, *Das Gedicht « Qaïn » von L. de L. Ein literarhistorische Interpretation*, Hamburg, 1964.

Page 45.   **LA VIGNE DE NABOTH**

En 1862 (*Poésies barbares*), *La Vigne de Naboth* était dédiée : « À M. Renan ». Vianey suggère que Renan, qui parle d'Élie comme du géant des prophètes dans ses *Études d'histoire religieuse* (1857), a probablement inspiré ce poème (*Les Poèmes barbares de L. de L.*, p. 123-129).

Source : le premier *Livre des Rois*, XII, XVI, XVII, XX et XXI. J. Vianey (*Les Sources de L. de L.*, p. 282 et suiv.), et surtout A. Fairlie (*L. de L.'s poems on the barbarian races*, p. 224 et suiv.) ont bien montré que la plupart des détails et des noms propres du poème viennent de là, mais que L. de L. a accentué encore la noirceur d'Achab (dont pourtant la Bible dit qu'il fut « pire que tous ses devanciers », I *Rois*, XII, 30) : il égorge les ambassadeurs suppliants (v. 16), que dans la Bible il épargne (I *Rois*, XX, 32-33) ; et aussi celle de Yahvé qui, dans la Bible, touché du repentir d'Achab, reporte le châtiment à la génération suivante (I *Rois*, XXI, 28-29). Curieuse mesure de clémence, d'ailleurs ; on peut faire remarquer avec P. Flottes (*Le Poète L. de L.*, p. 171) que cette réversion du châtiment sur les fils du coupable sera stigmatisée dans *Qaïn*.

D'après Vianey (*Les Poèmes barbares de L. de L.*, p. 125), la statue de Baal, teinte d'écarlate, une escarboucle au front (v. 27-28), est décrite par Creuzer (*Religions de l'Antiquité*, t. II, p. 22), qui se fonde sur Pausanias.

Il est d'autre part difficile de ne pas évoquer le récit de Théramène devant le char traîné par les chevaux que l'effroi fait s'emballer à l'apparition d'Élie (v. 185 et suiv.), d'autant que Jézabel et les chiens qui doivent la dévorer nous ramènent également à Racine.

Page 56.   L'ECCLÉSIASTE

Source : *L'Ecclésiaste*, bien sûr. IX, 4 : « Un chien vivant vaut mieux qu'un lion mort. » III, 13 : « Quand on mange, et boit, et se donne du bon temps dans son labeur, c'est un don de Dieu. » I, 2 : « Vanité des vanités, et tout est vanité ! » VII, 4 : « Le cœur du sage est dans la maison du deuil. » IX, 5-6 : « Les morts [...] n'ont plus de salaire, puisque leur souvenir est oublié. Leurs amours, leurs haines, leurs jalousies, tout a déjà péri ; et ils n'ont plus jamais part à tout ce qui se fait sous le soleil. »

Plus désabusé encore, le « je » de *L'Ecclésiaste* craint, comme Hamlet, que la mort même n'amène pas le repos.

Page 57.   NÉFÉROU-RA

J. Vianey a trouvé la source de ce poème : une stèle découverte par Champollion dans le temple de Khonsou à Thèbes. La Bibliothèque impériale (maintenant Bibliothèque nationale), où elle était et est encore conservée, en fit une reproduction pour l'Exposition universelle de 1855. Le texte fut traduit par le vicomte de Rougé, qui le commenta dans une série d'articles du *Journal asiatique*, réunis en volume en 1858 (*Les Sources de L. de L.*, p. 99-100). Pour A. Fairlie, L. de L. n'a sans doute pris connaissance des travaux de Rougé que dans leur version de la *Revue contemporaine*, 1859, version destinée au grand public (*L. de L.'s poems on the barbarian races*, p. 34 et suiv.).

La stèle, qui comporte aussi une représentation picturale, est consacrée au dieu Chons (ou Khonsou), fils d'Amon, qu'on implorait pour chasser les mauvais esprits et guérir les maladies. L'inscription raconte que Khonsou fit le voyage de Syrie pour guérir la princesse Bint-Reschit, possédée par un esprit. Cette princesse était la sœur de Néférou-Ra, épouse de Ramsès. À la demande de son beau-père, Ramsès envoya successivement à la malade un médecin puis, onze ans plus tard, une des incarnations du dieu Chons. Celui-ci chassa l'esprit ; le prince essaya de retenir le dieu, mais un songe le décida à le renvoyer en Égypte. Le tableau représente probablement les deux incarnations du dieu se retrouvant après le voyage (*Les Sources de L. de L.*, p. 100-104).

Il a été établi par la suite que la stèle était un faux, fabriqué par les prêtres de Khonsou, bien après le règne de Ramsès II, pour rehausser l'importance de leur temple (*ibid.*, p. 106).

Vianey fait remarquer que le poème de L. de L. présente, comme la stèle, « un tableau suivi d'un récit », et que « dans le tableau du poème, comme dans la partie gauche du tableau de la stèle, on voit des prêtres porter une barque peinte où Khons siège sous un parasol » (*ibid.*, p. 107). Pour le portrait du dieu, Vianey croit y reconnaître la statue colossale du roi Sovkhotpou, au musée du Louvre (*ibid.*).

Pour C. Kramer, les v. 49-52 (« Mais il vient... ») évoquent le dieu en des termes qui rappellent de près l'Apollon que supplie la mère du *Malade* de Chénier :

> *Apollon, dieu sauveur, dieu des savants mystères,*
> *Dieu de la vie, et dieu des plantes salutaires,*
> *Dieu vainqueur de Python, dieu jeune et triomphant,*
> *Prends pitié de mon fils, de mon unique enfant.*

(*André Chénier et la poésie parnassienne*, p. 252).

A. Fairlie, examinant les transformations que L. de L. fait subir à la légende, note, entre autres, la simplification de l'histoire, la suppression de beaucoup de détails pittoresques, l'inspiration plus *antique* que *barbare* – et, bien sûr, la transformation de la fin : en mourant au lieu de guérir, la princesse atteint à la paix divine, à l'oubli des tourments (*L. de L.'s poems on the barbarian races*, p. 35-41).

Page 60.   EKHIDNA

Dans les préoriginales (*Revue contemporaine*, 1862 ; *Parnasse contemporain*, 1866), le poème se terminait par la strophe suivante :

> *Les siècles n'ont changé ni la folie humaine,*
> *Ni l'antique Ekhidna, ce reptile à l'œil noir ;*
> *Et, malgré tant de pleurs et tant de désespoir,*
> *Sa proie est éternelle et l'amour la lui mène.*

C'est à la *Théogonie* d'Hésiode que L. de L. a repris le mythe d'Ekhidna. Pour Vianey, L. de L. a bien vu qu'il s'agissait d'un mythe solaire ; Ekhidna est l'obscurité de la nuit, et ses enfants monstrueux – Kerbéros, l'hydre de Lerne, la Chimère, le Sphinx, le lion de Némée – sont tués par des héros solaires : Hercule, Pégase, Bellérophon, Œdipe (*Les Sources de L. de L.*, p. 344).

Les commentaires du poème vont d'une interprétation étroite (celle de Pich, *L. de L. et sa création littéraire*, p. 403) : l'amour, folie irrépressible, mène à l'anéantissement – interprétation qui se conforte de la lecture de la strophe supprimée –, à une interprétation allégorique plus large : Ekhidna personnifie « tous les rêves et toutes les chimères », le poète « prédit une affreuse fin à tous les amants de l'idéal, à tous les chercheurs d'énigmes, à tous les aventuriers de la passion, à tous ceux qui demandent à la poésie, à l'art, à la philosophie, à l'amour de les rendre des dieux » (J. Vianey, *Les Sources de L. de L.*, p. 346 ; interprétation reprise par P. Martino, *Parnasse et symbolisme*, Paris, A. Colin, « U² », 1967, p. 47).

Pour H. Elsenberg (*Le Sentiment religieux chez L. de L.*, p. 151-152, note 1 de la p. 151), les v. 17 à 20 sont inspirés par les p. 41-42 du *Polythéisme hellénique* de Louis Ménard : « Une étude attentive de l'hymne homérique m'a conduit à penser que les anciens ont exprimé sous le nom d'Hermès non pas le soleil, mais le crépuscule [...] Né le matin, il vole le soir les vaches d'Apollon [...] Ces vaches [...] ce sont les nuages roses du matin et du soir. » Quoique le poème ait été publié quelques mois avant cet ouvrage, un emprunt à Ménard est vraisemblable, vu l'étroite amitié qui unissait les deux écrivains.

À noter aussi, dans ce poème, des résonances baudelairiennes – et par exemple, aux v. 26-27 l'expression « sous le fouet du désir », où *désir* rime avec *plaisir* (cf. « Sous le fouet du Plaisir, ce bourreau sans merci... », dans *Recueillement*).

Page 62.   LE COMBAT HOMÉRIQUE

Notations cueillies probablement dans les chants IV, XVI et XX de l'*Iliade* (J. Vianey, *Les Sources de L. de L.*, p. 347-348). L'effet réaliste des mouches sur les cadavres de taureaux vient du livre IV des *Géorgiques* (où il s'agit d'abeilles) :

> Aspiciunt liquefacta boum per viscera toto
> Stridera apes utero et ruptis effervere costis

(*ibid.*, p. 348).

Page 63.   LA GENÈSE POLYNÉSIENNE

Ce poème publié en 1857 était en chantier, ou tout au moins prévu, dès 1853, si l'on se fie à une lettre de Thalès Bernard (voir notre préface, p. 6).

La Genèse polynésienne suit de très près un chant polynésien en dialecte de Tahiti, recueilli par J.-A. Moerenhout et publié par lui en 1837 dans *Voyages aux îles du Grand Océan* (J. Vianey, *Les Sources de L. de L.*, p. 262). Peut-être L. de L. avait-il eu l'attention attirée sur cet ouvrage par A. Maury, *Histoire des religions de la Grèce antique*.

Page 64.   LA LÉGENDE DES NORNES

Il s'agit peut-être du « poème de fantaisie qui se passe en Islande » auquel L. de L. travaille en 1853, d'après une lettre de Louise Colet (E. Pich, *L. de L. et sa création poétique*, p. 246).

Source principale : l'*Edda* ancienne, complétée et éclairée par l'*Edda* en prose de Snorri Sturluson (1220). Dans l'*Edda* ancienne, un chant intitulé *Voluspá* est consacré aux prédictions d'une devineresse qui raconte la naissance du monde et en prophétise la fin Dans son discours, elle explique que le conseil des dieux se réunit sous le frêne Yggdrasill, image du temps ; là viennent aussi trois vierges pleines de science : Urd (le passé), Verdandi (le présent), Skuld (l'avenir), qui fixent le destin des hommes.

L. de L. a pu prendre connaissance de ces textes par l'intermédiaire des travaux de Xavier Marmier (*Lettre sur l'Islande*, 1837 ; *Chants populaires du Nord*, 1842), dont il fut l'élève en 1839 à la Faculté des lettres de Rennes (M. Souriau, *Histoire du Parnasse*, Paris, Spes, 1929, p. 184) ; également par les traductions de Bergmann : *Poèmes islandais (Voluspá, l'afthrudnismal, Lokasenna)* tirés de l'*Edda de Soemund*, publiés avec une traduction et un commentaire (1838). Sans doute s'inspire-t-il aussi de l'ouvrage d'Ampère, *Littérature et voyages, Allemagne et Scandinavie* (1833), où la *Voluspá* est définie comme la *Genèse* et l'*Apocalypse* du Nord.

À ces sources proposées par J. Vianey (*Les Sources de L. de L.*, p. 132-140. *Les Poèmes barbares de L. de L.*, p. 83), A. Fairlie ajoute *Les Germains avant le christianisme* d'Ozanam (1847), ouvrage lu et annoté par L. de L., et auquel il doit un certain nombre de détails : « la terre plate et ronde » du v. 2, par exemple (*L. de L.'s poems on the barbarian races*, p. 77-78).

Vianey, se fondant sur les mythologues de l'époque, et particulièrement sur Ménard, interprète le poème de la façon suivante : Ymer et ses fils symbolisent le monde chaotique de volcans et de glaces qui précéda le nôtre, et aussi la barbarie des premiers hommes. Les Ases sont des puissances bienfaisantes « qui surent se nourrir au lait de la nature », et permirent le développement physique et moral du monde actuel. Mais les puissances mauvaises se réveilleront, et ce sera la mort de la Terre, malgré l'apparition de Balder, qui symbolise « le progrès des sciences et de la morale » (*Les Poèmes barbares de L. de L.*, p. 84-85).

Dans la *Voluspá*, cependant, la prophétesse prédit à la fin la renaissance du monde, et l'immortalité pour les justes. Pour Vianey, L. de L. est fidèle à son tempérament pessimiste en refusant cette *happy end*. A. Fairlie présente à ce sujet une explication peut-être plus intéressante : la fin heureuse de la prophétie est généralement interprétée, dit-elle, comme un gauchissement de l'antique légende dans un sens chrétien ; L. de L. a sans doute voulu restituer au mythe sa pureté, et son atmosphère propre (*L. de L.'s poems on the barbarian races*, p. 82-86). Les deux interprétations ne sont pas incompatibles.

Page 70.   LA VISION DE SNORR

Source : Bergmann, *Les Chants de Sôl (Sôlar Liôd), poème tiré de l'Edda de Soemund,* publié avec une traduction et un commentaire. Cet ouvrage date de 1858, et L. de L. s'empara immédiatement du sujet qui lui était offert, puisque *La Vision de Snorr* parut en octobre de la même année.

Le poème de l'Edda, d'inspiration chrétienne, consiste en une exhortation d'un père à son fils. L. de L. n'en retient qu'un passage de la troisième partie : la vision de l'Enfer, v. 53-68 ; il s'inspire aussi du commentaire de Bergmann (et notamment de passages de la *Voluspá* cités dans ce commentaire), et, pour les supplices, il paraît avoir emprunté quelques traits à l'*Enfer* de

Dante (J. Vianey, « Un poème de L. de L. : *La Vision de Snorr* », *R.H.L.F.*, 1923, p. 541-549).

Le séjour de *Hel* est le royaume de la mort, et L. de L. donne ce nom à l'Enfer (v. 3, v. 76). Les *Skaldes* (ou plus souvent *scaldes*) sont les poètes ou trouvères scandinaves (v. 30). Enfin, on remarquera que L. de L. donne à son visionnaire le nom de l'auteur de l'*Edda* en prose (Snorri Sturluson).

Signalons pour terminer une curieuse interprétation de P. Flottes : dans *L. de L., l'homme et l'œuvre* (p. 67), il parle de « Snorr l'imbécile », et affirme que L. de L. s'intéresse, dans ce poème, « à la manière dont les sots, en tout âge et particulièrement au siècle où il vit, se représentent le bien et le mal ».

Page 73.   LE BARDE DE TEMRAH

Ce poème, qui raconte deux épisodes de l'apostolat de saint Patrick en Irlande, a pour source principale *La Légende celtique en Irlande, en Cambrie et en Bretagne* de Hersart de La Villemarqué (1859). La rencontre de Patrick et d'Ossian a maintes fois été racontée, comme un épisode important de la lutte entre christianisme et druidisme. L. de L. remplace Ossian par Murdoc'h : parce qu'il lui semble peu vraisemblable que Patrick ait rencontré Ossian (Vianey) ? ou pour avoir un nom plus celtique (Roger Chauviré, « *Le Barde de Temrah* », *Mélanges Kastner*, Cambridge, Heffer and Sons, 1932, p. 109) ? Il change aussi le lieu de la rencontre, qui devient Temrah, la capitale de l'Irlande (encore un nom « barbare »). Et il modifie la fin de l'histoire : Ossian, dans la légende, se convertit ; Murdoc'h se tue en proclamant sa foi en la religion de ses ancêtres (voilà peut-être la raison principale de l'éviction d'Ossian au profit d'un héros dont L. de L. peut faire ce qu'il veut).

Autres sources pour le second épisode : l'*Irlande* d'O'Sullivan, qui date de 1850 (A. Fairlie, *L. de L.'s poems on the barbarian races*, p. 170), et peut-être un passage de la *Légende dorée* « où l'on voit l'ancien maître de Patrice refusant de courber le front sous la main de celui qui avait été son esclave, et se tuant » (J. Vianey, *Les Poèmes barbares de L. de L.*, p. 44).

R. Chauviré remarque que L. de L. a laissé tomber maint détail pittoresque offert par sa source (la rencontre des deux filles du roi ; la coiffure des guerriers...). Il signale certaines bévues archéologiques ou historiques (la description du palais de Temrah), et reproche au poète de n'avoir respecté ni le caractère du saint, ni celui des Irlandais (par parti pris antichrétien, par goût du « barbare ») ; grâce à quoi, s'il manque à l'impassibilité scientifique, il peut atteindre – par la stylisation – à la grandeur épique.

Page 81.   L'ÉPÉE D'ANGANTYR

Source : le *Chant de Hervor*, traduit par Xavier Marmier dans ses *Chants populaires du Nord*. Il s'agit d'un dialogue : près de la tombe d'Angantyr, sa fille Hervor hurle pour le réveiller ; elle réclame l'épée qui a tué Hialmar. Angantyr la lui refuse, car elle détruirait toute la race de Hervor. Comme celle-ci insiste, il finit par la lui remettre, ce qui n'interrompt pas un dialogue dès lors sans grand intérêt. Comme le dit J. Vianey (*Les Sources de L. de L.*, p. 118-121), L. de L. a très heureusement changé le thème : Hervor ne réclame pas son héritage, mais l'instrument de la vengeance (peut-être faut-il voir là l'influence d'une autre histoire recueillie par Marmier, celle d'un fils réclamant à son père au tombeau l'épée qui le vengera).

E. Pich donne de ce poème une interprétation psychanalytique (*L. de L. et sa création littéraire*, p. 347-348) : « Le vrai thème de cette pièce est en fait celui de la castration de l'homme par la femme » – interprétation qu'il infléchit d'ailleurs immédiatement en faisant de *L'Épée d'Angantyr* un poème allégorique, « une dénonciation du rôle exorbitant que joue la femme, et spécialement la prostituée de haut et de bas étage, dans la société du Second Empire ».

Page 84.   LE CŒUR DE HIALMAR

Sources : le *Chant de mort de Hialmar*, transcrit par Marmier dans ses *Chants populaires du Nord* ; et, pour la dernière strophe du poème, le *Chant de Regnar Lodbrock (ibid.)*.

Dans le *Chant de Hialmar*, c'est un anneau que le mourant envoie à sa fiancée, par l'intermédiaire d'un compagnon d'armes. L'idée de lui envoyer son cœur pourrait d'après Vianey (*Les Poèmes barbares de L. de L.*, p. 90-91) être venue à L. de L. d'une lecture de Lope de Vega. Il s'agit de la mort de Durandart à Roncevaux dans *Le Mariage dans la mort* : « Durandart. Voici mes dernières volontés. Quand je ne serai plus, retirez mon cœur de ma poitrine et le portez à Belerme. Il lui a apparrenu tout entier durant ma vie, il est juste qu'elle le possède après ma mort... » Pour A. Fairlie (*L. de L.'s poems on the barbarian races*, p. 116), la source est plutôt un passage de l'*Edda*, cycle de Sigurd, mentionné par Ampère (*Littérature et voyages, Allemagne et Scandinavie*) : Alti tue un des deux frères de Gudrun et lui arrache le cœur ; l'autre reconnaîtra ce cœur à ce qu'il ne tremble pas.

Quant au choix du corbeau charognard pour messager, E. Pich avance l'hypothèse qu'il s'éclaire si l'on juxtapose *Le Cœur de Hialmar* et *Le dernier souvenir* : « Quelqu'un m'a dévoré le cœur » ; le messager et la destinataire ne font qu'un : le corbeau du poème symbolise le double aspect de l'amour pour L. de L. : c'est un tourment exaltant, un martyre recherché. La mort apparaît comme une solution possible, positive : « Je vais m'asseoir parmi les Dieux, dans le soleil ! » (*L. de L. et sa création poétique*, p. 405-406.)

Notons encore, avec F. Desonay, que ce paradis ensoleillé est plus créole que nordique (*Le Rêve hellénique chez les poètes parnassiens*, Paris, Champion, 1928, p. 128).

Page 86.   LES LARMES DE L'OURS

Source : un passage du *Kalewala*, épopée finnoise, que Xavier Marmier avait présenté à son cours de Rennes en 1838-1839 ; c'est la légende du *Kantele* ou lyre finnoise, qu'il reproduisit ensuite dans les *Chants populaires du Nord* (A. Fairlie, *L. de L.'s poems on the barbarian races*, p. 44-45). Puisque L. de L. a assisté aux cours de Marmier au début de 1839 (M. Souriau, *Histoire du Parnasse*, p. 184), il l'a peut-être entendu commenter la légende. Voici comment la résument les *Chants populaires du Nord* (M. Souriau, *ibid.*) : le bouleau se plaignant de ne jamais avoir abrité d'amoureux, le dieu de l'intelligence l'arracha et en fit une harpe, dont il joua. « Les cascades en l'écoutant s'arrêtèrent dans leur chute ; les arbres cessèrent de se courber sous le souffle du vent ; l'ours se dressa sur ses pattes pour l'entendre. Le dieu lui-même, attendri par ses chants, pleura. Ses larmes coulèrent le long de sa barbe blanche, et traversèrent ses trois manteaux et ses trois tuniques de laine. »

Page 88.   LE RUNOÏA

Ce poème, publié en août 1854, avait été lu un an auparavant chez Louise Colet. À cette époque, celle-ci s'y réfère comme au « Dieu du Nord » (lettre à Louis Bouilhet, 1ᵉʳ août 1853), et L. de L. lui-même l'appelle « mes *Runes* » (lettre à Louise Colet, 2 août 1853, citée par E. Pich, *L. de L. et sa création poétique*, p. 178).

Lors de sa première publication, *Le Runoïa* était divisé en six parties distinguées par des chiffres romains, et commençant respectivement aux v. 1, 39, 79, 147, 285 et 333 (renseignement fourni par l'édition des Belles Lettres).

Source : le *Kalewala* ; plus précisément, le dernier des trente-deux chants (ou runes) publiés par Lönnrot et traduits par Léouzon Leduc en 1845 dans *La Finlande*. Voir la fin de la préface de *Poëmes et Poésies* : « Le *Runoïa* [m'a été inspiré] par les dernières lignes d'une légende finnoise, qui symbolise l'introduction violente du Christianisme en Finlande. »

Vianey signale une seconde source : *Le Glaive runique* du Suédois Nicander (1820), œuvre dans laquelle un personnage raconte une ancienne saga. Elle a été traduite par Léouzon Leduc en 1846. Dans *Le Glaive runique*, la rencontre du roi du Nord et du roi de l'Orient se fait en douceur, le dieu ancien accueille son successeur, l'assied sur ses genoux et lui laisse écrire la dernière rune (*Les Sources de L. de L.*, p. 172-173). L. de L. a emprunté à Nicander le cadre du poème, c'est-à-dire la description détaillée du château (*ibid.*, p. 167).

A. Fairlie renvoie pour les paroles du Christ au *Prométhée délivré* de Ménard, et rappelle que Flaubert suggérait à Louise Colet de faire figurer dans son *Acropole* des Barbares représentant la dégradation des Modernes (*L. de L.'s poems on the barbarian races*, p. 51-54).

Enfin, E. Pich renvoie, pour l'idéologie des « Chasseurs », à l'un des *Poèmes évangéliques* de Laprade, *La Cité des hommes* (*L. de L. et sa création poétique*, p. 189).

En règle générale, on s'accorde à voir dans *Le Runoïa* un des poèmes les plus représentatifs de la pensée personnelle de L. de L. sur la succession des religions et sur le caractère négatif du christianisme.

Page 99.   LA MORT DE SIGURD

Source : la première *Edda*. On y trouve que Sigurd aimait Brynild, mais que, la reine Grimhild lui ayant fait boire un philtre, il oublie son premier amour et épouse Gudrun, fille de la reine. Un jour Brynild et Gudrun se rencontrent et s'injurient. Brynild fait assassiner Sigurd et se tue sur son corps, tandis que Gudrun, désolée, se retire au Danemark (la suite, qui tourne à la vendetta, n'intéresse plus notre poème).

L. de L. tire son sujet du *Premier chant de Gudrun* et d'un passage du *Second chant*. La troisième femme du poème, Herborga, reine des Huns, est elle aussi empruntée à l'*Edda*, avec sa triste destinée : « ... je fus faite prisonnière et enchaînée. Chaque matin, je devais préparer les ornements et attacher les chaussures de la femme du Jarl.» La quatrième n'emprunte à l'*Edda* que son nom : Gullrönd, devenu Ullranda chez L. de L. (A. Vianey, *Les Sources de L. de L.*, p. 121-127).

Vianey (*ibid.*, p. 131) fait remarquer que, sauf le geste final, toute la fin du poème est de l'invention de L. de L. Et A. Fairlie, que le poète a déplacé l'intérêt de Gudrun à Brunhild (*L. de L.'s poems on the barbarian races*, p. 105-106).

Page 102. LES ELFES

Poème dédié, en 1858 (*Poésies complètes*), « A Mademoiselle Emma L. de L. » – Emma Leconte de Lisle, sœur du poète.

Les *Elfes* ont été mis en musique par Benjamin Godard en 1887. D'après R. Boris (« L. de L. et les musiciens », *R.H.L.F.*, 1958, p. 221), le poème a inspiré au moins sept compositeurs.

Il s'agit d'une légende scandinave très populaire, celle de Sir Olaf et de la reine des Elfes. Pour Vianey (*Les Sources de L. de L.*, p. 141 et suiv.), le poète choisit la version traduite par Henri Heine dans *De l'Allemagne*. A. Fairlie signale que la légende est mentionnée aussi par La Villemarqué, et racontée par Marmier dans son *Histoire de l'Islande* (parue en complément au *Voyage en Islande et au Groënland exécuté pendant les années 1835 et 1836*, publié chez Bertrand en 1840) et dans la préface des *Chants populaires du Nord ;* une série de détails retenus par L. de L. apparaissent aussi bien chez Marmier que chez Heine (*L. de L.'s poems on the barbarian races*, p. 73-74).

Page 104. CHRISTINE

Dédié en 1855 (*Poëmes et Poésies*) « A Madame J.D. » – Mme Jobbé-Duval, avec qui le poète eut une liaison. E. Pich voit dans *Christine* et dans *Les Damnés* « un reproche [de L. de L.] à l'adresse de sa maîtresse, qui n'a pas voulu le suivre dans son intention de mettre fin à ses jours » (*L. de L. et sa création poétique*, p. 204).

Source : comme pour *Les Elfes*, une ballade populaire. Marmier en signale une version suédoise, *La Puissance de la douleur* (qui ne comporte pas la fin, où la jeune fille suit son fiancé dans la tombe). Pour Vianey, c'est celle-là que reprend L. de L. (*Les sources de L. de L.*, p. 147-148). Pour A. Fairlie, il a plutôt suivi la version danoise, *Aage et Elsa*, également reproduite par Marmier ; dans cette version, la jeune fille meurt un mois après les retrouvailles avec le mort. Marmier signale aussi un chant anglais où elle meurt immédiatement (*L. de L.'s poems on the barbarian races*, p. 75). C. Kramer, enfin, propose comme source des dernières strophes une des *Bucoliques* d'André Chénier, *La Belle de Scio* :

> Ne reviendra-t-il pas ? Il reviendra sans doute.
> Non, il est sous la tombe : il attend, il écoute.
> Va, belle de Scio, meurs ! il te tend les bras ;
> Va trouver ton amant : il ne reviendra pas.

(*André Chénier et la poésie parnassienne*, p. 256).

Page 107.   LE JUGEMENT DE KOMOR

À la légende de sainte Tiphaine (qu'il a pu lire dans *Le Foyer breton* d'Émile Souvestre, œuvre de 1845), L. de L. n'emprunte que des noms (celui de la sainte, fille du roi de Vannes, celui de son mari Comorn) et la décapitation finale. On ne sait où il a pris le reste de son histoire ; peut-être correspond-elle à des préoccupations personnelles de l'auteur, lorsqu'il avait une liaison avec la femme de son ami Jobbé-Duval (A. Fairlie, *L. de L.'s poems on the barbarian races*, p. 165) ?

Pour la description du château du Jarle (*Jarle* signifie *comte* ; cf. l'anglais *earl*), L. de L. a pu se souvenir du paysage breton de la baie des Trépassés (J.K. Ditchy, *Le Thème de la mer chez les Parnassiens. L. de L. et Heredia*, Paris, Les Belles Lettres, 1927, p. 4, citant E. Estève). P. Flottes évoque pour sa part, à propos du 1er vers :

> La lune sous la nue errait en mornes flammes

le 1er vers de *La Mort du loup* :

> Les nuages couraient sur la lune enflammée

(*L'Influence d'Alfred de Vigny sur L. de L.*, p. 95).

Pour E. Pich, « que L. de L. le veuille ou non, *Le Jugement de Komor* est en rapport avec les problèmes soulevés par l'émancipation de la femme, que les sectes révolutionnaires avaient mise à la mode dès avant 1848 » (*L. de L. et sa création poétique*, p. 355).

Page 112.   LE MASSACRE DE MONA

Dans les *Poésies barbares* (1862), *Le Massacre de Mona* était dédié : « À M.H. Foucque » (Hippolyte Foucque, cousin de L. de L. ; assez riche et désireux de voir son parent dans l'aisance, il essayait de le convaincre de mieux monnayer ses talents, lui conseillant par exemple – à sa grande indignation – d'écrire des textes pour une chanteuse de cabaret).

Le Massacre de Mona connut une longue gestation. Alors qu'il ne parut qu'en 1860, il avait été annoncé en 1852, au dos des *Poèmes antiques*, sous le titre : *Les Vierges de Seïn*. Mais il faut remonter plus loin encore : L. de L. avait parlé de ce poème à Louis Ménard en 1849, et E. Pich pense qu'il faut en faire remonter la première idée à 1846, époque où Brizeux publia *Les Bretons*, une des sources de L. de L. (*L. de L. et sa création poétique*, p. 246-247).

C'est A. Fairlie (*L. de L.'s poems on the barbarian races*, p. 120 et suiv.)

qui a découvert la source principale du poème : l'*Histoire des rois et des ducs de Bretagne* de Roujoux, publiée en 1828. Roujoux raconte un massacre de druides par un nommé Murdoc'h, dans lequel on peut reconnaître le roi chrétien Conan Meriadec. En face de Murdoc'h : la princesse Uheldéda – cf. la *Telléda* des *Martyrs*, d'après E. Pich (*L. de L. et sa création poétique*, p. 262, note 6), ce nom signifie en celtique *Élévation*. Roujoux invente une histoire en trois parties : description de la religion druidique au IVe siècle, récit des États-Généraux où les druides furent condamnés, description du massacre de l'île de Sein.

De nombreux détails du poème viennent incontestablement de son ouvrage : la « fontaine Azeuladour », vase que l'on place sur un autel cubique ; la faucille d'or pendue à la ceinture des vierges (les autres historiens en font un attribut des druides) ; les haches de pierre (personne d'autre ne voit les druides en guerriers) ; le sein dévoilé des vierges, etc.

Comme l'avait bien deviné Vianey (mais il attribuait l'invention à L. de L. lui-même), cette histoire d'une extermination de druides par un roi chrétien est inventée sur le modèle du massacre des druides dans l'île de Mona (actuellement : Anglesey) sous le règne de Néron, massacre que raconte Tacite (*Les Sources de L. de L.*, p. 199-200). L. de L. a d'abord, on l'a vu, situé son poème dans l'île de Sein (comme Roujoux) avant de choisir pour cadre le lieu du massacre antique.

Vianey indique d'autres sources encore : des fragments du *Kad Godden* et d'autres textes gallois publiés dans l'*Histoire de France* d'Henri Martin (1833-1836) ou traduits par La Villemarqué dans *Les Romans de la Table Ronde et les Contes des anciens Bretons* (1860) ; c'est chez La Villemarqué que L. de L. trouve, par exemple, le dragon Hu-Gadarn et le dragon Avank ; chez Henri Martin qu'est décrite la Rhote (différente de la harpe, contrairement à ce que pense Chauviré, « *Le Barde de Temrah*, » p. 114, note 2 de la p. 113).

A. Fairlie note chez L. de L. certaines erreurs de détail (les noms *Ovates* et *Evhages* désignent, paraît-il, la même catégorie de prêtres). Elle fait remarquer surtout que le poète modifie complètement l'idée qu'on se faisait du druidisme à son époque : on pensait généralement, d'une part, qu'il était de mœurs cruelles ; d'autre part, qu'il avait préparé la voie au christianisme (*L. de L.'s poems on the barbarian races*, p. 149-151). Ajoutons cependant qu'E. Pich signale « un long poème en prose » d'Alfred Dumesnil, paru en trois livraisons dans *La Revue* (1855) ; ce poème intitulé *Le Réveil de la Gaule* a pour thèse que « c'est le druidisme qui doit sauver le monde ». L. de L., ajoute E. Pich, « ne croit certainement pas à une résurrection véritable du druidisme ; mais il lui demande, lui aussi, des leçons pour l'avenir » (*L. de L. et sa création poétique*, p. 160). Pour faire bonne mesure, signalons encore deux sources très différentes. Comme pour *Le Jugement de Komor*, J.K. Ditchy rappelle après E. Estève que L. de L. avait des souvenirs personnels de la Bretagne et de tempêtes dans cette région (*Le Thème de la mer chez les Parnassiens*, p. 4). Et C. Kramer évoque *L'Aveugle* d'André Chénier : le chant d'Homère aurait inspiré à L. de L. l'idée de celui du Barde, et le détail de la lyre qui pend à la ceinture des poètes se retrouve et chez l'Aveugle et chez les Bardes de Mona (*André Chénier et la poésie parnassienne*, p. 257).

Page 127 LA VÉRANDAH

Ce poème a été mis en musique pour double chœur de voix de femmes et piano par Ch Koechlin en 1893 (édition des Belles Lettres, t. IV, p. 528).

Le thème de la belle endormie dans un cadre exotique (voir aussi *Le Sommeil de Leïlah* et *Le Manchy*) ne paraît pas réclamer d'étude de source.

Ce poème tout de charme et de virtuosité technique, F. Brunetière y découvrait ingénieusement « quelque chose de [...] musulman [...] dans la savante monotonie du rythme, dans son arabesque, et dans son entre-lacs » – mais aussi, de façon plus inattendue, il le résumait en ces termes : « ce que trois mille ans de civilisation orientale ont réussi à faire de la femme » (*L'Évolution de la poésie lyrique en France au XIXᵉ siècle*, t. II, p. 167).

Page 129. NURMAHAL

L'histoire de Nurmahal est racontée en appendice à l'*Histoire générale de l'Inde ancienne et moderne* de Marlès, publiée en 1828 (J. Vianey, *Les Sources de L. de L.*, p. 89). Elle est aussi le sujet du poème de Thomas Moore, *La Lumière du Harem,* traduit en 1841 (E. Pich, *L. de L. et sa création poétique,* p. 342).

L'histoire racontée par Marlès est – avec quelques péripéties supplémentaires – celle du poème. Les v. 127-128 font allusion au trait suivant : l'héroïne. qui s'appelait Mher-oul-Nissa (soleil des femmes). vit son nom changé en celui de Nour-Mahal (lumière du harem) au moment de son mariage, puis en celui de Nour-Djihan (lumière du monde), en même temps que sa famille se voyait combler d'honneurs ; ce qui l'enivra d'orgueil, si bien qu'elle se fit haïr de tous.

Page 135. LE DÉSERT

En 1855 (*Poëmes et Poésies*). *Le Désert* était dédié : « À Madame L.C. » (Louise Colet).

Jusqu'en 1858, le poème se terminait par ces vers, supprimés ensuite :

> Dans sa halte d'un jour, sous l'arbre desséché,
> Tout rêveur, haletant de vivre, s'est couché,
> Et comme le Bédouin, ployé de lassitude,
> A dormi ton sommeil, ô morne solitude !
> Oublieux de la terre, et d'un cœur irrité,
> Il veut saisir l'amour dans son éternité ;
> Et toujours il renaît à la vie inféconde
> Pâle et désespéré dans le désert du monde.

D'après J. Bury (« Un passage de *Némésis* et *Le Sommeil du condor* de L. de L. », *R.H.L.F.*, 1906, p. 159), on a rapproché ce poème des descriptions de l'*Itinéraire de Paris à Jérusalem* de Chateaubriand, et de l'évocation d'un bivouac de grenadiers dans *Napoléon en Égypte* de Barthélemy et Méry.

Signalons d'autre part que le nom de *Djennet* est celui du septième ciel du paradis musulman (E. Pich, *L. de L. et sa création poétique*, p. 390, note 53).

Page 136   DJIHAN-ARÂ

Comme *Nurmahal*, ce poème emprunte son sujet à l'*Histoire générale de l'Inde ancienne et moderne* de Marlès. Quelques détails sont empruntés aussi au *Voyage pittoresque de l'Inde* de W. Hodges, traduit en 1805 par L. Langlès.

L'histoire de *Djihan-Arâ* se situe deux générations après celle de *Nurmahal* : l'héroïne était la petite-fille de Djihan-Guîr, et son demi-frère, Aurang-Ceyb, était de surcroît petit-neveu de Nurmahal. Il régna de 1658 à 1707, après avoir fait mettre à mort ses frères et déposé son père, qui passa huit ans dans une forteresse, abandonné de tous sauf de Djihan-Arâ. Celle-ci, à la mort du vieillard, fut emmenée par son frère à Delhi, où elle mourut rapidement, sans doute empoisonnée (J. Vianey, *Les Sources de L. de L.*, p. 93-95).

Cette histoire est également évoquée dans les *Mémoires sur l'Indoustan* de Gentil (1822), ouvrage qui faisait partie de la bibliothèque de L. de L. (E. Pich, *L. de L. et sa création poétique*, p. 345, note 9).

Dans son *Histoire du Parnasse*, M. Souriau raconte que Frédéric Plessis, un des disciples de L. de L., voulant prouver à celui-ci qu'il était un poète élégiaque, évoqua successivement *L'Illusion suprême*, *Ultra cœlos*, *Les Spectres*, *La Fontaine aux lianes* – mais que c'est sur le titre de *Djihan-Arâ* que « le maître » marqua son accord (p. 450).

Page 141.   LA FILLE DE L'ÉMYR

L. de L. exploite ici une légende qui fut sans doute rapportée des Croisades, car c'est une légende du Nord mais que toutes les versions situent géographiquement dans le Sud. Marmier en a traduit la version suédoise dans les *Chants populaires du Nord*. Comme le fait remarquer J. Vianey, L. de L. retourne le sens de ce qui était à l'origine une histoire édifiante, pour en faire une dénonciation du christianisme.

E. Pich rappelle à propos de *La Fille de l'Émyr* un passage de *Lélia* (ce roman de George Sand fut une des grandes lectures de jeunesse de L. de L.) : « Combien de vierges voilées ont, à leur insu, obéi à l'impulsion de la nature en baisant les pieds du Christ, en répandant de chaudes larmes sur les mains de marbre de leur céleste époux ! » Il évoque aussi une poésie anonyme publiée par les soins de Thalès Bernard dans la *Revue française* en 1857, poésie où une nonne chante son bonheur d'être entrée au couvent, et dont le refrain dit : « Et l'amour ? Jésus est mon époux. » Pour E. Pich, le poème de L. de L. est « une démystification de cette chanson » (*L. de L. et sa création poétique*, p. 301, note 153).

Page 144.   LE CONSEIL DU FAKIR

Mohammed-Ali-Khan régnait à Arcate, au sud-est de l'Hindoustan, pendant la seconde moitié du XVIIIe siècle, mais ni Vianey (qui fournit ces renseignements dans *Les Sources de L. de L.*, p. 96) ni Pich n'ont retrouvé les origines du poème. G. Falshaw renvoie aux *Affaires de l'Inde depuis le commencement de la guerre avec la France en 1756, jusqu'à la conclusion de la paix, en 1783,* ouvrage traduit de l'anglais, Paris, Buisson, 1788 (*L. de L. et l'Inde,* Paris, d'Arthez, 1923, p. 185).

Page 148.   LE SOMMEIL DE LEÏLAH

Première publication en mai 1862 dans *Le Boulevard,* sous la forme suivante :

La Sieste

Les hauts tamariniers apaisent leurs murmures,
La cendre du soleil blanchit l'herbe et la fleur,
De son bec de corail le bengali siffleur
S'abreuve au jus doré qui sort des mangues mûres ;

L'air, les bois, les vergers où rougissent les mûres,
La montagne, la mer ardente et sans couleur,
Tout repose, immobile et baigné de chaleur,
Quand elle vient dormir sous les noires ramures.

Parmi les vétivers, couchée indolemment,
Son front d'un poids léger presse son bras charmant ;
Elle colore l'ombre heureuse qui la touche ;

Et quand elle s'éveille, avec ses grands yeux bruns,
On dirait un beau fruit saturé de parfums
Qui rafraîchit le cœur en altérant la bouche.

Page 149.   L'OASIS

Source : le *Voyage au Méroé, au fleuve Blanc, au delà de Fazogl, dans le midi du royaume de Sennâr, à Syouah et dans cinq autres oasis, fait dans les années 1819, 1820, 1821 et 1822, par M. Frédéric Cailliaud,* Paris, Imprimerie Royale, 1826-1827, 4 vol. J. Vianey a montré que L. de L. nourrit son poème de toute la substance des observations de Cailliaud sur le Sennaar (« *L'Oasis* de L. de L. », *Mélanges Kastner,* p. 537-543).

E. Revel (*L. de L. animalier,* p. 90-91) voit dans la description des hyènes : « Les hyènes, secouant le poil de leurs dos maigres... » une précision scientifique remarquable ; Cuvier, dans son *Règne animal,* écrit en effet que la hyène a une crinière érectile « tout le long de la nuque et du dos », et la « relève dans les moments de colère » (signalons que ces détails ne sont pas dans Cailliaud).

Page 151.   LA FONTAINE AUX LIANES

En 1858 (*Poésies complètes*), *La Fontaine aux lianes* porte la dédicace : « À Alfred L. de L. » (Alfred Leconte de Lisle, aîné des frères du poète).

En 1847, dans *La Phalange*, le poème se présentait sous le titre *La Fontaine des lianes*, et dans une version assez différente. En voici les variantes.

v. 1-4   *Les souffles de l'Éther vous bercent comme l'onde,*
         Ô beaux arbres natals pleins d'arôme et de nids,
         Où les oiseaux dorés ouvrent leur aile blonde !
         Vous semblez toujours vieux et toujours rajeunis.

v. 8   *Fils du soleil, debout sur le globe changeant !*

v. 10   *Vos ombrages puissants qu'ont brûlés les éclairs*

v. 13-16   *[Manquent]*

v. 21-22   *Ô bois j'errais un jour sous vos vieilles ramures,*
         L'aurore sur les monts marchait d'un pied vermeil,

v. 25-28   *Au bord du nid natal, sentant frémir sa plume,*
         Le jeune oiseau battait des ailes, et joyeux,
         Dans le fluide Éther que l'orient allume
         Livrait au vent qui passe un vol capricieux.

v. 29-32   *[Manquent]*

v. 33   *Et je marchais, riant ; dans les claires rosées*

v. 37-40   *Au fond des bois touffus, dans ma course incertaine,*
         Je vis une eau limpide où rien ne remuait ;
         Quelques joncs verts, gardiens de l'agreste fontaine,
         S'y penchaient, gracieux, en un groupe muet.

v. 45-46   *Fraîcheur des bois sacrés, sérénité première,*
         Vents qui caressiez les feuillages chanteurs,

v. 49-52   *Oh ! sans doute la paix et les tranquilles rêves*
         Dormaient sous vos rameaux que l'aube fait rougir !
         La nature divine y veillait, loin des grèves,
         Où le monde, cet autre océan, vient rugir !

v. 53-56   *Mais voici que cherchant de mon regard avide*
         Aux réduits du lac bleu dans les bois épanché,
         Je vis, comme en un songe, apparaître livide
         Un mort, les yeux au ciel, dans les herbes couché !

v. 57-60   *Il ne sommeillait pas, calme comme Ophélie,*
         Le sourire à la bouche et les bras sur le sein ;
         Ni comme Stenio, la face ensevelie
         Dans un linceul de fleurs, au fond du clair bassin.

v. 66   *Il était attentif et semblait écouter.*

v. 77-80   *Le monde a-t-il trahi ses promesses dorées ?*
         Celle pour qui tu meurs ne t'aima-t-elle pas ?
         Mais un doigt a fermé tes lèvres consacrées,
         Et nos yeux ont perdu la trace de tes pas.

v. 81-84   *Tu n'es pas né sans doute au bord de nos mers bleues,*
         Et tu n'as pas grandi sous les divins palmiers !
         C'est un autre soleil, par delà mille lieues,
         Qui de ses froids rayons luit sur tes jours premiers.

v. 85-88   *Si l'aube de nos monts eût allumé ta vie,*
         Tu dormirais moins triste et loin de ces beaux lieux ;
         À l'heure où de ton sein la flamme fut ravie,
         Un ciel mélancolique a passé dans tes yeux !

v 89-92   *[Manquent]*
v. 93   *Reste, ô pâle étranger, dans ta fosse bleuâtre,*
v. 95   *Que la nature au moins ne te soit pas marâtre!*
v. 103-104 *Mais sur ce triste front nulle haleine plaintive*
           Des flots riants et doux ne vint rider les plis.

Ce poème, un des premiers du recueil à avoir été publié, pourrait bien, d'après E. Pich, avoir été écrit à l'île Bourbon, en 1843-1845, ou peut-être même à Rennes, donc plus tôt encore. Trouvant contradictoires les sentiments exprimés à l'égard de la nature dans *La Fontaine aux lianes*, E. Pich va jusqu'à suggérer que peut-être les cent premiers vers en ont été écrits à Rennes, sous l'influence de *Lélia*, les seize derniers à l'île Bourbon ou à Paris, après la lecture de *La Maison du Berger* (*L. de L. et sa création poétique*, p. 33-34, p. 109). On sait que *La Maison du Berger* fut publiée en juillet 1844 dans la *Revue des Deux Mondes*.

Telles sont en effet les deux sources les plus évidentes du poème. Le jeune mort de la fontaine, dans la première version, était bel et bien comparé à Stenio, que George Sand décrit après son suicide en des termes qui annoncent, en effet, les vers de L. de L. (et, au-delà, ceux de Rimbaud dans *Le Dormeur du Val*): « Sur un tapis de lotus d'un vert tendre et velouté, dormait, pâle et paisible, un jeune homme aux yeux bleus. Son regard était attaché au ciel, dont il reflétait encore l'azur dans son cristal immobile. Les longs insectes qui voltigent sur les roseaux étaient venus par centaines se poser autour de lui. »

Quant au rapport avec Vigny, il est clair dans la fin du poème : la splendeur calme et indifférente de la nature qui « se rit des souffrances humaines » fait écho aux déclarations de la Nature dans *La Maison du Berger* :

> *Je n'entends ni vos cris ni vos soupirs [...]*
> *Mon hiver prend vos morts comme son hécatombe,*
> *Mon printemps ne sent pas vos adorations.*

et à la réplique vengeresse du poète :

> *J'aime la majesté des souffrances humaines :*
> *Vous ne recevrez pas un cri d'amour de moi.*

Autre influence probable : celle de Fourier sur les v. 89-91. P. Flottes cite un passage d'un article intitulé *Des cinq passions sensuelles*, que Fourier publia dans *La Phalange* en 1846 ; le thème en est la migration des âmes d'astre en astre, selon l'état d'harmonie et de vérité plus ou moins avancé dans lequel meurt périodiquement la grande âme planétaire dont elles font partie (*Le Poète L. de L.*, p. 46).

P. Jobit a suggéré que *La Fontaine aux lianes* avait quelque trait commun avec *Le Champborne* de Lacaussade – autre poète de l'île Bourbon, ami intime de L. de L. (*L. de L. et le mirage de l'Île Natale*, Paris, De Boccard, 1951) : *Le Champborne* fait partie des *Poèmes et Paysages* publiés en 1852. R. Canat, de son côté, a proposé certains rapprochements, assez peu probants, avec le *Poème de l'arbre* de Laprade, qui figure dans les *Odes et Poèmes* de 1843 (*Une forme du mal du siècle : Du sentiment de la solitude morale chez les Romantiques et les Parnassiens*, p. 224, note 1).

Sur les variantes de *La Fontaine aux lianes*, on consultera A. Pizzorusso,

« Per una interpretazione della *Fontaine aux lianes* », dans *Studi sulla letteratura dell'ottocento* in onore di Pietro Paolo Trompeo. Edizioni scientifiche italiane. Napoli. 1959. p. 327-337.

Page 155   LES HURLEURS

En 1855 (*Poëmes et Poésies*), le poème était dédié : « À A. Jacquemart » – Alfred Jacquemart, sculpteur animalier, frère de Mme Jobbé-Duval. L. de L. écrivait à son sujet : « Jacquemart sculpte toujours des petites bêtes ; dis-moi qui tu hantes, je saurai qui tu es » (F. Calmettes, *Un demi-siècle littéraire. L. de L. et ses amis*, p. 66).

D'après P. Flottes, *Les Hurleurs* sont le « tragique souvenir » d'une escale au Cap, lors du voyage de L. de L. vers la France en 1837 (*L. de L., l'homme et l'œuvre*, p. 79). Pour J. Giraud, ces *Chiens au clair de lune* (tel est le titre du poème dans une lettre de Flaubert à Louise Colet, 22 avril 1854) doivent aussi quelque chose à l'*Énéide* :

> ... *Visaeque canes ululare per umbram,*
> *Adventare luna*

ainsi qu'aux *Châtiments, Luna* (qui date de 1853) :

> *Les fanatismes et les haines*
> *Rugissent devant chaque seuil,*
> *Comme hurlent les chiens obscènes*
> *Quand apparaît la lune en deuil.*

et aux *Légendes démocratiques du Nord* de Michelet (1854), où sont évoqués les chiens hurleurs du Kamtchatka : de là cet océan *polaire* (v. 12) qui n'a rien à voir avec le Cap (« Notes sur *Les Hurleurs* de L. de L. », *Mélanges de philologie, d'histoire et de littérature offerts à Joseph Vianey*, Paris, Hachette, 1934, p. 437-439).

Page 157.   LA RAVINE SAINT-GILLES

En 1858 (*Poésies complètes*), le poème est dédié « À Mademoiselle Élysée L. de L. » (sœur du poète).

La ravine Saint-Gilles est un lieu-dit de l'île Bourbon. Le poème combine probablement des souvenirs personnels avec des réminiscences d'*Indiana*. Mais, chose curieuse, les traits descriptifs qui semblent avoir été empruntés à George Sand concernent chez elle le Bernica : a-t-elle confondu deux endroits qu'elle ne connaissait que par ouï-dire ?
Pour P. Jobit, *La Ravine Saint-Gilles*, comme *La Fontaine aux lianes*, est à mettre en rapport avec *Le Champborne* de Lacaussade (*L. de L. et le mirage de l'Île Natale*, p. 83-85).
E. Pich propose du poème une explication psychanalytique : « La partie la plus importante de *La Ravine Saint-Gilles* est donc marquée par une sorte de pulsation : le poète se dégage de la ravine, monte à la surface, et revient aussitôt à son point de départ. Je vois dans ce rythme à deux temps une manifestation supplémentaire de cette fixation maternelle qui était impor-

tante dans les *Poëmes antiques* de 1852 : le poète se dégage peu à peu du sein
maternel, et y retourne aussitôt comme pris de panique ou de vertige : l'eau
maternelle occupe le fond de la gorge, "l'immobile nuit " y règne, et le gouf-
fre est un "sein". » Les v. 45-48 « évoquent une naissance, le jaillissement
vers le ciel d'une montagne, comme si le poète, s'identifiant à elle, souhaitait
qu'elle s'abime à nouveau dans ce gouffre d'où elle est indûment sortie »
(*L. de L. et sa création poétique*, p. 329-330).

Page 160.   LES CLAIRS DE LUNE

Le premier *Clair de lune* a été mis en musique par Ch. Koechlin en 1893
(édition des Belles Lettres, t. IV, p. 529).

Le poème est à rapprocher d'*Un Coucher de soleil*, de *La Chute des étoiles*
et d'*Effet de lune*. Mais son intérêt particulier « est de lier tout ce cycle noc-
turne aux poèmes théogoniques inspirés par les diverses mythologies »
(E. Pich, *L. de L. et sa création poétique*, p. 337).

Page 164.   LES ÉLÉPHANTS

Pour E. Revel, (*L. de L. animalier*, p. 66-67), ce poème doit beaucoup aux
Fossiles de Louis Bouilhet qui avaient été publiés l'année précédente (1854)
dans la *Revue de Paris* ; plus précisément à la description des mastodontes
au chant IV des *Fossiles* :

> *La plaine, sous leur poids, s'ébranle tout entière ;*
> *On dirait des pieds lourds qui marchent sur la terre,*
> *Et qui frappent ensemble à coups multipliés...*

Avant Revel, M. Souriau avait comparé *Les Éléphants* à l'évocation des
mastodontes dans *Les Fossiles*, pour conclure à la supériorité de Bouilhet :
c'est de son côté qu'on trouve l'originalité et la puissance (*Histoire du Par-
nasse*, p. 47-48)
E. Pich, quant à lui, ne voit pas de ressemblance entre les deux poèmes :
« Tout les oppose en effet : paysage nocturne d'un côté, diurne de l'autre ;
désertique chez L. de L., marécageux et forestier chez L. Bouilhet. Les élé-
phants de L. de L. se détachent en relief du paysage "affaissé" ; ceux de
Bouilhet se confondent avec lui » (*L. de L. et sa création poétique*, p. 182).
Ajoutons que les choix de Bouilhet paraissent scientifiquement plus sûrs
que ceux de L. de L. : E. Revel montre que certes, sur beaucoup de points, le
poème de L. de L. est bien documenté : Buffon enseigne que l'éléphant
« marche ordinairement de compagnie, le plus âgé conduisant la troupe » ;
L. de L. a pu trouver chez Cuvier, Orbigny, Gervais, d'autres précisions :
l'instinct migrateur des hardes, les nuées de mouches qui les harcèlent, etc.
Mais on sait aussi, rappelle-t-il, que « les éléphants vivent dans les forêts
sombres et humides... : ils sont à demi nocturnes, restent tous les jours dans
les forêts et voyagent la nuit lorsqu'ils changent de contrée » (*L. de L. ani-
malier*, p. 94 : texte repris au *Nouveau Dictionnaire des Sciences* de P. Poiré
et al.).

Pour les nombreuses interprétations du poème, se reporter à la préface
(p. 17-18). Voir également la notice des *Jungles*.

Page 166.   LA FORÊT VIERGE

Pour Vianey. L. de L. aurait été influencé par la lecture du roman du
même titre que Gustave Aimard fit paraître en 1870 (*Les Poèmes barbares
de L. de L.*, p. 151-152). Il est facile de lui objecter, non seulement que la
forêt de L. de L. n'est pas américaine, avec ses gorilles et ses éléphants
(E. Revel. *L. de L. animalier*, p. 86). mais surtout que le poème a été publié
dans *L'Art* dès 1865.

Revel songe plutôt à la 12ᵉ *Salazienne* de Lacaussade (*Les Salaziennes*
sont de 1839). R. Canat. d'autre part, souligne la ressemblance de concep-
tion entre *La Forêt vierge* et *La Mort d'un chêne* de Laprade, qui fait partie
du *Poème de l'arbre*, déjà exploité. selon lui. dans *La Fontaine aux lianes*
(*Une forme du mal du siècle*, p. 224. note 1). Pour A. Fairlie. l'influence est
certaine (*L. de L.'s poems on the barbarian races*, p. 15).

Page 169.   LE MANCHY

Un des plus prisés parmi les *Poèmes barbares*. Il connut au moins neuf
publications du vivant de l'auteur. et l'on célèbre à l'envi son lyrisme. Bau-
delaire y voit « un chef-d'œuvre hors ligne, une véritable évocation, où bril-
lent. avec toutes leurs grâces mystérieuses. la beauté et la magie tropicales,
dont aucune beauté méridionale. grecque. italienne ou espagnole, ne peut
donner l'analogue » (cf. p. 309).

On s'est beaucoup intéressé à l'héroïne du poème. Très vite identifiée
avec une cousine de l'auteur. Élixenne de Lanux. elle fut présentée comme
une métisse. et confondue avec la jeune dame dont la cruauté envers un
serviteur noir fait fuir le narrateur. jusque-là sous le charme, dans une nou-
velle publiée en 1840 par L. de L. (*La Variété*, 9ᵉ livraison) : *Mon premier
amour en prose.* Un article d'H. Foucque remit les choses au point, et four-
nit des renseignements précis sur la biographie d'Élixenne de Lanux : née le
9 avril 1821 (un peu plus jeune. donc. que son cousin). mariée en avril 1839,
morte à dix-neuf ans le 3 janvier 1840 (« Contribution à la biographie de
L. de L. : la vierge au Manchy ». *R.H.L.F.*, 1928, p. 369-381). E. Pich,
cependant, fait remarquer qu'un poème de 1839. *Premier Regret*, semble
bien postuler la mort. dès cette époque, de celle qui fut le « premier amour »
de L. de L. (*L. de L. et sa création poétique*, p. 352). et que le dossier n'est
donc pas clos.

Dans son anthologie : *Les Poëtes français* (IV. *Les Contemporains*. 1863).
E. Crépet donne les précisions suivantes : *manchy*. « sorte de palanquin en
usage de l'île Bourbon » : *bobre*. « instrument de musique ». P. Jobit rappelle
de son côté que l'usage de se rendre à la messe en palanquin se retrouve déjà
dans *Paul et Virginie*, de même que la tombe sur la plage. sous les chien-
dents (*L. de L. et le mirage de l'Île Natale*, p. 30 et suiv.)

Page 171.   LE SOMMEIL DU CONDOR

D'après R. Boris (« L. de L. et les musiciens », p. 221), ce poème a été mis
en musique au moins six fois.

Pour E. Pich. le poème intitulé *Saint Jean*, et recopié par L. de L. à la suite d'une lettre d'octobre 1838, est «une première ébauche du *Sommeil du condor*» (*L. de L. et sa création poétique*, p. 13). Avouons que la ressemblance ne nous paraît pas frappante.

J. Vianey propose comme source César Famin, *Chili, Uruguay, Buenos-Ayres*, Paris, Didot, 1840 (dans l'*Univers pittoresque*). Famin décrit ainsi le condor : «enfin, le roi des montagnes, le condor, qui perché dans les hautes solitudes de la Cordillère, au-dessus de la région des nuages, guette sa proie dans le fond des vallées lointaines, près de la demeure des hommes». Il renvoie ensuite à une planche, dont Vianey donne la description : «au premier plan un condor, de profil, immobile, perché sur la crête d'un roc. Au fond, fume un volcan plus haut que ce roc. Entre les deux, un autre condor, les ailes toutes grandes, guette sa proie dans le fond de la vallée.» Pour Vianey, le poème de L. de L. décrit successivement les deux condors de la planche (*Les Poèmes barbares de L. de L.*, p. 171).

J. Bury a montré quant à lui qu'une bonne partie de la thématique de ce poème se trouve déjà dans un passage de la *Némésis* de Barthélemy et Méry :

> *Oh ! Dieu t'avait créé pour les sublimes sphères*
> *Où meurt le bruit lointain des mondaines affaires,*
> *Il te mit dans les airs où ton vol s'abîma*
> *Comme le grand Condor que révère Lima :*
> *Oiseau géant, il fuit notre terre profane,*
> *Dans l'océan de l'air il se maintient en panne,*
> *Là, du lourd quadrupède il contemple l'abri,*
> *L'aigle qui passe en bas lui semble un colibri,*
> *Et noyé dans l'azur comme une tache ronde*
> *On dirait qu'immobile il voit tourner le monde.*

La grande taille du condor, son vol plané, la contemplation du monde sous lui, sa montée plus haut que l'aigle, sa solitude : c'est *Le Sommeil du condor*, moins le talent de L. de L. («Un passage de *Némésis* et *Le Sommeil du condor* de L. de L.», p. 159-160).

E. Revel trouve à L. de L. d'autres devanciers encore. Lamartine, avec l'aigle des *Méditations (L'Homme)* :

> *Trouvant sa volupté dans les cris de sa proie,*
> *Bercé par la tempête, il s'endort dans sa joie.*

et celui des *Harmonies (Hymne du matin)* :

> *Il lutte avec les vents, il plane, il se balance...*

et Ch. Masson – L. de L. le connaissait-il ? – avec sa description du condor dans le chant VII des *Helvétiens* (1800) :

> *Tel on voit s'élever le monstrueux condor,*
> *Quand du sommet des monts prenant son vaste essor,*
> *Dans les airs obscurcis il plane et se balance.*

(*L. de L. animalier*, p. 68).

Revel montre également que pour ce qui concerne les mœurs et les performances du condor, le poème de L. de L. est en accord avec les données de la science. Ainsi Humboldt, dans *Tableaux de la nature*, signale que le condor est capable de « voler en tournant, pendant des heures entières, dans des régions où l'air est raréfié... De tous les êtres vivants, c'est sans doute celui qui peut à son gre s'éloigner le plus de la superficie de la terre » (*ibid.*, p. 89).

Pour G. Mounin, « dans *Les Hurleurs* et *Le Sommeil du condor* [L. de L.] a devancé par une imagination exacte les perceptions de *Courrier Sud* et de *Vol de nuit* : Saint-Exupéry porte la preuve que Leconte de Lisle a survolé l'Afrique et la Cordillère » (*Avez-vous lu Char ?*, p. 82). Rappelons toutefois que, pour ce qui concerne *Les Hurleurs*, L. de L. avait réellement visité Le Cap.

Ce poème se prête facilement, lui aussi, à l'interprétation symbolique. Vianey voit dans le condor le poète romantique, présenté sous les traits du sage qui, au lieu de pleurer ou de s'irriter, « rit, sachant qu'il doit mourir », et « dort son éternel sommeil sans avoir abdiqué sa fierté » – du sage « auquel la mort même ne fait pas replier ses ailes » (*Les Poèmes barbares de L. de L.*, p. 172, p. 22). E. Pich lit dans le poème une expérience mystique : se laissant envahir par la nuit, l'oiseau en acquiert les « attributs essentiels » : son calme, son immobilité, son étendue infinie ; « l'ascétisme du condor aboutit ainsi à une conquête définitive de l'absolu ». Interprétation radicalement différente de celle de Vianey, puisque, pour E. Pich, *Le Sommeil du condor* « décrit donc non pas l'orgueil du surhomme ou du génie, mais l'anéantissement consenti de l'individu dans l'absolu divin » (*L. de L. et sa création poétique*, p. 326-327).

Voir également la notice suivante : *Un Coucher de soleil.*

Page 172.   UN COUCHER DE SOLEIL

L'oiseau Roc est un oiseau fabuleux de la mythologie orientale. Le traducteur des *Mille et une nuits*, Galland, indique que Buffon l'avait identifié au condor. E. Pich interprète dès lors *Un Coucher de soleil* comme le second volet d'un diptyque : « si *Le Sommeil du condor* décrit l'envol du mystique vers l'absolu, *Un Coucher de soleil* décrit au contraire sa retombée dans la matière et dans l'état commun : le Sagittaire qui transperce l'oiseau à la gorge est armé d'un "arc de fer" et le fer désigne par métonymie la civilisation industrielle, époque barbare opposée à l'âge d'or » (*L. de L. et sa création poétique*, p. 334).

Page 175.   LA PANTHÈRE NOIRE

La Panthère noire a d'abord été publiée à la suite du *Jaguar*, sous un titre qui souligne la thématique commune : *Les Chasseurs*. Ici encore, un diptyque : la chasse, le retour de la chasse.

Voir la notice de *La Chute des étoiles*.

Page 177.   L'AURORE

Poème dédié, en 1855 et 1857 (*Poëmes et Poésies*), « À Madame A.S.M. » ; en 1858 (*Poésies complètes*), « À Madame Anaïs S.M. ». Il s'agit d'Anaïs Ségalas-Ménard, poète, auteur dramatique et conteur ; elle écrivait notamment des poemes exotiques (voir P Jourda, *L'Exotisme dans la littérature française depuis Chateaubriand*, t. II, Paris, P.U.F., 1956, p. 135-136)

Le poème de L. de L n'a rien à voir avec une *Aurore* anonyme publiée dans *La Démocratie pacifique* en septembre 1846 (et dont on ne sait d'ailleurs si elle est de L. de L.).

Sans titre, ces vers ouvraient le recueil des *Poëmes et Poésies*, et y prenaient ainsi une portée générale, évoquant au début du volume l'évolution personnelle du poète.

Page 179.   LES JUNGLES

Poème dédié « À Louis Ménard », dans les cinq publications qu'il connut avant la première édition des *Poèmes barbares*. Dans la *Revue des Deux Mondes*, en 1855, il porte le titre : *La Jungle*.

Dans une lettre à Louise Colet (28 décembre 1853, cf. p. 314-315), Flaubert fait la critique de ce poème, qu'il appelle *Le Tigre*. Il trouve la seconde partie (qu'il fait débuter au v. 15) *superbe* sans réserve, mais il reproche à L. de L., d'abord, un manque de réalisme : « jamais un quadrupède *ne s'endort* le ventre en l'air » : « *Musculeux*, à pythons, ne semble pas heureux ? sur les serpents, voit-on *saillir* les muscles ? » Il constate aussi des défauts de plan : « nous perdons trop le tigre de vue, avec la panthère, les pythons, la cantharide (ou bien alors il n'y en a *pas assez*, le plan secondaire n'étant pas assez long, se mêle un peu au principal et l'encombre). » Il relève un certain maniérisme de style (sans prononcer ce mot), critiquant longuement *le roi rayé* (disparate), les *nocturnes gazelles* (« trop pohétique »), *La langue rude et rose va pendant* (« exagéré de tournure »), *Toute rumeur s'éteint autour de son repos* (*rumeur* et *repos* sont « d'un effet mou et lâche » – ou bien alors c'est *s'éteint* qui est « chargé »). Par contre, il loue fort : « *Le frisson de la faim fait palpiter son* flanc », et les quatre derniers vers.

Pour E. Pich, ce poème, qui semble relever d'une « esthétique objective », est encore nettement symbolique : il étudie « l'inhibition involontaire de l'instinct sexuel et ses effets » – comme *Les Éléphants* traitent de « l'inhibition volontaire du même instinct » (*L. de L. et sa création poétique*, p. 239).

Page 180.   LE BERNICA

La description du Bernica, autre ravine de l'île Bourbon (voir *La Ravine Saint-Gilles*), doit évidemment beaucoup aux souvenirs personnels de l'auteur, déjà exploités dans deux récits en prose, *Sacatove* et *Marcie*, publiés dans *La Démocratie pacifique* en 1846 et 1847. La description de la forêt se trouve des deux côtés, mais ce passage de *Sacatove* est peut-être celui qui annonce le plus précisément la topographie du poème :

À une lieue de là environ, au milieu d'un inextricable réseau de lianes et d'arbres, la ravine de Bernica, gonflée par les pluies, roulait sourdement à travers son lit de roches éparses. Deux parois perpendiculaires, de 4 à 500 pieds, s'élevaient des deux côtés de la ravine. Ces parois, tapissées en quelques parties de petits arbustes grimpants et d'herbes sauvages, étaient générale-

ment nues et laissaient le soleil chauffer outre mesure la pierre déjà calcinée par les anciennes laves dont l'île a gardé l'ineffaçable empreinte. Si le lecteur veut s'arrêter un moment sur la rive gauche de la ravine, il apercevra au milieu de la rare végétation dont je viens de parler une ouverture d'une médiocre grandeur, à peu près de la moitié du rempart. Avec un peu plus d'attention, ses regards découvriront une grosse liane noueuse qui descend le long du rocher jusqu'à cette ouverture, que ses racines solides ont fixée plus haut dans les crevasses de la pierre autour du tronc des arbres.

On a souvent écrit d'autre part que la lecture d'*Indiana* a dû jouer un rôle dans la révélation au jeune homme de la beauté et de l'originalité des décors de son île natale, et particulièrement du Bernica – même si la description du Bernica dans le poème n'a de commun avec celle d'*Indiana* que l'évocation des « deux parois hautes » (« deux murailles de rochers perpendiculaires », écrit George Sand, éd. Folio, 1984, p. 255).

Signalons enfin que pour H. Elsenberg, la seule expression panthéiste dans l'œuvre de L. de L. – si l'on excepte les poèmes hindous – se trouve au dernier vers du *Bernica* : « en Dieu » pour « dans la nature » (*Le Sentiment religieux chez L. de L.*, p. 115).

Page 182. LE JAGUAR

En 1855, dans la *Revue contemporaine, Le Jaguar* et *La Panthère noire* sont réunis sous le titre *Les Chasseurs*.

D'après J. Vianey, c'est à un article de T. Lacordaire dans la *Revue des Deux Mondes* (14 décembre 1832) que le grand public français doit une connaissance un peu précise des mœurs du jaguar de l'Amérique du Sud. En 1840, César Famin, dans l'ouvrage déjà cité à propos du *Sommeil du condor* (*Chili, Uruguay, Buenos-Ayres,* dans l'*Univers pittoresque*), présente une planche montrant « un jaguar guettant sa proie, prêt à se relever et à s'élancer », planche qui aurait inspiré L. de L. (*Les Poèmes barbares de L. de L.*, p. 27).

Pour E. Pich, le poème est évidemment allégorique : « Comment ne pas voir, dans l'affrontement éternel de l'herbivore victime de la cruauté du fauve, une allégorie de l'homme victime de la cruauté du désir, l'homme et le désir étant rivés éternellement l'un à l'autre comme la monture à son cavalier ? » (*L. de L. et sa création poétique*, p. 448.)

Page 184. EFFET DE LUNE

Et le traitement du thème, et le modèle strophique nous paraissent rapprocher ce poème de *Tristesse en mer* (Th. Gautier, *Émaux et Camées*).

E. Pich propose une série de sources : deux contes d'Edgar Poe, *Manuscrit trouvé dans une bouteille* et *Une descente dans le Maelstrom* (*Histoires extraordinaires,* traduites par Baudelaire en 1856) ; une lithographie de Gustave Doré, *La Découverte de la lune* ; *Pleine mer* et *Plein ciel* (*La Légende des Siècles,* première série) ; *L'Ombre d'Adamastor* de Lacaussade (*Poèmes et Paysages*).

Il voit aussi dans *Effet de lune* le premier des « bateaux ivres » parnassiens (*L. de L. et sa création poétique*, p. 335 et note 32).

Page 186.   LES TAUREAUX

Antongil : baie de l'océan Indien, sur la côte nord-est de Madagascar. Le poème est donc sans doute un souvenir de l'île Bourbon.

Page 188.   ULTRA CŒLOS

Lors de sa publication dans la *Revue contemporaine* en avril 1863, le poème comportait cette dernière strophe :

> *Car jamais, par delà l'horizon de la terre,*
> *D'astre en astre, faisant le chemin éternel,*
> *Nous ne te verrons luire, étoile solitaire,*
> *Etoile du sommeil, dans quelque coin du ciel !*

Comme le fait remarquer E. Pich (*L. de L. et sa création poétique*, p. 415), le titre ne se justifie plus guère après la suppression de cette strophe.

Cette suppression ne semble pas modifier le sens général du poème (comme il arrive dans d'autres cas), mais lui ôter une résonance fouriériste (voir à ce sujet les remarques de P. Flottes sur *La Fontaine aux lianes*, dans la notice de ce poème).

I. Putter considère *Ultra cœlos* comme « l'expression la plus amère de l'impossibilité d'échapper au désir » que l'on puisse trouver chez L. de L. (*The Pessimism of L. de L.*, t. II, p. 295).

Page 191.   LE COLIBRI

Le Colibri a été mis en musique par J. Duprato ; puis par E. Chausson (M.-A. Leblond, *L. de L., d'après des documents nouveaux*, Paris, Mercure de France, 1906, p. 474). D'après R. Boris, le poème a inspiré au moins 10 compositeurs (« L. de L. et les musiciens », p. 221).

Page 192.   LES MONTREURS

Nous donnons les variantes de ce poème célèbre, première version (*Revue contemporaine*, 30 juin 1862).

v. 1   *Comme un morne animal, meurtri, plein de poussière,*
v. 5-6   *Autour de son opprobre ameutant la cité,*
              Bateleur enfiévré de louange grossière,
v. 8   *Que Dieu fit à l'amour comme à la volupté*
v. 9   *Ah ! misérable siècle, en ma tombe sans gloire*
v. 11   *Je n'avilirai pas mon ivresse ou mon mal ;*

Z. Rosenberg voit dans *Les Montreurs* l'exemple même de la persistance d'un thème romantique chez un Parnassien : orgueil et isolement de l'artiste, croyance au caractère exceptionnel de son destin, retrait dans la tour d'ivoire (*La Persistance du subjectivisme chez les poètes parnassiens,* Paris, P.U.F., 1939, p. 82-83).

Le poème éveille en effet pas mal de réminiscences. *Les Vœux stériles* de Musset :

> Puisque c'est ton métier de faire de ton âme
> Une prostituée, et que, joie ou douleur,
> Tout demande sans cesse à sortir de ton cœur ;
> Que du moins l'histrion, couvert d'un masque infâme,
> N'aille pas, dégradant ta pensée avec lui,
> Sur d'ignobles tréteaux la mettre au pilori.

La Muse vénale de Baudelaire : pour gagner ton pain, dit le poète à sa muse, il te faut,

> ... saltimbanque à jeun, étaler tes appas
> Et ton rire trempé de pleurs qu'on ne voit pas,
> Pour faire épanouir la rate du vulgaire.

Et aussi (E. Pich, *L. de L. et sa création poétique,* p. 452), *La Gloire* de Louise Colet (*Ce qu'on rêve en aimant*) :

> Je ne te cherche plus, gloire contemporaine,
> Blême prostituée aux baisers de hasard,
> Qui tends tes bras à tous, et, sein nu, dans l'arène
> Prodigues ton étreinte aux bateleurs de l'Art.

Comme le rappelle I. Putter (*The Pessimism of L. de L.,* t. I, *Sources and Evolution,* Berkeley and Los Angeles, University of California Press, 1954, p. 82), L. de L. avait déjà exploité ce thème dans *Architecture,* poème publié dans *La Phalange* en 1845 :

> Heureux qui n'aura point, dans la foule banale,
> Maculé pour jamais sa robe virginale.

Page 193.   LA CHUTE DES ÉTOILES

À propos des vers 19-20, P. Flottes rappelle les théories de Fourier (voir notice de *La Fontaine aux lianes*).

Dans un article intitulé « De l'obsession verbale chez L. de L. » (*R.H.L.F.,* 1952, p. 480), il fait remarquer que les v. 23-24

> Elle se vêt de molles flammes,
> Et sur l'émeraude des lames [...]

rappellent de fort près *La Panthère noire* (v. 5 et 7) :

> Toute une part du ciel se vêt de molles flammes [...]
> Un pan traîne et rougit l'émeraude des lames.

Page 196.   MILLE ANS APRÈS

Dans *L'Artiste,* en 1868, ce poème portait la dédicace : « À Léon Dierx ». De vingt ans plus jeune que L. de L., ce Parnassien était originaire de l'île

Bourbon, lui aussi. Ce qui explique sans doute la dédicace : le poème semble décrire un raz de marée auquel L. de L. aurait assisté dans son pays natal (E. Estève, *L. de L., l'homme et l'œuvre*, p. 121).

Page 198.   LE VŒU SUPRÊME

Pour P. Flottes (*Le Poëte L. de L.*, p. 143) ce « brave », ce « martyr » dont la terre a bu le sang, et que le poëte envie, pourrait être Orsini. Pour E. Pich (*L. de L. et sa création poétique*, p. 316), il s'agissait plutôt de célébrer la mort de Paul de Flotte, tué en Sicile alors qu'il participait à l'expédition de Garibaldi. Paul de Flotte avait été l'âme du petit groupe politique d'esprit révolutionnaire auquel participa L. de L. en 1845-1848 ; c'est avec lui que le poète se serait montré sur les barricades pendant les journées de juin (voir notamment F. Desonay, *Le Rêve hellénique chez les poètes parnassiens*, p. 85 et p. 197).

Page 199.   LE SOIR D'UNE BATAILLE

Dans les *Poésies barbares*, en 1862, le poème était dédié : « À Jobbé-Duval » (peintre, ami intime de L. de L., auquel celui-ci avait déjà offert *Les Ascètes* en 1855).

Pour E. Pich, le poème se rapporte à la bataille de Solférino, 24 juin 1859. Plusieurs détails (« large soleil d'été », orage en fin de journée) « ne laissent aucun doute sur cette identification » (*L. de L. et sa création poétique*, p. 251).

Comparant ce poème à celui que L. de L. venait d'adresser *À l'Italie*, P. Flottes conclut que L. de L., pas plus que Victor Hugo, n'échappe à la contradiction entre l'enthousiasme devant les violences libératrices et le recul devant les horreurs de la guerre (*Le Poëte L. de L.*, p. 146).

Page 201.   AUX MORTS

Sur un manuscrit autographe de la collection Armand Godoy, et dans la *Revue européenne* du 15 novembre 1861, le poème s'intitule : « *Le deux Novembre* ». *Aux Morts.*

À propos du dernier vers, I. Putter (*The Pessimism of L. de L.*, t. II, p. 332) rappelle un vers de Musset (*À la Malibran*) :

> *Jamais l'affreuse nuit ne les prend tout entiers.*

Page 202.   LE DERNIER SOUVENIR

Pour E. Pich (*L. de L. et sa création poétique*, p. 404-408), *Le dernier souvenir* a la même inspiratrice (la femme d'Hippolyte Foucque ?) et la même thématique que *Le Cœur de Hialmar* (voir la notice de ce poème).

Page 203.   LES DAMNÉS

Premier titre, dans la *Revue des Deux Mondes* en 1855 : *Les Damnés de l'amour.*

La vision décrite dans ce poème est celle des luxurieux au chant V de l'*Enfer* de Dante (E. Pich, *L. de L. et sa création poétique*, p. 204).

La pièce contiendrait, comme *Christine*, un reproche implicite à Mme Jobbé-Duval, pour avoir refusé de mourir avec le poète (*ibid.*).

Page 207.   LA MORT DU SOLEIL

D'après R. Boris, *La Mort du soleil* a été mise en musique à six reprises (« L. de L. et les musiciens », p. 221).

E. Estève voit dans ce poème l'évocation d'« un grand parc royal, Saint-Cloud ou Versailles » (*L. de L., l'homme et l'œuvre*, p. 120).

Page 208.   LES SPECTRES

Pour E. Pich, ce texte est « le plus ésotérique qui soit sorti de la plume de L. de L. » Il y voit certaines analogies avec *Les Fantômes* de Louise Colet *(Ce qu'on rêve en aimant)*, poème auquel *Les Spectres* constituent peut-être une réponse (qui serait bien tardive, avouons-le : le recueil date de 1854, le poème de L. de L. lui est de dix ans postérieur). Il propose aussi d'interpréter *Les Spectres* à partir du *Lévrier de Magnus*, que L. de L. publiera en 1883, et qui raconte l'histoire d'un homme hanté par trois « démons », ses passions mauvaises, après avoir violé une abbesse et assisté à son suicide. « Ce viol, en dépit des atténuations, peut se lire en filigrane dans *Les Spectres* et explique la mort des trois femmes, le remords du poète, la mise en accusation du désir brutal, et l'ivresse deux fois rappelée du mâle assouvissant son instinct » (*L. de L. et sa création poétique*, p. 428).

Page 211.   LE VENT FROID DE LA NUIT

Poème dédié « À Pierre Dubois » dans les *Poëmes et Poésies* (1855 et 1857) et les *Poésies complètes* (1858). Pierre Dubois était un ouvrier, socialiste convaincu, d'une rigueur austère et d'un athéisme si ferme qu'il refusait de prononcer le mot *Dieu*, même dans un juron, nous apprend F. Calmettes (*Un demi-siècle littéraire. L. de L. et ses amis*, p. 24).

Plusieurs critiques ont bien sûr rapproché ce poème de *La Mort du loup*, notamment R. Canat (*Une forme du mal du siècle : Du sentiment de la solitude morale chez les Romantiques et les Parnassiens*, p. 17) et P. Flottes (*L'Influence d'Alfred de Vigny sur L. de L.*, p. 41).

Page 215.   LES RÊVES MORTS

Dans la *Revue contemporaine* du 30 juin 1864, le poème était dédié « À Émeric ». Le dictionnaire des *Peintres, sculpteurs, dessinateurs et graveurs* d'E. Bénézit mentionne trois peintres de ce nom au XIXe siècle : un peintre de fruits (Jules-Théodore), et deux paysagistes. Le premier des deux (Auguste) n'ayant exposé que jusqu'en 1844, sans doute s'agit-il plutôt d'Émeric-Tamagnon, élève d'Isabey, qui exposa de 1866 à 1870.

Page 216.   LA VIPÈRE

Poème sans titre dans les *Poëmes antiques* (1852). Imprimé par erreur à la suite de *Çurva* dans les *Poésies complètes* (1858).

Pour E. Revel (*L. de L. animalier*, p. 86, note 3), l'idée du poème vient de la 50ᵉ *Salazienne* de Lacaussade :

> *La vipère du mal a mordu ta pensée...*

Quant au thème des deux amours différentes (l'amour chaste, l'amour charnel), il est trop courant pour qu'on lui cherche une source précise. Contentons-nous de signaler que, pour J.-P. Sartre (*L'Idiot de la famille*, t. III, p. 369), une misogynie profonde se manifeste dans *La Vipère* comme dans *Ekhidna*, ce qui est aux antipodes des conceptions de Fourier.

Page 217.   À L'ITALIE

Dans la *Revue contemporaine* (15 avril 1859), le mot *aigle*, au dernier vers, portait la majuscule – référence explicite à Napoléon Iᵉʳ.

« L'Autriche ne déclara la guerre au Piémont que le 23 avril 1859, quelques jours après la publication d'*À l'Italie*, le 15 avril. Il est clair que L. de L. a écrit son œuvre sous le coup des nombreuses provocations auxquelles se livrèrent Napoléon III et Cavour à la suite de l'entrevue de Plombières, le 21 juillet 1858, pour amener l'Autriche à déclarer la guerre » (E. Pich, *L. de L. et sa création poétique*, p. 250).

Page 223.   LE CORBEAU

Si ce curieux poème a suscité de nombreuses interprétations, le problème de ses sources reste entier. Les ressemblances avec la légende du Juif errant sautent aux yeux (et l'on sait que l'*Ahasvérus* de Quinet fut pour la génération de L. de L. une source d'inspiration importante), mais elles n'expliquent pas tout. La faute du Corbeau sur le Calvaire doit peut-être quelque chose au sphinx de Soumet qui, dans *La Divine Épopée*, inflige au Christ de « hideuses morsures » (cité par E. Pich, *L. de L. et sa création poétique*, p. 313, note 183. Le rapprochement avait déjà été fait par P. Flottes, *L. de L., l'homme et l'œuvre*, p. 87) : d'où viennent l'abbé Sérapion, les onze monastères d'Arsinoë, l'idée d'un dialogue entre l'abbé et le Corbeau, la situation de cette scène au moment de la mort de Valens (v. 506-507) ? Cette mort se plaçant en 378, le chiffre des « trois cent soixante et dix-sept ans de vie » pendant lesquels le Corbeau devait jeûner après la scène du Calvaire ne renvoie pas en réalité à la date de la mort du Christ, mais à celle de sa naissance.

Pour P. Flottes, le Corbeau est l'image de l'homme. Une des leçons du poème c'est « que les révolutions, religieuses ou autres, ne changent pas le fond de l'espèce humaine » : rien n'empêchera celui qui a faim de trouver succulentes les chairs qui lui sont offertes, si sacrées soient-elles. La seconde leçon est plus importante encore : L. de L. raconte qu'un ange a arrêté le profanateur : « Cet ange, c'est le principe du progrès inhérent à l'homme, qui voulait que le Christianisme accomplît sa tâche. Cet ange, c'est l'élite humaine, montant la garde auprès des autels bienfaisants. » Et L. de L. poserait ces questions : « Où se cache aujourd'hui cette élite ? A-t-elle survécu aux lassitudes et aux injustices ? Qui arrêtera le Corbeau ? » (*Le Poëte L. de L.*, p. 160-161).

Après cette interprétation que nous dirons politique, J. Vianey offre du poème une lecture chrétienne. L'ange qui arrête le Corbeau le condamne à trois siècles de jeûne. « Qu'est-ce à dire ? Qu'une force invincible, un besoin mystérieux des nouveautés qu'apportait le christianisme imposa aux hommes de les accepter. Trois siècles suffirent à l'établir, et si solidement qu'après ces trois siècles l'homme ne peut plus être ce qu'il était auparavant. Le Corbeau, qui représente l'homme d'avant le Calvaire, meurt à la prière, sur l'ordre de Sérapion [...] Mais Sérapion [...] demande pour lui le repos éternel : il demande [...] qu'on cesse d'incriminer ceux qui n'ont pas connu ou qui n'ont pas compris la Croix » (*Les Poèmes barbares de L. de L.*, p. 55). Interprétation bien peu vraisemblable dans le contexte de l'œuvre de L. de L., et qui masque le côté ironique du poème, pourtant très évident aux derniers vers : la formule de l'absolution (« Donnez-lui, dit l'Abbé, le repos éternel » – c'est-à-dire : remettez-lui son péché, ne le destinez plus à l'Enfer mais au Paradis) est prise par Dieu au pied de la lettre, et le Corbeau se trouve expédié séance tenante dans l'autre monde.

De l'interprétation complexe d'E. Pich (*L. de L. et sa création poétique*, p. 313-315), nous retiendrons seulement que le Corbeau représenterait « le vouloir-vivre schopenhauerien », l'homme « qui survit aux crises, à la révolution, aux morts individuelles » (voir P. Flottes).

Signalons encore qu'un vers du *Corbeau* :

> *Mais qu'est-ce que le temps, sinon l'ombre d'un rêve ?*

(v. 246) a inspiré à Jean Moréas un des passages les plus célèbres des *Stances* :

> *Goûtez tous les plaisirs et souffrez tous les maux,*
> *Et dites : c'est beaucoup et c'est l'ombre d'un rêve.*

Page 237.   UN ACTE DE CHARITÉ

L'anecdote qui fait le sujet d'*Un acte de charité* a déjà été racontée par L. de L. dans un article intitulé *L'Oppression et l'indigence*, paru le 29 novembre 1846 dans *La Démocratie pacifique*. L. de L. y oppose la justice (nécessaire) à la charité (insuffisante).

Il y a, dans un coin de l'histoire, une leçon inexorable, touchant l'aumône et l'insuffisance de la commisération du riche.
À l'époque la plus sombre du moyen-âge, une noble dame avait voué sa vie et ses richesses au soulagement des pauvres. Ses plus belles années et sa fortune tout entière s'écoulèrent en aumônes. Elle avait tout donné ; elle n'avait rien guéri. Le désespoir la saisit. Elle convoqua tous ses pauvres dans une église, et s'y brûla avec eux.

Cette histoire contient une vérité : c'est qu'à l'aide de l'aumône on ne sort de la misère que pour entrer dans la mort.

La conclusion ironique du poème a bien sûr un relief infiniment supérieur, et dégage un relent de satanisme inconnu en 1846.

Page 239.　　　　　　　LA TÊTE DU COMTE
Page 242.　　　　　　　L'ACCIDENT DE DON IÑIGO
Page 245.　　　　　　　　LA XIMENA

Ces trois poèmes sont tirés du *Romancero*. Pour la traduction utilisée, Vianey avançait le nom de Damas Hinard (*Romancero général ou Recueil des Chants populaires de l'Espagne*, traduction complète, 1844). Il constatait que chacun des poèmes a pour source principale un romance particulier (titres dans la traduction de Hinard : IV *Le Cid se présente devant son père après l'avoir vengé* ; VI *Comment Diègue Laynez se rendit à Burgos, accompagné de ses gentilshommes, et comment le Cid refusa de baiser la main du roi* ; X *Autres plaintes de Chimène et ce que le roi lui répond*), mais que le troisième en tout cas emprunte aussi certains détails à des romances différents (*Les Sources de L. de L.*, p. 242-248). A. Fairlie signale une autre traduction (celle de Saint-Albin), et deux sources supplémentaires : l'*Histoire de Don Pèdre Ier, roi de Castille* de Mérimée (L. de L. y aurait pris le nom de Don Iñigo Lopez), et l'*Essai sur l'histoire des Arabes et des Mores d'Espagne* de Viardot, qui est de 1833 (*L. de L.'s poems on the barbarian races*, p. 288-297).

E. Pich, cependant, a prouvé de façon irréfutable que L. de L. avait utilisé une traduction en prose du *Romancero* par Heredia, traduction inédite des dix premiers chants (mais non du XVII, comme l'affirme par erreur E. Pich), que l'auteur avait communiquée au « maître » ; celui-ci lui écrit en 1871, en lui envoyant *La Ximena* : « Pardonnez-moi, mon ami, de n'avoir pu résister au désir de rimer les vers que voici après avoir lu vos traductions nettes et fidèles » (*L. de L. et sa création poétique*, p. 378-379).

On a souvent noté la « barbarie » du *Romancero* de L. de L., qui semble choisir de préférence, en effet, les détails bizarres et féroces. A. Fairlie fait remarquer que c'est là une interprétation qui n'est pas personnelle au poète, mais commune à tout le XIXe siècle : le XVIIIe a tiré le Cid vers la galanterie, le XIXe en fait une sorte de rude sauvage (*L. de L.'s poems on the barbarian races*, p. 298 et suiv.).

Notons encore, avec Vianey (*Les Poèmes barbares de L. de L.*, p. 102, note 1), que les poèmes de L. de L. sont antérieurs à la publication de la deuxième série de la *Légende des Siècles* (1877), où sont également racontés les conflits du Cid et du Roi.

Page 248.　　　　　　　LA TRISTESSE DU DIABLE

Pour P. Flottes, le décor byronien de ce poème fait penser à *Manfred* (*Le Poète L. de L.*, p. 171).

Page 250.　　　　　　　LES ASCÈTES

Dans *Poëmes et Poésies* (1855), *Les Ascètes* étaient dédiés « À Jobbé-Duval ».

Une première version des *Ascètes* a paru dans la *Revue indépendante* le 10
octobre 1846. Nous la donnons ici.

Les Ascètes

I

Louve des bois latins, que le sang désaltère,
Tes hardis nourrissons avaient dompté la terre,
Et dans l'arène immense, à leurs pieds abattu,
Comme un gladiateur le monde s'était tu.
Le César, dévoré d'une soif éternelle,
Desséchait le lait pur de l'antique Cybèle ;
L'ardente priapée et les mornes ennuis
De honte et de terreurs alimentaient ses nuits,
Et, sombre dieu, maudit de la famille humaine,
Il pourrissait, couché dans la pourpre romaine.
Irrésistible mer, du sommet des sept monts,
Couvrant l'empire entier de ses impurs limons,
Nue, horrible, hurlant sur sa couche banale,
La débauche menait la grande saturnale.
Les satyres lascifs et les faunes fourchus,
Restes du vieil Olympe et de ses fils déchus,
Secouaient de leurs mains, avec un sombre rire,
Les torches d'Erynnis sur un monde en délire !
Le sol en frissonnait : et les races au front
Des baisers de la mort semblaient subir l'affront,
Depuis qu'au joug d'airain, blanche esclave enchaînée,
La Grèce avait fini sa belle destinée,
Et qu'un dernier soupir, un souffle harmonieux
Avait mêlé son ombre aux ombres de ses dieux !
Les cités de la terre, humbles et prosternées,
Criaient vers Rome assise aux Alpes couronnées ;
Et Rome inattentive aux cris de leurs douleurs,
Pâle, la main sanglante et le front ceint de fleurs,
Aveugle aux premiers feux des jours expiatoires,
Affamait ses lions au fond des vomitoires.

Ô louve, ô vieille Rome, ô fatale cité,
Reine ceinte d'opprobre et d'impudicité,
Qui, par deux fois déjà, du fiel que tu respires,
Dans leur sève as séché les terrestres empires !
Ô mer d'iniquité qui, depuis deux mille ans,
Opprimes notre sol de tes flots accablants,
Rien ne balaîra donc tes fangeuses écumes ?
Et les dieux ont tenu les promesses de Cumes !
Or, quand loin du beau ciel et des bords où fleurit
La molle violette, où l'homme chante et rit ;
Lorsque l'Eurus joyeux, aux clartés des étoiles,

De son aile mobile arrondissait les voiles,
Et qu'ignorant César, quelque jeune Ionien
Touchait de sa carène au sable ausonien ;
Voyant surgir au sein des eaux napolitaines,
Dans le parfum des fleurs et l'argent des fontaines,
Sur l'Océan latin un vert abri flottant,
Détaché par les flots du rivage éclatant,
Il disait dans sa langue assouplie et dorée :
Quelle est cette île heureuse ? — On répondait . Caprée !
Caprée ! — antre maudit où de ses derniers jours
Tibère use la trame en d'atroces amours,
Où d'impures fureurs raffinent les martyres,
Où la vierge en lambeaux râle aux bras des satyres !
Où la corruption, implacable et sans frein,
Bouillonne de ce cœur fait de boue et d'airain...
Où, des bras de la mort, la vieillesse livide
D'un sang vermeil et chaud repaît sa lèvre avide !
Caprée ! — Et tout pâli des frissons de la peur,
L'étranger, reculant loin de l'antre trompeur,
Nageait vers la patrie harmonieuse et belle
De qui le nom si doux est parfumé comme elle,
Vers la riche Ionie au beau ciel adoré,
Où ses yeux enchantés jamais n'avaient pleuré !
Il fuyait, mais nourri d'amour et d'harmonie,
Nul éclair indigné n'enflammait son génie ;
Jamais il n'arrosa de vos sublimes pleurs
Le sol universel des humaines douleurs,
Ô bien-aimés d'un juste, enfants d'un divin père,
Qui ne deviez point vivre en un siècle prospère,
Qui, pareils à Moïse au sommet d'Abarim,
Vîtes le sol promis à l'horizon serein,
Mais qui, toujours liés à votre temps immonde,
Mourûtes comme Christ aux jours sombres du monde !

II

Au désert, au désert, les sages et les forts !
Seigneur ! vous avez bu l'amertume et la lie...
Le monde se complaît dans sa vieille folie,
Et s'attarde en chantant aux pieds de ses dieux morts !

Et ses yeux n'ont point vu la lumière éclatante,
Et les vains bruits du siècle ont étouffé nos voix...
Seigneur, jusques à quand durera notre attente ?
Jusques à quand, Seigneur, resterez-vous en croix ?

D'une sueur de sang cette terre est trempée
Où des bourreaux d'un Dieu la main vous souffleta !
Et les fils de Satan hurlent la priapée
Du lointain Capitole au rouge Golgotha !

Le sombre tentateur aux haleines mortelles
Sèche le grain du ciel sur le sol dévasté ..
Vos blanches légions se voilent de leurs ailes,
Et l'homme sans frémir attend l'éternité !

Au désert, au désert, ceux que l'Esprit convie,
Ceux que le siècle enivre à ses coupes de feu,
Ceux qu'a longtemps battus l'orage de la vie,
Ceux qui dormaient hier dans le sein de leur Dieu !

Oublions ! oublions la jeunesse fleurie,
Et le toit paternel et les douces amours !
La gloire et l'amitié, le sol de la patrie
Et les songes menteurs de nos premiers beaux jours !

Nos biens étaient d'une heure, et l'âme est infinie !
Le cœur de l'homme est plein d'un mensonge odieux !
L'amour est vanité, l'orgueil blasphème et nie !
La patrie est auprès de notre père aux cieux !

Étouffons dans nos cœurs les voluptés infâmes !
Vers la gloire des cieux éternels, déployons
L'extase aux ailes d'or sous la dent des lions...
Au désert, au désert, les hommes et les femmes !

Seigneur ! chargé d'opprobre et couronné d'affronts,
Vous gravîtes, pieds nus, la cime du supplice...
Laissez-nous, ô Seigneur, tarir votre calice !
Qu'une épine sanglante auréole nos fronts !

Comme vous, sans défense, errants et misérables,
Le mépris nous est doux, l'outrage nous est cher !
Multipliez en nous vos douleurs adorables,
D'un soleil dévorant desséchez notre chair !

Ô morne solitude, ô grande mer de sables,
Où dorment enfouis les dieux et les cités,
Assouvis nos regards de choses périssables,
Balaie à tous les vents les vieilles vanités !

Ouvre ton sein de flamme aux transfuges du monde...
Au désert, au désert ! voici les temps prédits,
Voici le dernier jour de la matière immonde,
Et la mort va l'étreindre entre ses bras maudits !

Vieillards, enfants, fuyons vers les sables torrides...
De l'heure où tout fut fait épaississant l'oubli,
Sur le sombre univers l'âge a creusé ses rides ;
L'univers au néant s'écroule enseveli !

Au désert, au désert ! fuyons, l'heure est prochaine !
En expiation du crime renaissant,
Déchirons notre chair et versons notre sang :
Des âmes et des corps il faut briser la chaîne !

Et quand luira sur nous le jour mystérieux,
Le jour sombre où, pareil au songe qui s'efface,
Comme un peu de poussière aux quatre vents des cieux,
L'univers en éclats plongera dans l'espace...

Lorsque la race humaine, éperdue, à genoux,
Frémira sous les yeux de son juge sublime !...
Oh ! combien rouleront dans l'éternel abîme...
Mais la face de Dieu resplendira pour nous !

III

Rêveurs des anciens jours, pâles anachorètes,
L'oreille ouverte au Dieu qui vous parlait tout bas,
De sa loi bien aimée indomptables prophètes,
Tels vous vous élanciez à vos rudes combats !

Ardents, pieds nus, armés d'un courage invincible,
Avec le crucifix et le bâton noueux,
Tels, bien loin des cités aux flots tumultueux,
Vous fuyiez, l'œil tendu vers le monde invisible !

L'un montait pour mourir sur d'inféconds sommets,
Et confiait son âme aux souffles des orages ;
L'autre creusait sa tombe aux cavernes sauvages,
Et le regard humain ne les revit jamais !

Fous sublimes, martyrs, vaillantes créatures,
Que fatiguait la vie et qu'altérait le ciel,
Qui dans l'effort sacré de vos fortes natures,
Poussiez vers l'idéal un sanglot éternel !

Vous qui n'avez connu que les larmes amères,
Orgueilleux qui, marchant seuls dans votre chemin,
Avez cherché la mort et blasphémé vos mères,
Et qui désespériez de l'avenir humain !

Ah ! fuir le toit natal, les tendresses premières,
Étouffer dans son cœur les souvenirs amis,
L'amour et la beauté, ces divines lumières...
C'était commettre un crime, et vous l'avez commis !

Mais l'amour renaissait dans votre âme flétrie !
Le terrestre lien ne s'était pas brisé...

Oh ! que d'amers sanglots poussés vers la patrie !
Que de pleurs orageux sur le sable embrasé !

À l'ardent horizon que de chères images
D'un monde bien aimé repeuplaient votre cœur !
Le siècle, à votre insu, recevait vos hommages,
Et les cieux s'oubliaient, et l'homme était vainqueur !

Puis, déchirant vos flancs d'une main éperdue,
Vous rougissiez le sol du sang des repentirs...
Et la mort, tour à tour, à vos voix descendue,
Dispersait au désert la cendre des martyrs !

Vos temps étaient mauvais ! — Dans sa gloire entachée,
Astre fatal errant au ciel des nations,
Rome opprimait la terre, à ses feux desséchée,
Et corrompait le sang des générations !

Les heureux et les forts étaient pris de vertige,
Les faibles abattus dormaient d'un lourd sommeil,
Comme des arbrisseaux viciés dans leur tige
Qui n'ont verdi qu'un jour et n'ont vu qu'un soleil !

Tous les sages anciens hésitaient, pleins de doutes !
Le siècle remuait dans l'étroit horizon,
Et, captif colossal, ébranlant sa prison,
En efforts surhumains se creusait mille routes.

Voici le divin jour d'éternelle terreur !
Disiez-vous : c'est la mort ! voici le char d'Élie...
L'ange aux cris éclatants, terrible avant-coureur,
Réveille aux noirs tombeaux la race ensevelie !

Vous vous êtes trompés : le monde vit toujours,
Et des lueurs se font sur la terre bénie.
La sainte humanité n'est pas à l'agonie,
Votre jour n'était pas le dernier de ses jours !

D'un culte nouveau-né vous avez vu l'aurore,
L'avenir a tenu votre sombre défi !
Et ce culte s'éteint, et l'homme cherche encore,
Et pour user un Dieu vingt siècles ont suffi !

Combien sont là, couchés dans le secret des âges,
Dont les peuples à naître encenseront l'autel !
Leur loi mûrit déjà dans le cerveau des sages...
Mais les dieux passent vite, et l'homme est immortel !

D'autre part, dans *Poëmes et Poésies* (1855 et 1857), *Les Ascètes* se terminaient par les vers suivants :

> Et maintenant, ô morts, le supplice achevé,
> Goûtez-vous le bonheur que vous aviez rêvé ?
> Le Maître a-t-il tenu sa promesse éternelle ?
> Et votre âme, en brisant l'enveloppe mortelle,
> Comme un rayon léger qui remonte au ciel bleu,
> S'est-elle réunie à la splendeur de Dieu ?
> Nul ne sait ; mais qu'importe, ô race magnanime,
> Qu'importe le réveil ! Le songe était sublime.

La version de 1846 comportait une critique du monachisme, considéré comme une fuite devant l'existence, comme une attitude d'orgueil. Dans la seconde version, ce retrait est présenté comme raisonnable et positif (ce qui correspond davantage à la philosophie de L. de L. ; voir H. Elsenberg, *Le Sentiment religieux chez L. de L.*, p. 103-104). E. Pich fait remarquer que la critique du monachisme est « un lieu commun de la propagande anticatholique », et qu'on la trouve notamment dans *Lélia* (*L. de L. et sa création poétique*, p. 198, note 51). Il cite également un exposé de la doctrine de Fourier par H. Renaud (*Vue synthétique sur la doctrine de Ch. Fourier*, Paris, Librairie Phalanstérienne, 1851, p. 35-36) : « Qu'on se rappelle ces ascétiques personnages qui fuyaient dans les déserts pour mieux combattre l'Attraction, nommée par eux *Tentation*. Ils parvenaient peut-être à résister, mais ils ne tuaient pas l'Attraction [...] L'Attraction c'est la vie, c'est le ressort qui donne à l'homme volonté et puissance. Briser ce ressort, c'est tuer l'homme » (*ibid.*, note 54).

Dans la première version, le poème se termine par de nettes déclarations antichrétiennes : les ascètes se sont trompés en prédisant la fin du monde ; le christianisme, par contre, est agonisant. Dans les premières moutures de la seconde version, le trait décoché est différent : les ascètes n'ont-ils pas fait un marché de dupes ? Ont-ils reçu là-haut la récompense de leur martyre ? Plus amère encore peut-être, la version tronquée des *Poèmes barbares* se borne à affirmer dans sa dernière partie que les ascètes ont eu raison de fuir la vie, au prix même du martyre.

Page 253.   LE NAZARÉEN

Poème dédié « À Thalès Bernard » dans les *Poëmes et Poésies* (1855 et 1857). Thalès Bernard est, entre autres, le traducteur du *Dictionnaire mythologique* de Jacobi.

D'après J. Dornis (*Essai sur L. de L.*, p. 236), L. de L. « aimait à rappeler, à propos de cette pièce, une inspiration identique de son ami Louis Ménard qui a pour titre *Le Panthéon des Dieux* ». P. Flottes signale, quant à lui, que dans son *Prométhée délivré* Ménard explique à la fois que le règne du Christ est passé, et que l'univers ne saurait cependant progresser sans conserver son souvenir (*L'Influence d'Alfred de Vigny sur L. de L.*, p. 58). Pour E. Pich, les deux sources les plus importantes du poème sont le *Jésus* d'A. Brizeux et l'*Hymne au Christ* dans les *Harmonies* de Lamartine (*L. de L. et sa création poétique*, p. 193-194, note 30). Il rappelle aussi que, dans les *Poëmes et Poé-*

sies. Le Nazaréen est place a la suite du *Runoïa* « dont il propose une sorte d'explication philosophique » (*ibid.*, p. 185).

LES DEUX GLAIVES

Le poème est dédié « À D. Laverdant » dans les *Poésies barbares* (1862). Désiré Laverdant était le compatriote de L. de L., et c'est lui qui le fit entrer à *La Démocratie pacifique*. Phalanstérien convaincu, il inclina plus tard au mysticisme jusqu'à en perdre presque la raison (F. Calmettes, *Un demi-siècle littéraire. L. de L. et ses amis*, p. 13). Il publia en 1860 un drame intitulé *Grégoire VII ou le Pape et l'Empereur au Moyen Âge*, « où il prenait la défense du Pape et montrait le roi Henri reconnaissant lui-même la grandeur de son adversaire et la justesse de sa cause. Il est clair que la pièce de L. de L. est une réponse à cet ouvrage » (E. Pich, *L. de L. et sa création poétique*, p. 251).

Rappelons les données historiques auxquelles le poème fait allusion. Henri IV, empereur germanique, entre en conflit avec le pape Grégoire VII (le moine Hildebrand, v. 220), lequel a entrepris de délivrer l'Église de toute dépendance à l'égard du pouvoir laïque. La *Querelle des Investitures* voit successivement l'empereur faire déposer le pape, et celui-ci excommunier l'empereur qui, abandonné de ses vassaux, vient à Canossa (25-28 janvier 1077) pour obtenir son pardon : c'est le sujet de la première partie du poème. La quatrième partie se situe vingt-neuf ans plus tard (v. 157), donc en 1106. Dans l'intervalle, la querelle a continué, le pape a déposé l'empereur en 1080, celui-ci a fait désigner un antipape, l'archevêque de Ravenne, Guibert, qui prend le nom de Clément III (v. 189-190). Grégoire VII a dû se retirer à Salerne, où il est mort en 1085 (v. 163). Ses successeurs, Victor III, Urbain II et Pascal II (v. 166-168) dressent les fils d'Henri IV contre lui. Contraint à l'abdication en 1105, Henri IV meurt à Liège en 1106.

P. Flottes (*L'Influence d'Alfred de Vigny sur L. de L.*, p. 95) voit dans les v. 11-12

> *Il est tel que Moïse, après le Sinaï,*
> *Triste jusqu'à la mort de sa tâche sublime*

une référence au *Moïse* de Vigny *(Poèmes antiques et modernes)*.
Vianey (*Les Poèmes barbares de L. de L.*, p. 105-106) et E. Pich (*L. de L. et sa création poétique*, p. 251) insistent sur la signification politique du poème, qui fut écrit en 1860-1861. Vianey constate que, tout en parlant de Grégoire VII avec respect, L. de L. donne sa sympathie au parti adverse, particulièrement au *Chœur des Césars* qui appelle à la libération de Rome. Et E. Pich fait remarquer que « la lutte entre le Pape et l'Empereur au Moyen Âge pouvait légitimement apparaître comme une image de celle qui se déroulait en 1860 entre Pie IX et le roi du Piémont ».

L'AGONIE D'UN SAINT

Dans ce bourreau des Albigeois (voir v. 78), Vianey reconnaît Arnaud Amaury, abbé de Cîteaux, envoyé contre eux avec des pouvoirs extraordi-

naires L. de L. a pu prendre son sujet dans l'*Histoire de France* d'Henri
Martin. Celui-ci insiste à plusieurs reprises sur l'extraordinaire cruauté
d'Amaury, qu'il compare à Genséric et Attila, et dont il rapporte la célèbre
réponse à ceux qui lui demandaient comment distinguer les fidèles des héré-
tiques : « Tuez-les tous ! Dieu reconnaîtra les siens » (*Les Poèmes barbares
de L. de L.*, p. 102-103).

E. Pich refuse cette identification, parce que « la sincérité [d'Amaury] est
plutôt suspecte » (?) et propose, soit saint Dominique (dont H. Martin stig-
matise aussi le fanatisme), soit l'hypothèse d'un personnage composite
(*L. de L. et sa création poétique*, p. 301, note 155). Objectons-lui cependant
le v. 85 du poème :

> *Tuez, tuez ! Jésus reconnaîtra les siens.*

L'explication historique, quelle qu'elle soit, paraît bien en tout cas rendre
caduque l'interprétation de P. Flottes, qui voit dans le poème « une remar-
quable révélation, freudienne avant la lettre, de tout ce que peut rouler de
crimes l'inconscient d'un homme de bien » (*L. de L., l'homme et l'œuvre*,
p. 67).

Page 268.   LES PARABOLES DE DOM GUY

Cette « truculente enluminure des sept péchés capitaux » (J. Lemaître, *Les
Contemporains*, 2ᵉ série, p. 34), qui n'a pas de source précise connue à ce
jour, dépeint l'époque la plus troublée de l'histoire de l'Église : le Schisme
d'Occident. En 1411, il y avait trois papes : Grégoire XII, Benoît XIII,
Jean XXIII (Balthazar Cossa). Le personnage dans la bouche de qui est mis
le texte, Guy, prieur de Clairvaux, fustige en sept tableaux les vices du siècle
et quelques autres : l'orgueil des trois papes, l'avarice de Cossa, l'envie (dans
une scène aux personnages allégoriques inspirés de la littérature médiévale),
la luxure (en la personne d'Isabeau, femme de Charles VI roi de France), la
colère (vision de guerre universelle), la gourmandise (ripaille de moines) et
la paresse (les apôtres assis pendant que Jésus chasse les marchands du tem-
ple). Le poème se termine par un appel au concile qui pourra rétablir la paix,
la sagesse, la justice : en 1414-1418, le concile de Constance mettra fin au
Schisme d'Occident.

Sans doute le poème, comme les deux précédents, a-t-il aussi pour son
auteur un sens politique actuel : sa véhémence, le caractère vibrant de l'ap-
pel final laissent penser qu'il y a plus qu'un jeu dans ce texte dont certaines
parties sont cependant d'une truculence qui permet à E. Pich d'évoquer à
leur propos *Ubu roi* (*L. de L. et sa création poétique*, p. 304).

Page 287.   L'ANATHÈME

Poème dédié, dans *Poëmes et Poésies* (1855 et 1857) et dans *Poésies com-
plètes* (1858), « À Eugène Maron » – vieil ami de L. de L., journaliste et
auteur d'une *Histoire littéraire de la révolution française*.

Les v. 9-12 reprennent à peu près l'avant-dernière strophe de la première
version des *Ascètes*, et le v. 73 rappelle le premier vers de la dernière strophe
du même texte (voir notice des *Ascètes*).

E. Pich voit dans *L'Anathème* « l'empreinte de Fourier » : l'absence de passion comme cause de déchéance (v. 51-52), la recherche du gain amenant l'appauvrissement du patrimoine naturel (v. 35-40) sont parmi les thèmes favoris du fouriérisme (*L. de L. et sa création poétique*, p. 196).

Pour H. Elsenberg (*Le Sentiment religieux chez L. de L.*, p. 166-167), *L'Anathème*, comme *Dies irae* (*Poèmes antiques*) et *La Paix des Dieux* (*Derniers Poèmes*), proclame le lien de la poésie avec la religion ; une fois les dieux disparus, la muse ne peut plus que se taire :

> *Où sont nos lyres d'or, d'hyacinthe fleuries,*
> *Et l'hymne aux Dieux heureux et les vierges en chœur,*
> *Éleusis et Délos, les jeunes Théories,*
> *Et les poèmes saints qui jaillissent du cœur ?*
> *(Dies irae, v. 81-84.)*

> *Vers qui s'exhaleront les vœux et les cantiques*
> *Dans les temples déserts ou sur l'aile des vents ?*
> *(La Paix des Dieux, v. 105-106.)*

> *Pour qui faire chanter les lyres prophétiques* [?]
> *(L'Anathème, v. 55.)*

Page 290.   AUX MODERNES

Pour E. Pich (*L. de L. et sa création poétique*, p. 455), ces vitupérations du culte de l'argent pourraient avoir pour source les déboires financiers du *Nain jaune*, où L. de L. avait apporté sa série des *Poëtes contemporains*, qui dut être interrompue. *Aux modernes* fut en effet publié dans *Le Nain jaune* du 30 novembre 1864, et le journal cessa de paraître le 13 décembre.

G. Sagnes fait remarquer que, dans une lettre de 1839, L. de L. cite ces deux vers d'A. Barbier (*Iambes*) :

> *La terre ! ce n'est plus qu'un triste mauvais lieu,*
> *Un tripot dégoûtant où l'or a tué Dieu.*

qui sont à l'évidence une source de son poème (*L'Ennui dans la littérature française de Flaubert à Laforgue (1848-1884)*, Paris, Armand Colin, 1969, p. 221-222 et note 57).

Page 291.   LA FIN DE L'HOMME

A. Fairlie voit dans cette « mort d'Adam » une réplique de *La Mort d'Ève* de Campaux, poème publié en avril 1858 dans la *Revue contemporaine ;* on retrouve notamment les même rimes (*Calices/délices*...) dans les deux poèmes (*L. de L.'s poems on the barbarian races*, p. 218-219).

D'après E. Pich, *La Fin de l'Homme* pourrait avoir été conçue pour être une œuvre plus longue, ou peut-être comme « un fragment d'une épopée très librement inspirée de la Genèse, et dont *Qaïn* serait un autre fragment ». Il se fonde sur deux indices : le sous-titre « Poëme » en 1858 (*Revue contemporaine*), alors que cette appellation est d'habitude réservée à des œuvres plus développées ; et le fait que *La Fin de l'Homme* est écrite, comme *Qaïn*, en quintils d'alexandrins rimés ABBAB (*L. de L. et sa création poétique*, p. 258).

H. Elsenberg fait remarquer que l'on trouve dans ce poème un grand
nombre d'expressions religieuses appliquées à la nature (*Le Sentiment reli-
gieux chez L. de L.*, p. 164), et F. Brunetière estime que l'on n'a rien écrit
« de plus largement humain » que la XIIIe strophe de *La Fin de l'Hom-
me* :

> *Salut, ô noirs rochers...*

Page 294.   SOLVET SECLUM

E. Pich rappelle la suite de la formule (empruntée au *Dies Irae*) : « in
favilla » – en cendres. Ce qui correspond à une théorie scientifique en vogue
à l'époque de L. de L. : « certains astronomes et physiciens du XIXe siècle
concevaient la fin de notre planète comme un embrasement provoqué par sa
rencontre avec un astre errant : une fois toute vie calcinée, la terre, astre
froid et en cendres, s'effriterait et sa poussière serait dispersée au hasard »
(*L. de L. et sa création poétique*, p. 337). Il fait remarquer aussi la parenté de
ce poème, qui ferme le recueil, avec *Qaïn*, qui l'ouvre : des deux côtés, une
renaissance est annoncée, mais elle passe par une dégénérescence, une des-
truction, de la société ou du monde. Le retour dans l'Éden, prophétisé dans
Qaïn, a pour réplique atténuée ce qu'expriment les deux derniers vers de
Solvet seclum : la terre anéantie sera le germe d'autres mondes (*ibid.,*
p. 480).

G. Sagnes note, quant à lui, que chacun des recueils de L. de L. « se termi-
ne par un poème évoquant la fin désolée du monde, les *Poèmes antiques* par
Dies irae, les *Poèmes barbares* par *Solvet seclum*, les *Poèmes tragiques* par
La Maya. Ainsi, malgré les apparences, les œuvres de L. de L. ne sont pas si
éloignées de celles de Flaubert ou de Baudelaire, épopées de l'échec auprès
des romans de l'échec » (*L'Ennui dans la littérature française de Flaubert à
Laforgue*, p. 447).

INDEX DES TITRES

Table 365

DOSSIER

Ce volume,
le deux cent deuxième de la collection Poésie
composé par SEP 2000,
a été achevé d'imprimer sur les presses
de l'imprimerie Bussière à Saint-Amand (Cher),
le 25 novembre 1985.
Dépôt légal : novembre 1985.
Numéro d'imprimeur : 3196.

ISBN 2-07-032326-9./Imprimé en France.